KB116529

수술의 탄생

수술의 탄생

끔찍했던 외과 수술을 뒤바꾼 의사 조지프 리스터

린지 피츠해리스 지음 이한음 옮김

사람의집

일러두기
• 원주는 미주로, 옮긴이주는 각주로 표시하였습니다.

이 책은 실로 꿰매어 제본하는 정통적인 사철 방식으로 만들어졌습니다.
사철 방식으로 제본된 책은 오랫동안 보관해도 손상되지 않습니다.

내게 새로운 삶을 주신 도로시 시서스 할머니께

차례

프롤로그
고통의 시대

저명하지만 나이 많은 과학자가 무언가가 가능하다고
말한다면, 그 말은 거의 확실히 옳다. 그가 무언가가
불가능하다고 말한다면, 그 말은 거의 확실히 틀렸다.[1]
— 아서 C. 클라크

1846년 12월 21일 오후, 런던의 유니버시티 칼리지 병원 수술실에 군중 수백 명이 모였다. 그 한가운데에서는 런던에서 가장 유명한 외과의가 허벅지 절단 수술 광경을 보여 줌으로써 군중을 매료시킬 준비를 하고 있었다. 모여들고 있는 사람들은 전혀 예상하지 못했겠지만, 바야흐로 의학사에서 가장 중요한 장면 중 하나가 그들의 눈앞에서 펼쳐지려 하고 있었다.

수술실에는 의대생들과 호기심 가득한 관객들이 가득 들어찼다. 빅토리아 시대 런던에서 일상생활의 일부가 되어 있는 오물과 검댕을 가득 묻힌 채 들어온 이들도 많았다. 외과의인 존 플린트 사우스는 수술실에서 좋은 자리를 차지하기 위해 밀치고 드잡이를 하는 것이 투견장이나 극장에서 좋은 자리를 잡기 위해 하는 짓과 별다를 바 없다고 했다.[2] 뒷줄에 선 이들이 좀 더 잘 보기 위해 계속 앞으로 밀어 대는 바람에 사람들은 바구니에 담긴 청어들처럼 빽빽하게 모여들었고, 시야가 차단될 때마다 〈머리 좀 치워요!〉 하는 소리가 울려 퍼지곤 했다.[3] 당시 이런 수술실에는 군중이 너무 빽빽하게 들어차는 바람에, 수술할 공간을 얼마간 확보할 때까지 외과의가 수술을 진행할 수 없는 상황도 생기곤 했다. 12월이었음에도, 수술실의 공기는 거의 참을 수 없을 지경까지 숨이 턱턱 막히고 있었다. 게다가 사람들이 몸을 바짝 붙이고 있는 통에 지독히도 덥게 느껴졌다.

관중은 잡다했고, 의대생이나 의료 분야의 종사자가 아닌 이들도 있었다.[4] 앞쪽 두 줄은 대개 〈병원 수술 조수 hospital dresser〉들이 차지했다. 자신이 보조할 외과의의 수술 차례가 오기를 기다리면서, 수술 부위를 치료하는 데 쓰이는 도구 상자를 든 채로 대기하고 있는 이들을 가리켰다. 수술 조수 뒤쪽으로는 서로 끊임없이 속삭이면서 밀쳐 대고 있는 학생들과 초대받은 유명 인사들, 그 밖의 다양한 사람들이 있었다.

의학적 관음증은 새로운 것이 아니었다. 르네상스 시대의 해부학 원형 강의실에서부터 어렴풋이 어른거렸다고 할 수 있다. 그런 곳에서는 처형된 범죄자의 시신을 해부함으로써 일종의 추가 처벌을 가했고, 관중은 그 광경을 눈을 떼지 못하고 쳐다보았다. 표를 사서 입장한 관중은 해부학자가 썩고 있는 시신의 한껏 부풀어 오른 배를 가를 때, 피뿐 아니라 악취를 풍기는 고름까지 왈칵 솟구치는 장면을 지켜보았다.[5] 때로 이 섬뜩한 시연 장면에 맞추어서 어울리지 않게 경쾌한 피리 소리가 울려 퍼지기도 했다. 공개 해부는 일종의 극적인 공연이었고, 닭싸움이나 묶어 놓은 곰 괴롭히기만큼 인기 있는 오락거리였다. 하지만 모두가 즐긴 것은 아니었다. 프랑스 철학자 장자크 루소는 그 경험을 이렇게 말했다. 〈해부실을 지켜보는 일은 정말로 끔찍했다! 악취를 풍기는 시신, 흘러내리는 검푸른 살덩어리, 피, 역겨운 창자, 섬뜩한 뼈, 병을 일으킬 듯한 증기! 내 말을 믿으라. 재미 삼아 보러 갈 곳은 결코 아니다.〉[6]

유니버시티 칼리지 병원의 수술실은 런던에 있는 다른 수술실들과 별다를 바 없어 보였다. 한쪽으로 반원형 관람석이 층층이 놓여 있고 중앙 무대 위로는 넓은 채광창이 있어서 아래를 비추게 되어 있었다. 구름이 잔뜩 껴서 해를 가리는 날에는 촛불을 충분히 켜서 비추었다. 수술실 한가운데에는 앞서 이루어진 해부의 흔적들이 달라붙어 있는 나무 탁자가 놓여 있었다. 탁자 밑바닥에는 잘린 팔다리에서 쏟아졌을 피에 흠뻑 젖은 톱밥들이 널려 있었다. 수술이 있는 날에는 대개 수술칼 아래에서 몸부림치는 이들의 비명이 저 아래 거리에서 들려오는 일상생활의 온갖 소음, 즉 아이들의 웃음소리, 사람들이 떠드는 소리, 마차가 달각거리는 소리와 뒤섞여 불협화음을 이루곤 했다.

1840년대에 외과 수술은 숨겨진 위험으로 가득한 지저분한 분야였다. 무슨 일이 있어도 피해야 했다. 그런 위험들 때문에, 많은 외과의는 아예 수술을 거부하고, 오로지 피부병과 상처처럼 외상을 치료하는 일만 하는 쪽을 택했다. 몸을 가르는 수술은 드물었고, 그것이 바로 수술이 이루어지는 날이면 수술실에 관중이 빽빽하게 들어차는 이유 중 하나였다. 한 예로, 1840년에 글래스고 왕립 병원에서 이루어진 수술은 120건에 불과했다.[7] 언제나 수술은 생사의 갈림길에 놓였을 때에야 쓰는 최후의 수단이었다.

내과의인 토머스 퍼시벌은 외과의들에게 다음 수술을 하기 전에 앞치마를 갈아입고 수술대와 수술 도구를 닦으라고 조언했다. 위생 때문이 아니라 〈공포를 유발할 수도 있을 모든 요소〉를 제거한다는 차원에서였다.[8] 그의 조언에 귀를 기울인 사람은 거의 없었다. 외과의는 엉겨 말라붙은 피로 떡칠이 된 앞치마를 두르고, 손이나 수술 도구를 씻는 일이 거의 없이, 영락없이 고기 썩는 냄새를 풍기면서 수술실로 들어오곤 했다. 외과의들은 그런 악취를 〈오래된 병원 냄새〉라고 흥겨운 투로 말하곤 했다.

외과의가 고름이 패혈증의 불길한 징후가 아니라 치료 과정의 자연적인 한 부분이라고 믿던 시대에, 사망은 대부분 수술 후 감염 때문에 일어났다. 수술실은 죽음으로 가는 관문이었다. 병원보다 집에서 받는 수술이 더 안전했다. 집보다 병원에서의 사망률이 3~5배 더 높았다. 1863년에 플로렌스 나이팅게일이 이렇게 말할 정도였다. 〈병원, 특히 인구가 밀집된 도시에 있는 병원에서의 실제 사망률은 병원 밖에서 치료를 받은 같은 유형 질병 환자들의 사망률을 토대로 계산했을 때 예상할 수 있는 수준보다 훨씬 높다.〉[9] 그러나 집에서 치료를 받으려면 비용이 많이 들었다.

감염과 불결만이 문제가 아니었다. 수술은 고통스러웠다. 수세기 동안, 사람들은 수술의 고통을 줄일 방법을 찾으려 애썼다. 아산화질소는 1772년 화학자 조지프 프리스틀리가 처음 합성한 이래로 진통제임이 알려져 있긴 했지만, 이 속칭 〈웃음 가스〉는 대개 수술에 쓰이지 않았다. 마취 결과를 신뢰할 수 없었기 때문이다. 최면술 mesmerism — 1770년대에 최면 기법을 창안한 독일 의사 프란츠 안톤 메스머의 이름을 땄다 — 도 18세기 주류 의학계에 받아들여지지 못했다. 메스머와 그 추종자들은 자신들이 환자의 눈앞에서 손을 움직일 때, 어떤 신체적 영향이 환자에게 전달된다고 주장했다. 이 영향으로 환자의 치유를 돕고 영적인 힘도 불어넣을 수 있는 긍정적인 생리적 변화가 일어난다는 것이었다. 대부분의 의사는 그 말에 넘어가지 않았다.

최면술은 1830년대 영국에서 잠깐 부활하기도 했다. 의사인 존 엘리엇슨이 유니버시티 칼리지 병원에서 자신의 환자인 엘리자베스와 제인 오키 두 사람이 다른 입원 환자들의 운명을 예측할 수 있다고 공개 시연을 보이기 시작하면서였다. 두 사람은 엘리엇슨의 최면하에서 〈빅 재키 Big Jacky〉(죽음의 다른 이름)가 누워 있는 환자 위에 떠 있는 모습이 보이곤 하는데, 그런 환자는 나중에 예외 없이 사망한다고 주장했다. 그러나 엘리엇슨의 방법을 진지하게 대하던 분위기는 오래가지 않았다. 1838년 세계적인 의학 전문지 『랜싯 The Lancet』의 편집자는 오키 자매를 속여서 스스로 사기를 자백하게끔 만들었고 엘리엇슨 역시 사기꾼임이 드러났다.

12월 21일 오후 유니버시티 칼리지 병원 수술실에 온 이들은 그 추문을 아직 생생하게 기억하고 있었다. 이날 저명한 외과의 로버트 리스턴은 환자에게 에테르의 효과를 시험하겠다고 선언했다. 「신사 여러분, 오늘은 한 양키 신물질Yankee dodge을 시험해 볼까 합니다. 의식을 잃게 만드는 물질입니다!」[10] 그는 그렇게 선언하면서 무대 중앙으로 향했다. 그가 말을 시작하자, 수술실이 조용해졌다. 최면술처럼 에테르도 의식을 억제된 상태에 빠뜨리는 수상쩍은 외래 기술로 여겨졌다. 미국에서 전신 마취제로 처음 쓰였기 때문에 양키 신물질이라고 했다. 에테르는 1275년에 발견되었지만, 마취 효과가 밝혀진 것은 1540년 독일의 식물학자이자 화학자인 발레리우스 코르두스가 에틸알코올에 황산을 첨가해 에테르를 제조하는 혁신적인 방법을 발견하면서였다. 코르두스의 동시대 인물인 파라셀수스는 닭에게 에테르를 실험했다. 그는 닭이 그 액체를 마시면 장시간 잠들었다가 멀쩡하게 깨어나곤 한다는 것을 알아차렸다. 그는 그 물질이 〈아무런 해도 끼치지 않은 채 모든 고통을 가라앉히고, 모든 통증을 약화시키고, 모든 열을 가라앉히고, 모든 질병의 합병증을 예방한다〉라고 결론지었다.[11] 그러나 사람에게 쓰인 것은 수백 년이 더 지난 뒤였다.

1842년 크로퍼드 윌리엄슨 롱은 미국 조지아주 제퍼슨에서 한 환자의 목에 난 종양을 떼어 내는 수술을 할 때 에테르를 사용함으로써, 역사상 그 물질을 전신 마취제로 쓴 최초의 의사가 되었다.

불행히도, 롱은 자신의 실험 결과를 1848년에야 발표했다. 그보다 좀 더 이른 1846년에 보스턴의 치과 의사 윌리엄 T. G. 모턴이 환자의 이를 뺄 때 에테르를 사용함으로써 명성을 얻었기 때문이다. 통증을 없애는 데 성공한 모턴의 치료 사례는 신문에 실렸다. 그러자 한 저명한 외과의가 그 기사를 보고서, 모턴에게 매사추세츠 종합병원에서 환자의 아래턱에 난 큰 종양을 제거하는 수술을 하니 도와 달라고 요청했다.

1846년 11월 18일, 의사 헨리 제이컵 비글로는 『보스턴 내외과 회지』에 이 이정표가 된 사례를 발표했다. 〈의학에서는 외과 수술의 통증을 줄이는 방법을 찾아내는 것이 해묵은 중요한 문제였다. 이 목적에 맞는 효과적인 약물이 마침내 발견되었다.〉[12] 비글로는 더 나아가 수술을 시작하기 전에 모턴이 스스로 〈레테온 Letheon〉이라고 부르는 것을 어떻게 투여했는지도 기술했다. 고대 신화에 나오는 강인 레테의 이름을 붙인 기체였다. 죽은 사람의 영혼은 레테강을 건너면 이승에서의 기억을 모두 잊는다. 모턴은 수술 직후 그 기체의 조성에 특허를 신청했고 구체적인 성분은 비밀로 유지했다. 다른 의사들에게조차 말해 주지 않았다. 그러나 비글로는 레테온에서 에테르의 달콤한 냄새를 희미하게 맡을 수 있었다고 밝혔다. 수술 때 환자를 의식 불명에 빠뜨릴 수 있는 기적의 물질이 나왔다는 소식이 금세 전 세계로 퍼졌고, 외과의들은 앞다투어서 자신의 환자들을 대상으로 에테르의 효과를 시험했다.

당시 런던에 있던 미국 의사 프랜시스 부트는 비글로에게서 보스턴의 그 기념비적인 순간을 상세히 적은 편지를 받았다. 흥미를 느낀 부트는 이를 뽑는 환자들 중 한 명에게 에테르를 써보라고 치과 의사인 제임스 로빈슨을 설득했다. 실험은 성공했고, 부트는 바로 그날 유니버시티 칼리지 병원의 로버트 리스턴에게 달려가서 그 소식을 전했다.

리스턴은 회의적이었지만, 수술실에서 새로운 무언가를 시도할 기회를 아예 내칠 정도까지는 아니었다. 적어도 시연에는 좋을 터였다. 자신을 전국에 알리는 계기가 될 수 있었다. 그는 다음번 수술에 에테르를 쓰겠다고 했다. 이틀 뒤였다.

리스턴은 〈신사 의사들〉이 의학계에서 상당한 권위와 영향력을 발휘하던 시절에 런던으로 왔다. 당시 그들은 의학 피라미드의 꼭대기를 이루는 통치 엘리트 집단에 속했다. 그렇기에 그들은 자기 분야의 문지기 역할을 했다. 집안 배경이 좋고 고상하다고 믿는 이들만을 받아들이는 식이었다. 그들 자신은 환자를 치료하는 데 손은커녕 머리를 쓰는 훈련조차도 거의 받은 적이 없는 책상물림이었다. 그들의 교육은 고전에 뿌리를 두고 있었다. 이 시대의 의사들은 진료를 하지 않고서도 처방을 내리는 일이 드물지 않았다. 사실, 환자를 만나 보지 않은 채 오로지 편지만으로 의학적 조언을 내리는 사례도 있었다.

대조적으로 외과의는 도제 방식으로 훈련받는 전통을 오랫동안 이어 왔다. 즉 장인다운 능력을 매우 중시했다. 실용적인 분야, 즉 교훈과 본보기를 통해 가르치는 분야였다. 19세기 초까지도 대학을 나오지 않은 외과의가 많았다. 아예 글을 모르는 외과의들도 있었다. 그들 바로 밑에 약제사 apothecary가 있었다. 약제사는 약을 조제하는 일을 맡았다. 이론상 외과의와 약제사 사이에는 명확히 선이 그어져 있었다. 하지만 실상은 외과의의 도제로 있었던 사람이 약제사 일을 하기도 했고, 거꾸로도 마찬가지였다. 그래서 〈외과의-약제사〉라는 비공식적인 네 번째 범주가 생겨났다. 오늘날의 일반의와 비슷했다. 외과의-약제사는 가난한 이들, 특히 런던 바깥의 가난한 사람들이 가장 먼저 찾아가는 의사였다.

1815년부터 의료계에서 일종의 체계적인 교육이 출현하기 시작했다. 파편화한 체계에 통일성을 갖추라는 보다 큰 규모의 국가적인 요구도 얼마간 작용했다. 이 개혁 조치가 이루어진 뒤, 런던의 외과 학생들은 강의를 듣고 적어도 6개월 동안 병동에서 일해야만 그 분야를 관리하는 기관인 왕립 외과의 협회Royal College of Surgeons로부터 면허증을 받을 수 있었다. 런던 전역에서 교육 병원들이 출현하기 시작했다. 1821년의 채링크로스를 시작으로, 1834년과 1839년에는 각각 유니버시티 칼리지 병원과 킹스 칼리지 병원이 등장했다. 한 단계 더 나아가 왕립 외과의 협회 회원이 되고자 한다면, 병원에서 3년 동안 일하는 것을 포함하여 적어도 6년 동안 그 분야를 공부해야 했다. 게다가 적어도 6건의 임상 사례를 기록하여 제출하고, 때로는 시신을 해부하고 수술하는 시범을 보여야 하는 이틀에 걸친 지독한 시험을 치러야 했다.

그리하여 외과의는 19세기 초의 수십 년 사이에 훈련을 제대로 받지 못한 기술자에서 현대적인 수술 전문가로 변모하기 시작했다. 런던에 새로 설립된 교육 병원 중 한 곳에서 학생들을 가르치던 로버트 리스턴은 이 변모 과정에 중요한 역할을 했다.

리스턴은 키가 185센티미터로서, 당시 영국 남성의 평균 키보다 20센티미터나 더 컸다.[13] 그는 야수 같은 힘과 속도로 명성을 쌓았다. 그런 것들이 환자의 생존에 중요하던 시절이었다. 수술을 구경하러 온 이들은 잠깐이라도 시선을 돌리면 중요한 장면을 놓칠 수도 있었다. 동료들은 절단 수술을 할 때의 리스턴을 이렇게 평했다. 〈칼의 번뜩임에 바로 뒤이어서 썰리는 소리가 들려서 두 행동이 거의 동시에 이루어지는 듯하다.〉[14] 그는 왼팔의 힘이 아주 세서 왼팔을 지혈대와 압박대로 삼은 채 오른손으로 칼을 휘둘렀다. 외과의의 칼 아래 환자가 두려움과 고통 때문에 종종 몸부림치곤 한다는 점을 생각할 때, 수술은 엄청난 힘과 솜씨가 필요한 일이었다. 리스턴은 30초 이내에 다리를 잘라 낼 수 있었고, 두 손을 자유롭게 쓰기 위해 피 묻은 칼을 이로 문 채 붕대를 동여매곤 했다.

리스턴의 속도는 재능이자 저주였다. 한번은 환자의 다리를 절단하다가 실수로 고환까지 잘라 내기도 했다. 그의 가장 유명한 (그리고 아마도 출처가 의심스러운) 실수는 너무나 빠르게 손을 놀리다가 조수의 손가락 3개를 자르고, 칼날을 교체하다가 한 관객의 코트를 베어 버린 것이었다. 조수와 환자 모두 나중에 조직이 괴사하는 바람에 죽었고, 그 관객은 소스라치게 놀라서 그만 그 자리에서 숨을 거두었다. 외과 역사상 치사율이 300퍼센트에 달한 유일한 사례다.

사실 마취제가 등장하기 이전에는 쇼크와 통증의 위험 때문에 수술을 꺼렸다. 18세기의 한 외과 문헌에는 이렇게 적혀 있었다. 〈자기 분야에서 진정으로 유능한 사람은 고통을 주는 치료법을 언제나 최후의 수단으로 미루어 둔다. 하지만 오로지 수술 기술만 알고 있는 사람에게는 수술이 첫 번째, 아니 유일한 수단이다.〉[15] 어쩔 수 없이 수술을 받아야 하는 절실한 상황에 놓인 환자는 상상도 하지 못할 고통을 접해야 했다.

학생들도 수술실에서 수술 장면을 지켜보다가 정신적 외상을 입기도 했다.[16] 스코틀랜드 산과 의사 제임스 Y. 심프슨은 에든버러 대학교에서 공부할 때 유방 절단 수술을 지켜보다가 그만 뛰쳐나가고 말았다. 외과의가 갈고리처럼 생긴 도구로 부드러운 유방 조직을 들어 올린 뒤 칼을 두 번 휘둘러서 유방 주변을 베어 내는 장면을 그는 도저히 지켜볼 수가 없었다. 그는 군중을 뚫고 뒤로 빠져나가 수술실 밖으로 뛰쳐나갔고, 병원 정문을 지나 의회 광장까지 달려갔다. 그곳에서 숨을 헐떡이면서 그는 이제부터 법을 공부하겠다고 마음먹었다. 후대에게는 다행스럽게도, 심프슨 — 나중에 클로로포름을 발견하게 될 — 은 전공을 바꾸겠다는 생각을 접었다.

리스턴은 수술대에 누워 있는 환자들 앞에 무엇이 기다리고 있는지를 너무나 잘 알고 있긴 했지만, 때로 환자가 너무 긴장하지 않도록 별것 아닌 양 설명하곤 했다. 에테르 실험을 하기 겨우 몇 달 전에 그는 헨리 페이스라는 12세 소년의 다리를 절단했다. 아이는 오른쪽 무릎에 커다란 혹이 나 있었다. 아이가 수술을 받을 때 아프지 않냐고 묻자, 리스턴은 이렇게 대답했다. 「이를 뽑을 때와 비슷하단다.」[17] 다리를 잘라 내야 하는 순간이 오자, 리스턴의 조수들이 페이스를 수술실로 데려와서 수술대에 묶었다. 소년이 톱질 횟수를 6번까지 셌을 때 다리가 떨어져 나갔다. 60년 뒤에 페이스는 유니버시티 칼리지 런던의 의대생들에게 그 이야기를 들려주곤 했다.[18] 자신의 다리를 잃은 바로 그 병원에 앉아 있자니, 그날의 공포가 생생하게 떠올랐을 것이 분명하다.

마취제 이전 시대에 수술을 한 다른 많은 외과의처럼, 리스턴도 피가 튀는 수술대에 묶인 환자의 비명과 항의를 모질게 무시하는 법을 터득했다. 한번은 방광돌을 제거하기 위해 온 환자가 너무나 겁에 질린 나머지, 수술이 시작되기 전에 수술실을 뛰쳐나가서 화장실에 들어가 문을 잠갔다. 리스턴은 곧바로 뒤따라가서 문을 부순 뒤, 비명을 지르는 환자를 수술실로 질질 끌고 왔다. 그는 환자를 재빨리 수술대에 묶은 뒤, 구부러진 금속관을 음경을 통해서 방광까지 집어넣었다. 그런 뒤 손가락을 곧은창자로 집어넣어서 방광돌이 어디 있는지 파악했다. 리스턴이 방광돌의 위치를 찾자, 조수가 금속관을 빼내고 대신에 나무 막대를 끼웠다. 나무 막대는 방광 깊숙한 곳을 째기 시작할 때 곧은창자나 창자가 터져서 목숨이 위태로워지는 일을 막기 위한 길잡이 역할을 했다. 막대기가 일단 자리를 잡자, 리스턴은 나무 막대가 나올 때까지, 음낭의 섬유질 근육을 대각선으로 잘랐다. 이어서 탐침을 써서 구멍을 넓혔다. 이 과정에서 전립샘이 찢기면서 벌어지기도 했다. 그는 나무 막대를 빼낸 뒤 집게를 써서 방광에 든 돌을 꺼냈다.

웨스트엔드 지역에서 가장 칼을 빠르게 움직인다고 하는 리스턴은 이 모든 과정을 겨우 60초 이내에 끝냈다.

■

크리스마스를 며칠 앞둔 지금, 유니버시티 칼리지 런던의 새 수술실에 모인 사람들 앞에 선 노련한 외과의 리스턴은 수술할 때 빠른 속도의 필요성을 없앨지도 모를 맑은 에테르 액체가 담긴 통에 두 손을 넣었다. 미국 의사의 주장이 맞다면, 수술의 성격 자체가 영구히 달라질 수 있었다. 하지만 리스턴은 에테르가 수술에 거의 또는 전혀 쓸모가 없는 또 다른 사기 짓거리의 산물이 아닐까 하는 생각을 아직 떨치지 못했다.

긴장감이 점점 고조되고 있었다. 리스턴이 수술실에 들어오기 겨우 15분 전에, 동료인 윌리엄 스콰이어는 모인 관중을 향해 에테르 실험을 해볼 자원자가 있는지 물었다. 그러자 불안한 기색으로 웅얼거리는 소리가 수술실을 가득 채웠다. 스콰이어는 유리병을 고무관으로 종 모양의 마스크와 연결한 아라비아 수연통처럼 보이는 기구를 손에 들고 있었다. 그 장치는 스콰이어의 삼촌이자 런던에 있는 약사가 만든 것이었는데, 바로 이틀 전에 치과의 제임스 로빈슨이 이를 뺄 때 쓴 것이었다. 관중에게는 너무나 낯설게 보였다. 시험해 보겠다고 나선 사람은 아무도 없었다.

낙심한 스콰이어는 수술실 수위인 셸드레이크를 불러서 시연을 보이기로 했다. 좋은 선택이 아니었다. 수위는 〈뚱뚱하고 다혈증에다 독한 술에 매우 익숙한 것이 분명한 간〉을 지닌 사람이었기 때문이다.[19] 스콰이어는 수위의 살진 얼굴에 살짝 마스크를 갖다 댔다. 몇 차례 에테르를 깊이 들이마신 뒤, 수위는 수술대에서 벌떡 뛰어내리더니 의사와 군중에게 고래고래 욕설을 퍼부어 대면서 밖으로 뛰쳐나갔다.

더 이상 실험을 할 분위기가 아니었다. 그리고 피할 수 없는 순간이 다가왔다.

오후 2시 25분, 프레더릭 처칠 — 할리가(街)에 사는 36세의 집사 — 이 들것에 실려서 들어왔다.[20] 그는 정강이뼈에 생긴 만성 골수염에 시달리고 있었다. 뼈에 세균 감염이 일어나서 오른쪽 무릎이 부풀어 올라 기이하게 휘어져 있었다. 그는 3년 전에 첫 수술을 받았다. 감염된 부위를 절개하여 완두콩만 한 것에서 강낭콩만 한 것까지 〈많은 불규칙한 모양의 얇은 덩어리들〉을 제거했다. 1846년 11월 23일, 처칠은 다시 병원을 찾았다. 며칠 뒤, 리스턴은 무릎을 째서 탐침을 찔러 넣어 살펴보았다. 그는 씻지 않은 손으로 뼈를 만져서 푸석거리지 않는다는 것을 확인했다. 그런 뒤 조수에게 절개한 부위를 따뜻한 물로 씻고 붕대로 감은 다음 환자를 쉬게 하라고 지시했다. 하지만 다음 며칠 사이에 처칠의 증상은 악화되었다. 엉덩이에서 발가락 끝까지 퍼져 나가는 찌르는 듯한 고통에 시달렸다. 3주 뒤에도 그런 증상이 다시 나타나자, 리스턴은 다리를 잘라 내기로 결심했다.

처칠은 들것에 실려 수술실로 와서 나무 수술대에 올려졌다. 에테르가 효과가 없을 때를 대비하여 조수 2명이 옆에 서 있었다. 리스턴이 다리를 자를 때 겁에 질려 몸부림치지 못하게 잡아야 했기 때문이다. 리스턴이 신호하자, 스콰이어가 앞으로 나와서 처칠의 입에 마스크를 씌웠다. 몇 분 지나기도 전에, 환자는 의식을 잃었다. 그러자 스콰이어는 수술 도중에 깨지 않도록 처칠의 얼굴을 에테르를 적신 손수건으로 덮었다. 그런 뒤 리스턴을 향해 고개를 끄덕이면서 말했다. 「선생님, 해도 될 것 같습니다.」

리스턴은 길쭉한 통을 열어서 자신이 고안한 곧은 절단 칼을 꺼냈다. 그날 오후 관중 중 한 명은 그것이 그가 즐겨 쓰는 도구임이 틀림없다고 적었다.[21] 사용하면서 생긴 듯한 파인 자국들이 손잡이에 무수히 나 있었기 때문이다. 리스턴은 칼날이 날카로운지 확인하기 위해 칼로 엄지손톱을 조금 깎아 냈다. 칼날이 흡족하게 잘 든다는 것을 확인한 뒤, 그는 조수인 윌리엄 캐지에게 지시했다. 「동맥을 찾아.」 그러고는 군중을 향해 돌아섰다.

「신사 여러분, 이제 시간을 재십시오!」 그러자 조끼에서 회중시계를 꺼내어 뚜껑을 여는 딸깍거리는 소리가 물결치듯이 울려 퍼졌다.

리스턴은 환자를 향해 돌아서서, 환자의 허벅지를 왼손으로 꽉 움켜쥐었다. 그런 뒤 한 차례 손을 빨리 놀려서 오른쪽 무릎 위쪽을 깊이 베었다. 조수 한 명이 피가 흐르는 것을 막기 위해 즉시 지혈대로 다리를 꽉 눌렀고, 리스턴은 나풀거리는 피부 밑으로 손가락을 넣어서 피부를 뒤로 젖혔다. 이어서 다시 빠르게 몇 차례 손을 움직여서 허벅지뼈를 드러냈다. 그런 뒤 숨을 돌렸다.

많은 외과의는 뼈를 일단 드러낸 뒤에 톱질로 잘라 내는 일을 앞두고 좀 주춤거렸다. 그 세기의 좀 더 이전에 찰스 벨은 학생들에게 천천히 신중하게 톱질을 하라고 경고했다.[22] 절개하는 데 능숙한 사람도 팔다리를 자를 때는 겁을 먹을 수 있었다. 1823년 토머스 앨코크는 〈일상적으로 쓰는 칼과 포크 외의 다른 도구들에는 익숙하지 않은 인간이 축성을 받지 않은 손으로 앓고 있는 동료 인간을 수술하다니, 생각만 해도 몸서리가 난다〉라고 선언했다.[23] 그는 톱이 뼈에 꽉 끼어서 꼼짝도 안 했다는 어느 외과의의 섬뜩한 이야기를 제시했다. 같은 시대 사람인 윌리엄 깁슨은 그런 악몽 같은 일을 겪지 않도록 초보자는 먼저 나무토막으로 연습하라고 조언했다.[24]

리스턴은 조수에게 칼을 건넸고, 조수는 그에게 톱을 건넸다. 그런 뒤 조수는 다리의 근육을 잡아당겼다. 나중에 잘린 부위의 밑동이 충분히 형성되도록 하기 위해서였다. 위대한 외과의가 톱질을 6번 하자 다리가 잘리면서 대기하고 있던 다른 조수의 손으로 떨어졌다. 조수는 즉시 그 다리를 수술대 바로 옆, 톱밥이 가득한 상자에 던져 넣었다.

그사이에 첫 번째 조수는 묶을 필요가 있는 동맥과 정맥이 보이도록 지혈대를 잠시 느슨하게 했다. 허벅지 중간을 절단할 때에는 대개 묶을 혈관이 11개가 나온다. 리스턴은 외과 매듭으로 대동맥을 묶은 뒤, 더 작은 혈관들로 시선을 옮겼다. 그는 당기개라는 뾰족한 갈고리를 써서 작은 혈관들을 하나씩 잡아당겼다.

조수가 지혈대를 한 번 더 느슨하게 하는 동안 리스턴은 살을 꿰매어 봉합했다.

리스턴이 처칠의 오른쪽 다리를 잘라 내는 데 걸린 시간은 총 28초였다. 그동안 환자는 몸부림도 비명도 지르지 않은 채 가만히 있었다. 환자는 몇 분 뒤 깨어나서, 수술을 언제 시작하느냐고 물었다가 잘려 나간 밑동을 보았고, 방금 목격한 광경에 놀라서 앉아 있던 구경꾼들은 그 모습에 킥킥거렸다고 한다. 리스턴은 흥분이 채 가시지 않아서 발개진 얼굴로 이렇게 선언했다. 「신사 여러분, 이 양키 신물질이 엉터리 최면술보다 낫습니다!」

고통의 시대가 종말을 고하고 있었다.

■

이틀 뒤, 외과의 제임스 밀러는 리스턴이 에든버러의 자기 의대생들에게 서둘러 휘갈겨 쓴 편지를 읽었다. 〈외과에 새로운 태양이 떴다는 열광적인 선언〉이 담긴 편지였다.[25] 1847년 초 몇 달 동안, 외과의들과 호기심 많은 유명 인사들이 에테르의 기적을 보기 위해 수술실을 찾았다. 지금은 파키스탄 영토인 지역의 식민지 총독 찰스 네이피어부터 나폴레옹 1세의 막냇동생인 제롬 보나파르트 왕자에 이르기까지 온갖 인물들이 에테르의 효과를 직접 보기 위해 수술실로 왔다.

〈에테르 마취_etherization_〉라는 용어가 만들어졌고, 전국의 신문마다 수술에 도입된 에테르 마취법을 환영하는 기사가 실렸다.

에테르 마취법 소식은 빠르게 퍼져 나갔다. 『엑서터 플라잉 포스트』에는 이렇게 실렸다. 〈의학사에서 에테르 이용만큼 완벽한 성공을 거둔 사례는 찾아볼 수 없다.〉[26] 런던의 『피플스 저널』에도 리스턴의 성공을 알리는 기사가 실렸다. 〈수술의 온갖 끔찍한 광경들로부터 눈과 기억을 가리고, 통각을 없애는 힘을 발견했다는 이 놀라운 선언에 기뻐하지 않을 이가 어디 있겠는가……. 마침내 우리는 통증을 정복했다!〉[27]

리스턴의 에테르 실험에서 수술의 성공 못지않게 중요한 점은 마침 그 자리에 조지프 리스터라는 젊은이가 와 있었다는 사실이었다. 리스터는 수술실 뒤쪽 자리에 조용히 앉아 있었다. 이 의욕 넘치는 의대생은 극적인 수술 광경에 매료되어 눈을 떼지 못했다. 나중에 수술실을 나와서 고워가로 걸어갈 때에야 그는 자신의 장래 직업의 성격이 영구히 바뀌리라는 것을 알아차렸다. 그를 비롯한 학생들은 더 이상 윌리엄 와일드가 지켜본 〈너무나 끔찍하고 혐오스러운 장면〉을 지켜볼 필요가 없을 터였다.[28] 와일드는 마취제 없이 환자의 눈알을 떼어 내는 수술을 마지못해 지켜보아야 했던 외과생이었다. 또한 외과의의 칼질에 환자들이 내지르는 비명 소리가 도저히 참을 수 없는 지경에 이를 때마다 존 플린트 사우스가 느꼈던, 달아나고 싶은 충동을 더 이상 느끼지 않아도 될 터였다.[29]

그렇긴 해도 리스터는 서로 악수를 나누면서 이 주목할 만한 성공을 축하하는 동료 의대생들과 군중을 헤치고 나아갈 때, 고통이 수술 성공을 방해하는 요인 중 하나일 뿐임을 날카롭게 의식하고 있었다.

그는 수천 년 동안 끊임없이 어른거렸던 감염 위협도 외과의의 활동 범위를 제한해 왔다는 것을 알고 있었다. 예를 들어, 배를 가르면 감염 때문에 거의 언제나 치명적인 결과가 나온다는 것이 드러나 있었다. 가슴도 가르지 말아야 할 부위였다. 그 때문에 대개 몸속 증상은 내과의가 치료한 반면 — 그래서 〈내과학 *internal medicine*〉이라는 용어가 나왔으며, 그 용어는 지금까지 쓰이고 있다 — 외과의는 말초적인 증상만을 다루었다. 찢김, 골절, 피부 궤양, 화상 같은 것들이었다. 외과의의 칼이 몸 깊숙이 뚫고 들어가는 것은 절단 수술을 할 때뿐이었다. 하지만 수술에서 살아남는 것과 수술 후에 완전히 회복되는 것은 다른 문제였다.

마취법이 널리 쓰이게 된 직후 20년 동안은 수술 결과가 더 나빠졌다는 것이 드러났다. 고통을 주지 않으면서 수술을 할 수 있다는 사실에 새롭게 자신감을 얻으면서, 외과의들은 점점 더 기꺼이 수술칼을 들게 되었고, 그 결과 수술 후 감염과 쇼크로 죽는 환자들이 늘어났다. 수술 횟수가 늘어나면서 수술실은 더욱 지저분해졌다. 감염의 원인을 아직 이해하지 못하고 있던 외과의들은 씻지도 않은 수술 도구로 여러 환자들을 잇달아 수술하곤 했다. 수술실에 구경꾼이 더 많이 모일수록, 가장 초보적인 위생 조치조차도 취할 가능성이 훨씬 줄어들었다. 수술을 받은 환자들 가운데 많은 이들은 죽거나, 결코 회복되지 못하고 여생을 병약한 상태로 보냈다. 이 문제는 세계적인 현상이었다. 전 세계의 환자들은 〈병원〉이라는 단어를 더욱 두려워하게 되었고, 한편 가장

실력 있는 외과의들은 자신의 능력을 불신하게 되었다.[30]

로버트 리스턴이 에테르 마취 수술에 성공하면서, 리스터는 수술 성공의 두 가지 주요 장애물 중 첫 번째가 제거되었음을 알아차렸다. 즉 이제는 고통을 주지 않으면서 수술을 할 수 있었다. 12월 21일 오후에 목격한 광경에 자극을 받아서, 대단히 명민했던 조지프 리스터는 곧 수술 후 감염의 원인과 특성을 규명하고 해결책을 찾는 일에 여생을 바치게 된다. 구시대의 마지막 위대한 외과의 중 한 명의 영향하에, 또 한 차례의 외과 혁명이 바야흐로 일어나려 하고 있었다.

1장

렌즈를 통해서

더 대단한 사실을, 과학이 조각, 그림, 음악, 시의 토대일 뿐 아니라

그 자체로 시적이라는 사실을 간과하지 말자……. 과학 연구에

종사하는 이들은 자신의 연구 주제가 시임을 남들보다도 더 생생하게

실감하고 있다는 것을 끊임없이 보여 준다.[1]

— 허버트 스펜서

어린 조지프 리스터는 까치발로 서서 아버지의 최신 복합 현미경의 접안렌즈에 눈을 대고 있었다. 여행자들이 바닷가를 여행할 때 주머니에 넣고 다니면서 꺼내 보곤 하는 접이식 현미경과 달리, 앞에 있는 장치는 전체적으로 더 근사했다. 날렵하고 멋지고 성능도 더 뛰어났다. 과학 발전의 상징이었다.

현미경의 렌즈를 처음 들여다보았을 때, 리스터는 그전까지 숨어 있었던 복잡한 세계를 접하고서 경이로움을 느꼈다. 그는 현미경으로 관찰할 수 있는 대상이 무한히 많아 보였기에 신이 났

다. 한번은 바다에서 새우 한 마리를 건져 올려서 〈심장이 아주 빠르게 뛰고 대동맥이 팔딱팔딱거리는〉 모습을 경이롭게 지켜보았다.[2] 그는 새우가 꿈틀거리는 동안 심장 뒤쪽 위와 다리의 표면으로 피가 천천히 순환하는 과정을 유심히 바라보았다.

리스터는 1827년 4월 5일에 태어났다. 화려한 축하 같은 것은 전혀 없었다. 하지만 6개월 뒤 그의 어머니는 흥분하여 남편에게 편지를 썼다. 〈오늘 아기가 유달리 사랑스러웠어요.〉[3] 리스터는 그 부부의 넷째 아이이자 차남이었다. 독실한 퀘이커교도인 조지프 잭슨 리스터와 아내 이사벨라는 자녀를 모두 7명 낳았다.

어린 리스터가 현미경으로 미시 세계를 탐사할 시간은 차고 넘쳤다. 퀘이커교도에게는 단순함이 삶의 미덕이었다. 사냥을 하거나 운동을 하거나 극장에 가는 것도 리스터에게는 허용되지 않았다. 삶은 부질없는 것들을 추구하기 위해서가 아니라, 신을 경배하고 이웃을 도우라고 주어진 선물이었다. 그래서 많은 퀘이커교도가 과학에 눈을 돌렸다. 그것이 자신들의 신앙이 허용하는 몇 안 되는 여가 활동 중 하나였기 때문이다. 그런 수수한 환경에서 고도의 과학적 성취를 이룬 지적인 인물들도 드물지 않았다.

리스터의 부친이 대표적인 사례였다. 그는 14세 때 학교를 그만두고 포도주 상인인 부친의 도제가 되었다. 많은 퀘이커교도는 빅토리아 시대에 금주를 했지만, 그들의 경전에 술을 마시지 말라고 명시적으로 적혀 있었던 것은 아니었다. 리스터 집안은 수백 년째 그 가업을 이어 오고 있었다. 퀘이커교도 사이에 절대 금주주의가 널리 퍼지기 전에 시작된 가업이었다. 조지프 잭슨은 부친이 하는 포도주 사업의 공동 경영자가 되었지만, 정작 리스터가 어렸을 때 조지프 잭슨이 세계적인 명성을 얻은 것은 광학 분야에서 이룬 발견 덕분이었다. 조지프 잭슨은 어릴 때 부친 서재의 창유리에 들어가 있는 공기 방울이 확대경 역할을 한다는 사실을 발견한 이래로 그 주제에 관심을 갖게 되었다.

19세기 초 대부분의 현미경은 신사들의 장난감으로 팔렸다. 벨벳으로 안감을 댄 값비싼 통 안에 들어 있었다. 쓰이지 않을 때가 많은 여분의 렌즈, 경통, 부속품이 들어 있는 서랍이 갖추어진 사각형의 나무 받침까지 딸려 있는 것도 있었다. 제작자들은 대개 현미경을 동물 뼈, 물고기 비늘, 섬세한 꽃의 슬라이드 표본과 함께 부유한 고객들에게 팔았다. 이 시대에 진지한 과학 연구를 하겠다고 현미경을 사는 사람은 거의 없었다.

조지프 잭슨 리스터는 예외였다. 1824년부터 1843년까지 그는 현미경에 푹 빠져서 기존 현미경이 지닌 많은 결함을 개선하는 데 힘썼다. 당시 대부분의 렌즈는 상을 왜곡시켰다. 서로 다른 파장의 빛이 유리를 통과할 때 꺾이는 각도가 달랐기 때문이다. 그래서 보이는 대상의 주위로 자주색 후광이 생겨났고, 이 때문에 현미경으로 보이는 것을 불신하는 이들이 많았다. 조지프 잭슨은 이 결함을 해결하기 위해 애썼고, 1830년에 드디어 시야를 산만하게 하는 후광을 제거한 색지움 렌즈를 선보였다. 조지프 잭슨은 본업에 종사하는 한편으로, 틈틈이 짬을 내어서 직접 렌즈를 갈고 필요한 수학 계산을 하여 런던의 몇몇 손꼽히는 현미경 제작자들에게 제작을 맡겼다. 이 업적으로 그는 1832년에 왕립 협회 회원이 될 수 있었다.

리스터가 어릴 때 살던 집의 1층에는 일종의 〈박물관〉이 있었다.[4] 집안사람들이 오랜 세월에 걸쳐서 수집한 화석을 비롯해 표본 수백 점으로 가득한 방이었다. 부친은 아침마다 옷을 입을 때 아이들에게 교대로 책을 읽도록 했다. 서재에는 종교책과 과학책이 가득했다. 부친이 리스터에게 처음 준 선물 중에는 『집에서 보내는 저녁, 또는 어린 시절의 이야기보따리 풀기』라는 4권짜리 전집도 있었다. 우화, 동화, 자연사를 모은 책이었다.

리스터는 당시 성장기의 아이들이 종종 접하곤 했던 위험한 치료 중 상당수를 피할 수 있었다. 그의 부친이 〈자연의 치유력 vis medicatrix naturae〉을 믿었기 때문이다. 많은 퀘이커교도처럼 조지프 잭슨도 신의 섭리가 치유 과정에 가장 중요한 역할을 한다고 굳게 믿었다. 즉 의료 행위를 믿지 않는 허무주의자였다. 그는 몸에 외부 물질을 갖다 대는 짓이 불필요할 뿐 아니라, 때로는 그 자체가 생명에 위협을 가한다고 믿었다. 제조되는 약물의 대부분에 헤로인, 코카인, 아편 같은 매우 유독한 물질이 섞여 들어가던 시절이었으므로 조지프 잭슨의 생각이 그리 틀렸다고는 할 수 없었을지도 모른다.

그토록 원칙을 지키던 집안이었으니, 어린 리스터가 외과의가 되고 싶다고 발표했을 때 집안의 모든 사람들이 놀란 것도 당연했다. 신이 공들여 만든 작품에 물리적으로 개입하는 직업이 아닌가 말이다. 먼 사촌 한 명을 빼고, 그의 친척들 중에 의사라고는 전혀 없었다. 그리고 수술은 퀘이커교도가 아닌 이들조차도 꺼림칙하게 여기는 분야였다. 외과의는 자신의 손을 놀려서 생계를 유지하는 수공업자와 별다를 바 없다고 여겨졌다. 지금의 열쇠공이나 배관공과 비슷했다. 외과의가 상대적으로 가난했다는 점이야말로 그들이 낮은 대우를 받았다는 사실을 가장 잘 보여 준다. 1848년 이전까지 주요 병원에서 봉급을 받으면서 정식으로 일하던 외과의는 단 한 명도 없었다. 외과의는 대부분(아주 유명한 극소수를 제외하고) 개인적으로 치료를 하여 푼돈을 버는 수준이었다.[5]

하지만 외과의를 꿈꾸는 어린 리스터에게 그 직업을 택함으로써 나중에 사회적·경제적으로 어떻게 될지 여부는 전혀 관심의 대상이 아니었다. 14세 때인 1841년 여름에 그는 당시 집안의 포도주 사업 때문에 멀리 출장을 가 있던 부친에게 이렇게 편지를 썼다. 〈엄마가 외출하시면 혼자서 뼈 그림을 그리는 것 말고는 할 일이 없어요.〉리스터는 〈남에게 근육도 보여 주기 위해 음영을 넣을〉 수 있도록 담비 털로 된 붓을 사달라고 했다.[6] 그는 머리뼈를 이루는 모든 뼈들을 하나하나 그리고 명칭을 적었을 뿐 아니라, 손뼈도 손등과 손바닥 양쪽에서 본 모습으로 다 그렸다. 부친처럼 어린 리스터도 뛰어난 화가였다. 이 그림 솜씨는 나중에 외과의로 지내면서 자신이 관찰한 것들을 놀라울 만치 상세히 보여 주는 데 기여했다.

리스터는 1841년 여름 양의 머리에 푹 빠져 있었고, 편지에 이렇게 썼다. 〈살을 거의 다 발라냈어요. 뇌도 다 꺼냈고요……. 침연(浸軟)* 통에 넣었어요.〉[7] 머리뼈에 남은 조직을 부드럽게 만들기 위해서였다. 나중에 그는 누나의 옷장 서랍에서 나무토막을 하나 슬쩍한 후 그 위에 자신이 해부한 개구리의 뼈대를 맞추어 붙이는 데 성공했다. 그는 신이 나서 부친에게 편지를 썼다. 〈개구리가 막 뛰어오를 것처럼 보여요.〉 그러면서 공모하자는 양 덧붙였다. 〈메리에게 나무토막 이야기는 하지 마세요.〉[8]

조지프 잭슨 리스터가 의료계 쪽 직업을 어떻게 보든 간에, 그의 아들이 곧 그 분야에 합류하리라는 것은 명확했다.

■

리스터는 17세에 유니버시티 칼리지 런던 University College London, UCL에 입학했다. 그 즉시 그는 어릴 때 자신이 알고 있던 세계와 동떨어진 세상에 왔음을 실감했다. 리스터가 살던 소도시인 업턴은 주민이 겨우 12,738명에 불과했다.[9] 런던에서 17킬로미터밖에 떨어져 있지 않았지만, 당시에는 도로라고 할 수 있는 진창에 파인 자국을 따라 말과 마차를 타고 가야 하는 곳이었다. 리스터 집의 정원에는 개울이 흐르고 있었고, 그 위에 동양풍의 다리가 놓여 있었다. 정원에는 사과나무, 너도밤나무, 느릅나무, 밤나무가 자랐다. 그의 부친은 이렇게 썼다. 〈뜰을 마주한 접이창들을 연다. 따스하고 고요한 가운데 새들이 지저귀는 소리와 곤충들이 윙윙거리는 소리가 들린다. 하늘을 배경으로 밝은 색깔의 잔디와 알로

---

* 뼈에 붙은 근육을 부드럽게 하기 위해 물에 불리는 과정.

에와 더 짙은 색깔의 삼목들이 체스 판처럼 펼쳐진다.〉[10]

업턴 저택을 에워싼 무성한 정원의 생생한 색깔들과 대조적으로, 런던은 온통 회색빛으로 꽉꽉 막혀 있었다. 미술 평론가 존 러스킨은 런던을 〈모든 구멍에서 독이 뿜어지는, 썩어 가는 섬뜩한 벽돌 더미들〉이라고 했다.[11] 집집마다 바깥에는 으레 쓰레기 더미가 쌓여 있었고, 아예 문짝이 없는 집들도 있었다. 기나긴 겨울에 가난한 이들이 문짝을 떼어서 난로의 땔감으로 쓰곤 했기 때문이다. 도로와 통로마다 매일 달가닥거리면서 오가는 수많은 말, 짐마차, 승합 마차, 이륜마차에서 나오는 똥으로 뒤범벅되어 있었다. 게다가 건물에서 사람에 이르기까지 모든 것이 검댕으로 뒤덮여 있었다.

19세기라는 100년 사이에 런던의 인구는 100만 명에서 600만 명을 웃도는 수준으로 치솟았다. 부유한 이들은 더 푸른 목초지를 찾아서 도시를 떠났고, 그들이 살던 저택은 어중이떠중이들이 몰려들면서 금방 황폐해졌다. 방 하나에 남녀노소 할 것 없이 더러운 넝마를 걸친 채 30명 넘게 우글거리기도 했다. 그들은 쪼그리고 앉아 있거나 잠을 자거나 밀짚을 채운 간이 변소에서 배설을 하면서 살아갔다. 극빈자들은 햇볕이라고는 전혀 들지 않는 〈땅속 집〉에서 살아야 했다. 쥐들은 영양실조에 시달리는 아기들의 얼굴과 손가락을 갉아 댔고, 이런 악취 풍기는 컴컴하고 습한 환경에서 많은 아기가 죽어 나갔다.

런던 주민들에게 죽음은 시시때때로 찾아오는 손님이었고, 시신 처리가 점점 더 심각한 문제로 대두되고 있었다.[12] 교회 부속

묘지는 시신들로 미어터질 지경이었고, 공중 보건에 엄청난 위협이 되고 있었다. 이제 막 땅을 파헤쳐 만든 무덤 주위로 뼈들이 튀어나와 있는 광경도 흔했다. 무덤마다 시신들이 겹겹이 쌓여 있었고, 그냥 파놓은 구덩이에 관들을 줄줄이 쌓아 놓은 곳이 대부분이었다. 19세기가 시작될 때, 6미터 깊이의 매장 구덩이 바닥까지 추락한 두 사람이 썩어 가는 시신들에서 나오는 기체에 질식사했다는 이야기도 떠돌았다.[13]

이런 구덩이 근처에서 사는 이들은 참을 수 없는 악취에 시달렸다. 이스트런던의 클레멘트가에 있는 집들은 교회 묘지를 등지고 있었는데, 묘지에서는 썩어 가는 진물이 스며 나왔다. 악취가 너무나 지독해서 주민들은 1년 내내 창문을 꽉 닫고 지내야 했다. 에넌 성당의 주일 학교에 다니는 아이들도 이 불쾌한 냄새를 피할 수 없었다. 아이들은 윙윙거리면서 주위를 맴도는 파리들과 함께 수업을 받았다. 파리는 성당 지하실에서 나오는 것이 틀림없었다. 12,000구의 시신들이 그 안에서 썩어 가고 있었기 때문이다.[14]

1848년 공중 보건법이 제정되기 전에는 사람의 배설물을 처리하는 방식도 마찬가지로 원시적이었다. 그 법은 중앙 집중적인 정부 기관인 보건국 General Board of Health 을 설치하도록 했고, 그로부터 위생 혁명이 시작되었다. 그전까지 런던의 많은 거리는 사실상 개방형 하수도였다. 엄청난 양의(때로 치명적일 만치) 메탄이 부글거리며 올라오는 곳이었다. 최악의 주택 단지에서는 〈등을 맞대고 있는〉 집들이 폭 1.2~1.5미터의 좁은 통로를 두고 양

옆으로 죽 늘어서 있었다. 통로 한가운데의 도랑에서는 오줌이 흘러넘쳤다. 1824~1844년에 수세식 화장실이 늘어나고 있었지만, 근본적인 문제 해결에는 별 효과가 없었다. 수세식 화장실이 늘자 지주들은 인부를 고용하여 건물의 흘러넘치는 분뇨 구덩이에서 〈분뇨 night soil〉를 수거해야 했다. 도시의 지하로 밀려드는 인간 노폐물을 건져서 먹고 살아가는 〈뼈 삶이 bone boiler〉, 〈하수도 사냥꾼 tosher〉, 〈진흙 뒤짐이 mudlark〉 같은 지하 생활자 집단들이 생겨났다.[15] 이 청소부들 — 작가 스티븐 존슨이 역사상 최초의 폐기물 재활용업자라고 부른 — 은 수천 톤에 이르는 쓰레기, 분뇨, 동물 사체를 건져서 수레에 싣고 시장에 내다 팔았다. 무두장이, 농부 같은 이들이 그것을 사서 재활용했다.

다른 곳에서는 결코 환영을 받지 못할 일들이었다.[16] 지방을 삶는 사람, 아교 제조업자, 모피상, 내장 긁어내는 사람, 개 가죽을 벗기는 사람 등은 도시의 가장 인구가 밀집된 지역에서 악취에 찌든 채 일을 했다. 성 바오로 대성당에서 몇 분만 걸어가면 나오는 스미스필드에 도살장이 있었다. 벽은 썩어 가는 피와 지방으로 두껍게 뒤덮여 있었다. 인부들이 양을 깊은 구덩이에 던져 넣으면, 밑에 있는 도살업자들이 다리가 부러진 양에 칼을 쑤셔 박아서 가죽을 벗기고 뼈와 살을 갈랐다. 긴 하루 일과를 마치면, 이들은 그 성스럽지 못한 직업의 악취가 가득 밴 옷을 입은 채 자신이 사는 슬럼가로 돌아왔다.

숨겨진 위험으로 가득한 세계였다. 부유한 집의 꽃무늬 벽지와 한껏 멋 부린 귀부인의 모자에 달린 인공 잎에 쓰인 녹색 염료에도 치명적인 비소가 섞여 있었다. 매일 먹는 음식에서 마시는 물에 이르기까지 모든 것이 유독한 물질로 오염되어 있었다. 리스터가 UCL로 떠날 당시에, 런던은 자신의 오물에 익사하는 중이었다.

이 모든 더러움과 오물의 한가운데에서 런던 시민들은 지역 환경을 개선하기 위해 애쓰고 있었다. 한 예로, 리스터가 공부하던 대학교를 에워싼 지역인 블룸즈버리는 막 씻긴 아기 같은 기분 좋은 분위기를 풍겼다. 끊임없이 요동치면서 급속한 성장이 이루어지던 시기였다. 1800년에 이사 온 사람은 겨우 몇십 년 뒤에는 거의 느끼지 못할 그 분위기를 확연히 느꼈을 것이다. 나중에 자신의 이름이 붙은 사전을 쓰게 될 젊은 의사 피터 마크 로젯은 19세기에 들어설 무렵 그레이트 러셀가 46번지로 이사했다. 그는 집 주위로 넓게 정원들이 펼쳐져 있고 공기가 〈아주 깨끗하다〉라고 썼다.[17] 1820년대에 건축가 로버트 스머크는 로젯가에 새 영국 박물관을 짓기 시작했다. 이 위압적인 신고전주의 건축물은 완공되기까지 20년이 걸렸고, 그 기간에 망치, 톱, 끌이 내는 온갖 불협화음이 블룸즈버리 전역으로 울려 퍼지면서, 로젯이 그토록 마음에 들어 했던 고요한 분위기를 박살냈다.

그 대학교는 이 도시 성장의 일부였다.[18] 1825년 6월 초의 어느 기분 좋은 저녁, 훗날 영국 대법관이 될 헨리 브로엄은 의회의 몇몇 개혁파 의원들과 런던 스트랜드가의 크라운 앤드 앵커 태번에 모였다. 그들은 유니버시티 칼리지 런던이라는 결실을 맺을 계획을 구상했다. 이 새 기관에는 종교적 구속 조항 같은 것은 전혀 넣지 않을 계획이었다. 그렇게 하여 영국에서 학생들에게 매일 성공회 예배에 참석할 것을 요구하지 않는 대학교가 처음으로 등장했다. 리스터에게 안성맞춤이었다. 훗날 킹스 칼리지 출신들은 UCL 출신들을 그 대학교가 있는 거리 이름을 붙여서 〈고워가의 무신론자 쓰레기〉라고 부르곤 했다.

설립자들이 UCL을 세속적인 토대 위에서 구축했기에 교과 과정도 그만큼 급진적이었다. 옥스퍼드와 케임브리지에서 가르치는 것과 같은 전통적인 학문들뿐 아니라 지리학, 건축학, 현대사 같은 새로운 학문들도 가르쳤다. 특히 의대는 북(北) 런던 병원 (나중에 유니버시티 칼리지 병원이라고 알려지게 된다)이 가까이 있었기에 다른 두 대학교보다 이점을 지니게 되었다. 그 병원은 UCL보다 6년 뒤에 지어졌다.

런던에 대학교를 세운다는 생각에 고개를 저은 이들도 많았다. 풍자적인 신문 『존 불 *John Bull*』은 런던이라는 시끄럽고 무질서한 도시가 과연 영국의 젊은이들을 가르치기에 적당한 곳일까라고 의구심을 제기했다. 그 신문은 특유의 비꼬는 어조로 이렇게 썼다. 〈런던이 도덕적이고 평온하고 아주 건강에 좋은 곳이라서 젊은이의 교육에 가장 딱 맞는 곳이라고 여겨지는 모양이다.〉[19] 그 기사는 웨스트민스터 대성당 옆 토트힐필즈라는 악명 높은 슬럼가에 대학교가 들어서는 장면을 상상하면서 덧붙였다. 〈혼잡한 거리에서 일어날 불의의 사고에 아들이 위험하게 노출될 것이라고 집안의 가장이 반대하고 나설 테니, 신분 높은 중년 여성들이 매일 아침저녁으로 우르르 나와서 학생들을 등하교시켜야 할 것이다.〉 그러나 항의와 우려 속에서도 UCL은 세워졌고, 1828년 10월에 학생들을 받기 시작했다.

■

1844년 조지프 리스터가 입학할 당시, 그 대학교는 여전히 유아기에 있었다. UCL의 교수진은 세 분야뿐이었다. 예술, 의학, 법학이었다. 부친이 원하는 바를 충족시키고자, 리스터는 먼저 예술 학위를 땄다. 오늘날의 기초 교양과 비슷하게 역사, 문학, 수학, 과학 등 다양한 과목으로 이루어진 과정이었다. 외과로 가는 전통적인 경로는 아니었다. 1840년대에는 대부분의 학생이 이 단계를 아예 건너뛰고서 곧장 의학 학위를 받았기 때문이다. 훗날 리스터는 과학 이론을 의료 행위와 연관 짓는 자신의 능력이 이 폭넓은 배경에서 나온 것이라고 말하게 된다.

리스터는 키가 176센티미터로서, 대부분의 급우보다 더 컸다.[20] 그를 아는 이들은 대부분 그가 인상에 남을 만치 키가 크고 움직임이 우아하다고 평하곤 했다. 당시의 그는 곧은 코에 두툼한 입술, 물결치는 갈색 머리가 돋보이는 고전적인 미남이었다. 그는 불안하면 좀 활달한 기색을 보였기에 급우들보다 더 눈에 띄었다. 리스터의 전기 작가이자 말년의 친구이기도 했던 헥터 찰스 캐머런은 그 미래의 외과의를 처음 만난 순간을 이렇게 회상했다. 〈승낙을 받아서 응접실에 들어가니, 리스터는 등을 보인 채 손에 찻잔을 들고 벽난로를 향해 서 있었다. 내가 기억하는 바로는 그는 거의 언제나 서 있었다……. 잠깐이라도 앉아 있을 때면, 대화가 어떤 새로운 방향으로 전개되면서 그를 불가피하게 일어서게 만드는 듯했다.〉[21]

리스터의 마음은 끊임없이 활기차게 돌아갔다. 흥분하거나 당황할 때면 그의 입가가 씰룩거렸고, 어릴 때 심했던 말을 더듬는 행동이 다시 나타나곤 했다. 핼리팩스의 스튜어트는 리스터가 속으로 동요할 때에도 〈수줍음에 가까운, 이루 형언할 수 없이 온순한 분위기〉를 풍겼다고 했다.[22] 한 친구는 나중에 그를 이렇게 표현했다. 〈그는 겸손하고, 오만하지 않고, 주제넘지 않은 자기 생각의 세계에 살았다.〉[23]

리스터는 침착한 성격이었다. 아마 양육 환경 때문에 더욱더 그랬을 것이다. 그가 속한 종교 공동체는 신자들에게 늘 칙칙한 색깔의 옷을 입고, 남들에게 〈디 thee〉와 〈다우 thou〉 같은 예스러운 대명사를 쓰도록 했다. 어릴 때 리스터 주위에는 온통 검은 옷에 테가 넓은 모자를 쓴 사람들만 득실거렸다. 집안의 남자들은 예배를 볼 때에도 모자를 결코 벗지 않았다. 여자들은 수수한 옷에 주름진 목도리로 목을 감싸고, 어깨에 수수한 숄을 둘렀다. 머리에는 콜 스커틀 보닛이라는 흰색 모슬린 모자를 썼다. 리스터는 대학교에 갈 때면 자기 신앙에 따라서 수수한 색깔의 옷을 입었고, 그런 옷은 더 유행을 타는 옷차림을 한 급우들 사이에서 키만큼이나 두드러졌을 것이 분명하다.

UCL에 도착한 직후, 리스터는 대학교 근처 런던가 28번지에 숙소를 구해서, 8세 연상의 에드워드 팔머라는 같은 퀘이커교도와 함께 살았다. 사실 팔머는 로버트 리스턴의 조수였고, 지인들로부터 〈늘 올곧은 태도를 고수하지만, 외과의라는 직업에 진정으로 열정을 지닌 사람〉이라는 평판을 얻고 있었다.[24] 두 사람은 금방 친해졌다. 리스터가 1846년 12월 21일 리스턴의 역사적인 에테르 실험을 지켜볼 수 있었던 것도 어느 정도 팔머의 영향을 받아서였다. 아무튼 리스터가 그 자리에 있었다는 것은 그가 의학 강의에 참석한 것이 처음이 아니었음을 시사한다. 위대한 리스턴이 리스터를 이미 알고 있지 않았다면, 그날 오후에 그를 들여보냈을 가능성이 적다. 사실 리스터는 예술 학사 학위를 받기 몇 달 전부터 해부학 공부를 시작한 상태였다. 그해 마지막 분기에 그가 적은 구입 장부에는 〈집게와 예리한 칼〉을 사는 데 든 비용뿐 아니라, 〈U. L.〉이라는 수수께끼의 인물로부터 해부할 시신 부위를 11실링을 주고 샀다는 내용도 있었다.[25] 일찍부터 그를 알던 모든 이들에게는 그가 의학 공부를 시작하고 싶어서 안달하고 있다는 것이 뻔히 보였다.

에드워드 팔머의 성격에는 리스터에게 도움이 안 되는 어두운 측면도 있었다. 1847년 두 사람은 앰프실 스퀘어의 베드포드 플레이스 2번지로 이사했다. 그때 존 호지킨이라는 학생도 합류했다. 그는 오늘날 호지킨병이라고 불리는 아주 희귀한 형태의 림프종을 처음 학계에 알린 유명한 의사 토머스 호지킨의 조카였다. 호지킨 집안과 리스터 집안은 신앙도 같고 해서 오랜 세월 친분 관계를 유지해 왔다. 두 사람은 어릴 때 같이 그로브 하우스에

다닌 바 있었다. 토트넘의 기숙 학교로서 고전뿐 아니라 수학, 자연과학, 현대 언어도 가르치는 다소 진보적인 교과 과정을 택한 곳이었다. 리스터보다 5년 연하인 호지킨은 앰프실 스퀘어의 숙소를 〈음침하다〉고 했고, 두 동거인이 〈훨씬 더 성숙하고 근엄하여〉, 〈침울하고 즐겁지 않은 생활〉을 하고 있다고 적었다.[26] 호지킨이 처음 UCL에 왔을 때 에드워드 팔머는 그를 어릴 적 친구로 받아들이지 않았던 듯하다. 호지킨은 팔머를 〈희한하고 (……) 특이하며 (……) 명백히 괴짜〉라고 했다. 팔머가 극도로 독실한 신자였음에도, 호지킨은 그의 괴짜 같은 모습이 종교와 깊이 관련 있다고는 생각하지 않았다. 호지킨을 가장 심란하게 만든 것은 리스터가 팔머의 밑에서 오래 있을수록 더 움츠리는 태도를 보인다는 사실이었다. 리스터는 강의를 듣는 것 외에, 과외 활동에 점점 관심을 잃어가는 듯했다. 그 대신에 좀 음침한 환경에서 열심히 공부하는 쪽을 택했다. 그리고 팔머가 나중에 정신이 혼란해져서 말년을 정신 병원에서 보내게 된다는 점을 생각하면, 그가 외과의를 열망하는 후배에게 즐거운 영향을 미쳤을 것 같지 않다. 호지킨은 팔머가 〈리스터에게조차도 썩 잘 맞는 동료〉가 아니라고 경계했다.[27]

리스터와 팔머는 많은 동료와 뚜렷하게 대비되었다. UCL의 한 외과 강사는 의대 신입생들에게 〈따뜻한 부모의 품을 떠나서 사람들이 바글거리는 대도시의 큰길과 샛길 — 넓은 거리와 좁은 통로 — 을 방황하는 젊은 여행자를 기다리는 악명 높은 올가미들〉을 조심하라고 경고했다.[28] 그는 도박, 연극 관람, 음주 같은

〈타락한 습관들〉에 욕설을 퍼부으면서 그런 것들이 〈예부터 있는 한센병, 마음의 불구보다도, 흑사병보다도 더 전염성이 있다〉고 선언했다. 그는 신입생들에게 그런 악덕들에 저항하고, 대신에 해부학, 생리학, 화학을 열심히 공부하여 과학적 진리를 밝혀내는 일에 매진하라고 촉구했다.

그의 경고는 잘못된 것이 아니었다.

내과 의사인 윌리엄 어거스터스 가이는 당시에 〈의대생〉이라는 용어가 〈천박하게 술 먹고 방탕하게 노는 자의 별명〉이 되었다고 했다.[29] 보편적인 정서가 그러했다. 한 미국 기자는 뉴욕의 의대생들이 〈제멋대로 마구 날뛰면서 야간 활동에 중독되는 경향〉이 있다고 간파했다.[30] 그들은 대형 교육 병원 주변의 값싼 여관과 여인숙에 모여 있는 험상궂게 보이는 무리가 될 때가 종종 있었다.[31] 그들은 유행에 맞게, 거의 번지르르하게 입고 다녔다. 셔츠가 유달리 더럽다는 것만 빼고 말이다. 그들은 입에 시가를 문 채로 돌아다녔다. 시가는 사치품이 아니라, 해부실에서 옷에 밴 썩은 냄새를 가리기 위한 필수품이었다. 강사들이 제자들에게 나쁜 행동을 무수히 경고했다는 점을 고려할 때, 의대생들은 소란스럽고 폭음을 하고 거칠게 구는 부류였다.

물론 UCL의 모든 이들이 제멋대로 구는 혈기 넘치는 젊은이였던 것은 아니다. 리스터처럼 근면하고 열심히 공부하는 이들도 있었다. 그들은 의료 기기를 구입하기 위해 대학교 주변의 비좁은 골목에 점점이 흩어져 있는 전당포에 시계를 맡기면서 검소하게 살았다. J. H. 새비니 같은 칼갈이를 찾는 이들도 있었다. 1800년에 스트랜드가에 세워진 그의 가게는 런던에서 최초로 수술 기구만을 취급한 곳이었다. 한 영국 신문에 따르면 이렇게 수술칼, 칼, 톱을 판매하는 곳들은 〈환자의 고통을 크게 줄이고, 수술하는 이의 칼이 잘 안 들면 어쩌나 하는 걱정을 아예 없앨 만치 정밀하게 칼을 벼렸다〉.[32]

다른 학생들과 외과생을 구별하는 특징은 무엇보다도 들고 다니는 도구들이었다. 외과는 아직 수공업이었다. 즉 첨단 기술이 아니라 기예가 좌우하는 분야였다. 새로 자격증을 딴 외과 의사의 연장통에는 칼, 뼈톱, 집게, 탐침, 갈고리, 바늘, 묶음실, 세모날 lancet 이 들어 있었다. 세모날은 빅토리아 시대에 방혈 요법 bloodletting 이 여전히 널리 쓰이고 있었기에 특히 중요했다. 또 많은 외과의가 휴대용 연장통을 들고 다녔다. 대개 왕진 요청이 왔을 때 작은 수술을 하는 데 썼다.

절단 칼은 외과 도구 중에서 거의 신화적인 자리를 차지했다. 그것은 19세기 전반기에 상당한 디자인 변화를 거친 몇 가지 수술 도구 중 하나였다. 어느 정도는 절단의 특성 자체가 변했기 때문이기도 하다. 나이 든 외과의들은 돌림법 circular method 을 선호했다.[33] 자를 팔다리를 빙 둘러 가면서 한 번에 죽 가르는 방법이었다. 그런 뒤 피부와 근육을 잡아당겨서 벌리고 톱으로 뼈를 잘랐다. 여기에는 날이 넓고 휘어진 무거운 칼이 필요했다. 그러나 더 뒤의 세대는 이른바 피부판법 flap method 을 더 선호했다. 리스턴은 1846년 처칠을 에테르로 마취할 때 피부판법을 썼다. 1820년대에 이 기법이 점점 인기를 끌면서 절단 칼은 이미 더 가늘어지고 더 가벼워져 있었고, 칼날도 곧아졌다. 이 방법은 〈관통 절개transfixing〉를 수반했다. 외과의가 절단 칼을 환자의 팔다리로 깊숙이 쑤셔 넣은 뒤 잡아당기면서 위로 들어 올려 안쪽에서부터 피부를 베는 식이었다.

일부 외과의는 자신이 선호하는 기법에 맞게 칼을 맞춤 제작했다. 로버트 리스턴 — 수술칼을 따뜻한 상태로 유지하기 위해 외투 소매에 넣고 다녔다고 하는 — 은 자신의 절단 칼을 직접 디자인했다.[34] 칼날의 길이가 35.6센티미터에 폭이 3.2센티미터로서 표준 절단 칼보다 상당히 더 컸다. 칼의 끝, 길이가 약 5센티미터쯤 되는 부위는 면도날처럼 날카로웠는데 허벅지의 피부, 두꺼운 근육, 힘줄, 조직을 단번에 자르고 들어갈 수 있도록 만들어졌다. 잭 더 리퍼Jack the Ripper가 1888년에 마구 살인을 저지르고 다니면서 희생자들의 내장을 도려낼 때 쓴 무기가 〈리스턴 칼〉이었던 것도 그리 놀랄 일이 아니다.

리스터의 학창시절에 절단 칼 같은 도구는 세균의 온상이었다. 기능보다는 유행을 좇을 때도 많았다. 많은 외과의는 칼에 장식 무늬를 새기고, 칼을 벨벳 통에 넣고 다녔다. 통에는 수술 때의 피 얼룩이 여기저기 묻어 있었다. 외과의 윌리엄 퍼거슨은 수술 도구의 손잡이를 흑단으로 만들라고 권했다. 매끄러운 정맥과 동맥을 자를 때 손에서 미끄러질 가능성이 더 적다는 것이었다. 19세기에는 나무, 상아, 거북 등딱지 같은 전통적인 재료가 계속 쓰였다. 금속 수술 도구가 널리 보급되기 시작한 뒤에도 그랬다. 1897년까지도 한 상품 목록에는 이렇게 적혀 있었다. 〈가까운 미

래에 수술 도구의 손잡이인 상아와 흑단을 금속이 대체할 것 같지는 않다.)[35]

리스터의 첫 수술 도구 통에는 새내기 외과의가 실습을 시작하는 데 필요한 모든 것이 들어 있었다. 팔다리를 자르는 뼈톱, 조직을 집어서 고정하는 집게, 총알 같은 이물질을 찾아서 꺼내는 탐침 등이었다. 그러나 리스터가 UCL로 가져온 도구 중에는 급우 중 아마 어느 누구도 갖고 있지 않은 것이 하나 있었다. 바로 현미경이었다. 부친의 지도를 받아서 그는 매우 유능한 현미경 학자가 되어 있었고 과학 도구의 힘을 신뢰하게 되었다.

리스터의 강사 중 상당수는 현미경이 외과 공부에 쓸모가 없을 뿐 아니라 의사로서의 경력 자체에 방해가 된다고 여전히 믿고 있었다. 조지프 잭슨의 색지움 렌즈를 비롯하여 많은 개선이 이루어졌음에도 의학계 인사들은 여전히 현미경에 의구심을 보이고 있었다. 그들 중에 현미경을 조작하는 법을 배우거나 제대로 사용할 줄 아는 사람은 적었다. 현미경은 무엇을 밝혀냈을까? 맨눈으로 관련된 모든 징후와 증상을 다 관찰할 수 없다는 것은 분명했다. 현미경을 통해 이루어진 발견이 실제로 환자를 효과적으로 치료하는 데 기여할 수 있을까? 현미경이 치료와 수술에 실질적으로 적용될 수 있는 명확한 혜택을 제공하지 못했기에, 의사들 대부분은 현미경을 붙들고 시간을 낭비할 이유가 전혀 없다고 결론지었다.

그렇긴 해도 영국 의사들은 대륙 본토에서 현미경 덕분에 병리학 분야에서 중요한 발전이 이루어졌음을 부정하기 어려웠다. 특히 프랑스인들은 그 과학 도구의 도움을 받아서 놀라운 속도로 발견을 이루고 있었다. 어느 정도는 프랑스 대혁명 때 파리에 대형 병원들이 세워졌기 때문이기도 하다. 1788년에는 파리 전역의 병원 48곳에 20,341명이 입원했다.[36] 세계의 어디에서도 찾아볼 수 없는 유례없는 숫자였다. 그들 중 상당 비율은 병에 굴복했다. 가난한 이들이 많았기에, 연고자가 나타나지 않은 시신들이 많이 생겼다.[37] 그런 시신은 마리 프랑수아 자비에 비샤 같은 해부학자의 손에 넘어갔다. 그는 1801~1802년 겨울에 무려 600구에 달하는 시신을 해부했다고 한다.

비샤는 그런 연구를 통해서 병터가 몸속에 있으며, 그런 조직은 구별이 되므로 제거할 수 있다고 결론을 내렸다. 병이 장기 전체나 몸 전체를 공격한다는 당시의 주류 견해와 다른 결론이었다. 놀랍게도 비샤는 연결 조직, 근육 조직, 신경 조직을 비롯하여 인체에 있는 21가지 막을 기재하고 이름을 붙였다. 안타깝게도 그는 1802년 자기 병원의 계단에서 굴러떨어지는 사고로 목숨을 잃었다.

19세기 초에 들어서서 수십 년이 흐르는 동안 프랑스 의사들은 현미경을 점점 더 많이 사용하기 시작했다.[38] 의사 피에르 라예는 역사상 처음으로 소변의 현미경 관찰과 화학적 분석을 수행했다. 생리학자이자 약리학자인 프랑수아 마장디는 생리학 수업 때 현미경을 교육 도구로 쓰기 시작했고, 의사 가브리엘 앙드랄과 쥘 가바레는 현미경으로 피를 분석하기 시작했다. 리스터가 의대에 들어갈 무렵, 파리의 몇몇 의사들은 현미경을 써서 피부, 피, 콩

팥, 비뇨생식계의 질병을 진단하는 일까지 하고 있었다.

한편 영국에서는 현미경이 병리 해부학에 유용한지를 놓고 여전히 격렬한 논쟁이 벌어지고 있었다. 그러나 리스터는 부전자전이었다. UCL에서 그는 대부분의 교수보다 그 복잡한 기구의 작동법을 더 잘 이해하고 있음을 보여 주었다. 광학 기구를 다루는 수업을 들었다고 부친에게 보낸 편지에서, 그는 강사가 〈아버지가 개량한 사항을 언급하면서 현미경의 성능과 관찰에 혁신을 이룬 영예가 다 아버지에게 돌아가야 한다고 말했어요. 게다가 그런 개량이 실험과 관찰을 현미경의 구조에 적용한 가장 훌륭한 사례라고 했어요. 아버지의 실험이 가장 탁월하게 이루어졌다고도 했고요〉라고 썼다.[39]

그렇긴 해도 리스터는 그 강의가 완전히 마음에 든 것은 아니었다. 실망스럽게도 강사는 현미경이 의학에 쓸모가 있을 것인가라는 물음에는 회의적인 태도를 유지해야 한다고 끔찍한 결론을 내렸다. 개선이 여전히 필요한 한, 현미경을 이용한 실험 결과에 결함이 있을 가능성이 높기 때문이라는 것이다. 리스터는 그 강의가 〈좀 실망스러워서 다른 강의들도 찾아봐야겠어요〉라고 부친에게 투덜거렸다.

그러나 그는 쉽사리 단념하는 사람이 아니었다. 그는 UCL 교수 휘턴 존스로부터 갓 떼어 낸 사람의 홍채를 얻은 뒤, 현미경으로 근육의 미세 구조를 살펴보는 데 몰두했다. 그는 홍채뿐 아니라 수정체에도 색소 알갱이가 있다는 것을 알아차렸다. 나중에 그는 털집 안의 근육 조직에도 관심을 가졌고, 털집 안을 현미경으로 흡족하게 관찰할 수 있을 만큼 세로로 자르는 새로운 방법을 고안했다. 〈두 얇은 나무 조각 사이에 수술칼의 한 부분을 누르면서 날카로운 날로 나무와 두피를 한꺼번에 면도하듯이 베면, 알맞게 얇은 단면을 얻을 수 있다.〉[40] 이런 실험들을 한 끝에 리스터는 『계간 현미경 과학회지』에 논문 두 편을 발표했다. 그 뒤로도 그는 외과의로 일하는 동안 현미경으로 많은 연구를 수행하게 된다.

여러 해가 지난 뒤, 리스터의 상급자는 1851년 유니버시티 칼리지 병원에서 함께 일할 때 리스터가 〈너무 수줍음이 많고 내성적이어서 친해질 수가 없었다〉라는 말 외에는 하급자에 관해 할 말이 거의 없었다.[41] 그렇게 말한 뒤, 상급자는 리스터가 다른 학생들과 달랐던 점을 떠올렸다. 〈그는 대학에 있는 그 누구보다도 좋은 현미경을 갖고 있었다.〉 궁극적으로 리스터가 수세기 동안 의학계를 골치 아프게 했던 수수께끼를 풀 수 있도록 도운 것은 바로 이 도구였다.

2장
죽음의 집

얼마나 매혹적인 일인가, 자신의 집에 가만히 앉아서
이 걸작품에 참여하는 것이. 각 작품을 적절한 이름으로 부르고,
그 적절한 장소와 하는 일을 알고, 하는 일은 서로 너무나 다르지만
장엄한 연합 속에서 각자 지정된 일을 수행하며 함께 들러붙어 있는
다양한 기관들에 경이를 느끼는 것이.[1]

— D. 헤이스 애그뉴

가스등에서 나오는 후광이 방 뒤쪽 탁자에 누워 있는 시신을 비추었다. 시신은 이미 알아볼 수 없이 훼손되어 있었다. 배는 열심인 학생들의 칼에 난도질당해 있었고, 학생들은 썩어 가는 내장들을 피범벅이 된 몸속에 다시 아무렇게나 던져 놓았다. 시신에서 떼어 낸 머리뼈 위쪽은 죽은 주인 옆 의자 위에 놓여 있었다. 뇌는 며칠 전부터 회색 반죽으로 변하는 중이었다.

리스터는 의학 공부를 시작한 초기에 UCL에서 비슷한 장면과

대면했다. 음침한 해부실에 중앙 통로 양옆으로 나무 탁자들이 5개씩 놓여 있었다. 시신들은 잘린 머리와 함께 놓여 있고, 머리는 탁자 가장자리에 반쯤 걸쳐 있었다. 그래서 탁자 밑으로 피가 모여서 굳은 웅덩이를 이루고 있었다.[2] 바닥에는 톱밥이 두껍게 쌓여 있어서 소리를 죽이는 탓에 들어오는 이들은 왠지 불안한 느낌을 받았다. 한 학생은 이렇게 적었다. 〈내 발소리조차 전혀 들을 수 없었다……. 거리에서 마차들이 돌아다니면서 내는 런던 특유의 둔탁하게 달그락거리는 소리만이 지붕의 환기구를 통해서 음울하게 새어 들어올 뿐이었다.〉[3]

UCL과 그 부속 병원이 1847년에는 아직 비교적 신생 기관이었지만, 해부실은 기존 병원의 것 못지않게 음침했다. 온갖 끔찍한 광경, 소리, 냄새가 가득했다. 리스터가 시신의 배 — 소화가 덜 된 음식과 배설물이 죽처럼 가득 차 있는 — 를 가르면, 코를 찌르는 지독한 악취를 풍기는 혼합물이 쏟아졌고, 수술실을 나와서도 한참 동안 그 냄새가 코에 남아 있었다. 설상가상으로 방구석에는 난로가 놓여 있어서, 겨울에는 해부 수업이 진행되는 동안 견딜 수 없을 만치 숨이 막혔다.

지금과 달리, 학생들은 배울 때 시신을 반드시 접해야 했고, 때로 자신이 해부하는 시신과 함께 지내곤 했다. 해부실 가까이에서 살지 않는 학생들조차도 섬뜩한 활동을 떠올리게 하는 냄새를 풍기고 다녔다. 해부실 안에서 장갑이나 그 어떤 보호 용구도 쓰지 않았기 때문이다. 의대생이 수업이 끝난 뒤 살, 내장, 뇌 조각을 옷에 묻힌 채 나오는 모습도 흔히 볼 수 있었다.

시신은 안치소로 감히 들어오는 모든 이의 용기와 평정심을 시험했다.[4] 가장 경험 많은 해부자조차도 때때로 가슴이 마구 두근거리는 상황을 겪곤 했다. 부인과 수술의 권위자인 제임스 매리언 심스는 학생 때 겪은 끔찍한 일화를 떠올린 바 있다. 어느 날 저녁 교수가 촛불 아래 해부를 하다가 실수로 시신을 수술대 머리쪽 위 천장에 고정시켜 둔 사슬을 건드렸다. 그러자 사슬이 헐거워지면서 시신의 다리가 무게 때문에 아래로 쏠렸고, 시신의 다리가 〈바닥으로 툭 떨어지면서 벌떡 일어섰다〉. 〈두 팔은 튀어 올라서〉 해부자의 어깨에 턱 걸쳐졌다. 바로 그 순간 시신의 가슴에 놓여 있던 초도 튀어 나가면서 꺼졌고, 방은 칠흑 같은 어둠에 잠겼다. 교수가 차분하게 시신의 겨드랑이를 껴안아서 다시 해부대에 눕힌 뒤, 자기 혼자였다면 그냥 세워 둔 채로 해부를 계속했을 것이라고 말하는 바람에 심스는 아연실색했다.

문외한에게 해부실은 깨어 있는 악몽이었다. 의대생이었다가 나중에 작곡가가 된 프랑스의 엑토르 베를리오즈는 창문으로 뛰쳐나가서 집으로 도망쳤다. 훗날 그는 해부실에 처음 들어갈 때 〈마치 죽음 자신과 그 소름끼치는 무리가 내 뒤를 바짝 따라붙는 듯했다〉라고 회상했다.[5] 그는 〈여기저기 흩어진 팔다리, 히죽거리는 듯한 머리, 휑하니 속이 빈 머리뼈, 발밑의 피 웅덩이〉를 보는 순간 참을 수 없는 혐오감이 일었다고 묘사했다. 그는 가장 끔찍한 광경 중 하나는 쥐들이 피 묻은 등뼈를 갉아 대고, 참새 떼가 구멍이 숭숭 난 허파 찌꺼기를 쪼아 먹고 있는 모습이었다고 했다.

학위를 따고자 하는 이들은 해부실을 피할 수가 없었다. 대부분의 학생은 역겹다고 보기는커녕, 이윽고 자신이 해부 실습을 할 때가 오면 시신을 칼로 벨 기회를 기꺼이 받아들였다. 리스터도 예외가 아니었다. 그들은 수백 년째 이어지고 있는 이성과 미신 사이의 전투에 뛰어든 셈이었다. 아직도 어둠에 잠겨 있는 곳에 과학의 빛을 비출 기회였다. 의료계 내에서 해부학자는 반세기 전만 해도 과학계에 거의 알려지지 않았던 영역으로 대담하게 진출하는 탐험가라는 찬사를 받곤 했다.[6] 당시의 한 학자는 해부학자들이 해부를 통해서 〈살아 있는 이들을 위해 비밀을 드러내라고 시신에게 강요한다〉라고 적었다.[7] 그것은 의료인 협회의 회원 자격을 얻는 일종의 통과 의례이기도 했다.[8]

서서히 학생들은 자기 앞에 놓인 시신을 사람이 아니라 사물로 보기 시작했다. 감정 면에서 자기 자신과 결별하는 이 능력은 의학계를 특징짓는 마음 자세가 되었다. 찰스 디킨스는 『픽윅 유람기 The Pickwick Papers』에서 서리 낀 크리스마스 아침에 두 의대생이 나누는 허구이지만 진짜라고 믿을 만한 대화를 적고 있다. 「다리는 아직 못 끝냈어?」 벤저민 앨런이 묻는다. 「거의 끝나 가.」 동료인 밥 소이어가 대꾸한다. 「아이치고는 꽤 근육질이야……. 해부만큼 식욕을 돋우는 것은 없지.」[9]

오늘날 우리는 이런 냉정함을 임상적 거리 두기라고 비난조로 표현하지만, 리스터의 시대에는 그런 몰인정함이 필요하다고 여겨졌다.[10] 프랑스 해부학자 조제프기샤르 뒤베르네는 시신을 〈보고 해부함〉으로써 〈어리석은 동정심을 버리게 되고, 그리하여 전혀 심란하지 않은 상태로 시신이 울부짖는 소리를 들을 수 있다〉라고 했다.[11] 그러니 냉정함은 단순히 의학 교육의 부산물이 아니었다. 그것은 목표였다.

의학도는 둔감해지는 동시에 불경스러워졌다. 그 점은 대중에게 몹시 섬뜩함을 일으켰다. 리스터가 의대에 입학할 무렵, 해부실에서는 못된 장난이 으레 이루어졌고, 그런 장난은 그 직업의 증표로 자리를 잡은 상태였다. 『하퍼스 뉴 먼슬리 매거진』은 해부실에 만연한 음침한 유머와 무심함을 비판했다.[12] 아예 예의범절 따위는 내팽개친 채 자신이 맡은 시신의 썩어 가는 부위를 무기로 삼아, 잘라 낸 팔다리를 휘두르면서 모의 결투를 벌이는 학생들도 있었다. 창자를 수술실 밖으로 몰래 들고 나가서, 누군가가 발견하고 소스라치게 놀라며 공포에 질리는 모습을 보기 위해 곳곳에 숨기는 학생들도 있었다. 한 외과의는 학생 때 해부실을 방문한 호기심 많은 구경꾼들을 떠올렸다. 그 외부인들은 겹여밈 재킷을 입고 있었는데, 뒷주머니에 온갖 시신 조각들이 슬쩍슬쩍 공짜로 선물로 제공되었다.

이런 장난들은 결코 사소한 것이 아니었다. 시신을 벨 때는 많은 신체적 위험이 따르기 마련이었다. 치명적인 것도 있었다. 글래스고 대학교 교수 윌리엄 테넌트 게어드너는 신입생들에게 이런 섬뜩한 내용의 연설을 했다. 「내가 이 자리에 임용된 이래로 단 한 학기도 여러분 중 누군가가 죽음의 사신에게 목숨을 바치지 않고서 넘어간 적이 없습니다. 사신은 언제나 목숨을 거둘 준비를 하고 있으며, 그의 낫은 결코 지치지 않습니다.」[13]

제이컵 비글로 — 하버드 대학교 외과 교수이자 훗날 윌리엄 T. G. 모턴의 에테르 수술을 참관한 헨리 제이컵 비글로의 부친 — 도 의학도들에게 해부칼에 조금만 베이거나 상처가 나도 심각한 결과가 생길 수 있다고 경고했다. 이른바 바늘에 찔린 것만큼 살짝 베인 상처*pinprick cut*도 일찍 무덤에 들어가는 지름길이었다. 위험은 늘 있었다. 가장 노련한 해부학자에게도 그랬다. 그런 위험을 막기 위해 가장 애쓰는 이들조차도 죽음을 피하지 못한 사례가 종종 있었다.

시신만이 아니라 살아 있는 사람, 즉 병든 환자들을 통해서도 의학의 최전선에 있는 이들은 목숨을 잃어 가고 있었다. 의대생과 젊은 의사는 사망률이 꽤 높았다.[14] 1843~1859년에 성 바르톨로뮤 병원에서 치명적인 감염으로 젊은이 41명이 사망했다.[15] 아직 의사 자격증을 미처 따지 못한 이들이었다. 이렇게 죽은 젊은이들은 해부학의 발전을 위해 궁극적으로 자신을 희생한 순교자로 칭송받곤 했다. 살아남은 이들도 병원 생활을 하는 동안 질병으로 고생하곤 했다. 사실 그 분야로 진입하기 위해 극복해야 할 위험이 너무나 커서 외과의 존 애버니시는 몹시 쓸쓸한 말로 강의의 결론을 짓곤 했다. 「여러분 모두에게 신의 도움이 있기를. 여러분이 어찌 될지 누가 알겠는가?」[16]

리스터도 곧 자기 직업의 신체적 위험을 겪게 된다. 그는 앉아서 의학 공부를 하다가 손등에 작고 하얀 고름물집들이 난 것을 알아차렸다. 그런 증상을 일으키는 것은 단 하나였다. 바로 천연두었다.

몇 년 전에 형인 존이 이 끔찍한 병에 걸린 적이 있었기에, 그는 그 징후를 너무나 잘 알고 있었다. 이 병에 걸린 사람 중 약 3분의 1은 목숨을 잃었다. 살아남은 이들에게는 으레 추한 흉터가 남았다. 당시의 한 학자는 천연두가 〈아기를 엄마가 몸서리칠 만큼 추하게 바꾸고, 약혼녀의 눈과 뺨을 연인에게 공포를 일으킬 대상으로 만드는 등 무서운 힘의 흔적〉을 희생자에게 남긴다고 썼다.[17] 이 때문에 천연두는 19세기에 가장 두려운 질병 중 하나였다.

존은 살아남았지만 그 직후에 천연두와 무관한 뇌종양에 걸렸다. 그래서 시력을 잃고 이어서 다리를 못 쓰게 되는 등 몇 년 동안 고생하다가 1846년 23세에 세상을 떠났다. 리스터의 부친인 조지프 잭슨은 장남의 죽음에 몹시 상심했다. 그 결과 현미경에 대한 열정조차 다 식고 말았다. 그는 두 번 다시 현미경을 연구하지 않았다. 리스터는 형의 죽음을 통해서 자기 직업의 진정한 한계를 처음으로 실감했다. 1840년대에는 존의 뇌종양을 수술할 수 있는 의사가 세계 어디에도 없었다.

천연두에 걸리면서 끔찍한 공포감에 시달렸지만, 다행히 리스터는 형처럼 가볍게 앓고 지나갈 수 있었다. 그는 짧게 앓은 뒤 회복되었고 얼굴이나 손에 아무런 흉터도 남지 않았다. 그러나 언뜻 스쳐 지나간 죽음 앞에서 그는 의기소침해졌고 자신의 운명이 과연 어떻게 뒤틀릴지 수십 가지 의문에 사로잡혔다. 그는 더 열정적으로 종교를 파고들었다. 친구이자 동거인인 존 호지킨은 리스터가 천연두에서 회복된 뒤 어떤 종교적인 영적 갈등을 겪고 있었다고 썼다.[18] 리스터는 자신의 진정한 소명이 외과의가 아니라 퀘이커 성직자가 되는 것이 아닐까 고민하면서 학교 공부를 소홀히 하기 시작했다. 목사가 되었다면, 진정으로 상황이 달랐을 수도 있었다. 의학은 형의 목숨을 구하는 데 아무런 도움이 되지 못했다. 그렇다면 의사보다 자연의 치유력을 더 믿어야 한다는 퀘이커교의 가르침이 옳았는지도 모른다.

리스터의 마음의 동요는 1847년 수요일 저녁에 전환점을 맞이했다. 그가 호지킨과 함께 학교에서 멀지 않은 그레이스처치가에 있는 프렌즈 미팅 하우스에서 열리는 퀘이커교도 모임에 참석했을 때였다. 호지킨은 친구가 그 조용한 기도회에서 일어나서 이렇게 말하는 것을 보고 깜짝 놀랐다. 〈나는 너희와 함께, 너희 곁에 있으리라. 두려워 말라.〉[19] 퀘이커교에서는 성직자만이 모임에서 말을 할 수 있었다. 성서의 글귀를 인용함으로써, 리스터는 자기 공동체의 사람들에게(호지킨도 포함하여) 자신의 운명이 수술실 — 피와 창자로 둘러싸인 — 이 아니라 설교대에 있음을 느낀다고 말하고 있었다. 그러자 부친이 즉시 나섰다. 조지프 잭슨은 신의 뜻을 따르겠다는 아들의 기특한 욕구가 퀘이커 성직을 통해 충족되는 것이 최선이 아니라고 믿었다. 그는 아들에게 의학 공부를 계속하여 병자를 도움으로써 신을 기쁘게 하는 것이 최선의 길이라고 설득했다.

그러나 리스터는 점점 더 침울해져 갔다. 정상적인 생활을 할 수 없을 지경이 되자, 그는 1848년 3월에 갑자기 UCL을 떠났다.

이 정신 붕괴는 평생에 걸쳐 그에게 따라붙게 될 우울증의 한 양상이었다. 같은 시대의 한 학자는 훗날 리스터의 머리 위에는 언제나 〈심각함이라는 구름〉이 드리워져서 〈그가 하는 모든 일을 짓눌렀다〉라고 썼다.[20] 리스터는 〈자신의 영혼을 누르는 짐 같은 책임감〉에 짓눌림으로써 〈거의 벗어던질 수 없을 듯한 슬픔의 의복〉을 입고 다녔다.

시대에 맞지 않는 용어처럼 들릴지 모르지만, 리스터의 조카이자 전기 작가인 릭먼 존 고들리는 훗날 이 시기의 삼촌을 묘사하면서 〈신경 쇠약〉이라는 표현을 썼다. 빅토리아 시대 내내 대부분의 개업의는 위험한 성분들이 든 약을 조제하여 신경 질환을 치료했다.[21] 모르핀, 스트리크닌, 퀴닌, 코데인, 아트로핀, 수은, 심지어 비소까지 들어갔다. 비소는 1809년에 런던 『약전 *Pharmacopoeia*』에 추가되었다. 당시 의학계의 주류 견해인 이종 요법 *allopathy*을 지지하는 이들은 이런 이른바 신경 강장제를 써야 한다고 주장했다. 이종 요법은 〈그 병이 아닌 다른 것〉을 의미했다. 간단히 말하면, 그 이론은 어떤 질병을 치료하는 최선의 방법이 해당 병리 상태와 정반대되는 체내 조건을 조성하는 것이라고 보았다. 열이 나면 체온을 떨어뜨려야 했다. 마음에 병이 생기면, 환자의 허약해진 신경을 다시 튼튼하고 견고하게 회복시켜야 했다.

〈자연 요법 *naturopathy*〉, 즉 몸 자체의 치유력을 높여서 병을 치료한다는 개념도 빅토리아 시대 의학에 상당한 역할을 했다. 의사들은 신경을 무너뜨린 원인이라고 여기는 것, 즉 스트레스, 과로, 정신 불안 같은 것들에 맞서 싸우는 데 공기와 주변 풍경을 바꾸는 것이 아주 중요하다고 여겼다. 즉 환자의 정신을 무너뜨린 바로 그 환경으로부터 환자를 빼내는 것이 중요하다고 보았다.

리스터가 택한 경로도 그러했다. 4월 말에 리스터는 호지킨과 함께 잉글랜드 남해안에 있는 와이트섬으로 여행을 떠났다. 그곳에서 그들은 스크래첼스만 위쪽 144미터 높이의 낭떠러지 위에 있는 오래된 니들스 등대를 들렀다. 6월에는 브리스틀 해협의 서머싯에 있는 아름다운 마을인 일프라콤에 도착해 있었다. 그곳에서 토머스 핌이라는 부유한 상인의 초대를 받아서 아일랜드로 가기로 했다. 핌 집안은 아일랜드 몽크스타운의 유명한 퀘이커교도 가문이었다. 몽크스타운은 더블린 인근에 있었고, 아일랜드 그 지역 퀘이커교의 본거지라고 할 수 있었다. 조지프 잭슨은 아들에게 그런 유람이 정신 건강을 회복하는 데 도움이 되기를 바란다고 편지를 썼다. 〈너를 때때로 괴롭게 하는 것들은 사실 병 때문에 나타나는 거야. 너무 공부를 열심히 하다 보니 그런 거지……. 지금 네게 필요한 것은 경건하면서 쾌활한 정신을 간직하고, 주변에 펼쳐지는 아름답고 풍성한 것들을 보고 즐기는 거야. 자기 자신을 돌아보지도 말고 너무 오래 심각하게 뭔가를 고민하지도 말고.〉22

리스터는 12개월 동안 영국과 유럽을 여행한 뒤에 이윽고 런던으로 돌아왔다. 1849년 그는 내면의 악마를 이겨 내고 다시 UCL에 등록했다. 수술을 향한 열정이 다시 불타올랐다. 리스터는 남는 시간에 해부실 바깥에서도 해부학을 공부하기 시작했다.

인체 해부 구조를 더 깊이 이해하고자 뼈 수집가와 의료 기기 공급자로부터 다양한 부위를 구해서 조사했다. 방광, 가슴, 그리고 척수가 일부 붙어 있는 머리도 있었다. 머리는 12실링 6펜스를 주고 구입했다.[23] 그해 12월에 그는 예전 동거인인 에드워드 팔머에게 5파운드를 주고서 완전한 인체 뼈대를 구입했다. 5파운드는 2년에 걸쳐서 지불했다.

의대에서 1년을 보낸 뒤, 리스터는 1850년 10월부터 유니버시티 칼리지 병원에서 전공의 과정을 시작했다.[24] 몇 달 뒤, 병원 의료 위원회는 그에게 선임 외과의인 존 에릭 에릭슨의 수술 조수 자리를 제안했다. 리스터는 앞서 그 자리를 건강 때문에 거절한 적이 있었지만, 이번에는 하겠다고 했다.

빅토리아 시대 병원에 관해 할 수 있는 가장 좋은 말은 조지 왕조 시대의 병원보다 조금 개선되었다는 것이다.[25] 병원에서 매트리스의 이를 잡는 일을 하는 〈수석 벌레잡이〉가 외과의보다 봉급이 더 많던 시절이었다는 점을 생각하면, 도저히 수긍하기가 어렵겠지만.

19세기 전반기에 늘어나는 인구에 따른 수요를 맞추기 위해 런던에 많은 병원이 새로 세워지거나 확장되었다는 것은 분명하다. 예를 들어, 성 토머스 병원은 1813년에 새 해부실과 박물관을 지었고, 성 바르톨로뮤 병원은 1822~1854년 동안 몇 차례 구조 변경을 했다. 받을 수 있는 환자를 늘리기 위해서였다. 이 시기에 교육 병원도 3곳 세워졌다. 1834년에 세워진 유니버시티 칼리지 병원이 그중 하나였다.

이런 변화들이 일어났음에도 — 아니, 이렇게 확장됨으로써 갑자기 수백 명의 환자들이 다닥다닥 붙어 지내게 되면서 — 병원은 대중에게 〈죽음의 집〉이라고 불리게 되었다. 입원하는 순간 거의 무덤에 매장된다고 보아야 하는 상황이었기에, 일부 병원은 치료비를 들고 오는 환자들만 받았다.[26] 또 성 토머스 병원 같은 곳은 입원 담당자가 더럽다고 판단한 환자에게는 치료비를 2배로 받았다. 1869년까지도 외과의 제임스 Y. 심프슨이 〈병원에 입원하는 사람보다 워털루 전투에 참가한 병사가 생존 가능성이 더 높다〉라고 말할 정도였다.[27]

병원을 깨끗이 하려는 노력이 찔끔찔끔 이루어지긴 했지만, 대부분의 병원은 과밀 상태에다가 지저분하고 거의 관리가 이루어지지 않는 상태로 남아 있었다.[28] 병원은 감염의 온상이었고, 환자와 죽어 가는 이에게 가장 원시적인 설비만 제공되었다. 많은 환자가 환기도 거의 되지 않고 깨끗한 물도 얻지 못하는 병실에 수용되어 있었다. 대도시 병원에서 이루어지는 수술은 감염에 너무나 취약했기에, 가장 긴급한 사례일 때에만 수술이 이루어졌다. 장기간 오물 더미에서 쇠약해져 가다가 뒤늦게 의료진의 관심을 받는 환자도 종종 있었다. 대부분의 병원이 재앙 수준으로 인원이 부족했기 때문이다. 1825년 성 조지 병원을 찾은 이들은 복합 골절로부터 회복되고 있는 환자의 축축하고 더러운 시트에서 버섯이 자라고 구더기가 우글거리는 것을 발견했다.[29] 그 환자는 이런 상태가 정상이라고 여기고서 아무런 불만도 제기하지 않았고, 같은 병실의 환자들도 그 정도의 불결함이야 그러려니 하고 넘어갔다.

그중 최악은 병원에서 대소변과 토사물의 냄새가 끊임없이 풍긴다는 사실이었다. 구역질나는 악취는 모든 외과 병동에 배어 있었다. 악취가 너무나 역겨워서 의사들은 때로 손수건으로 코를 꽉 누른 채 걷곤 했다.[30] 병원에서 근무하는 첫날에 외과생을 가장 시험하는 것은 바로 이 감각을 마비시키는 지독한 악취였다.

영국 최초로 고무장갑을 쓴 의사 중 한 명인 버클리 모이니핸은 자신과 동료들이 수술실에 들어갈 때 재킷을 벗고 피와 고름이 말라붙어서 군데군데 뻣뻣해진 오래된 수술복을 입곤 하던 일을 회상했다. 그 수술복은 은퇴한 누군가가 입던 것이었고, 그를 자랑스러워하는 후계자들은 영예의 상징으로 입곤 했다. 그 수술복에 들러붙어 있는 것들도 영예의 상징이었다.

출산 때 질이 찢기는 산모는 이런 위험한 환경에서 특히 더 위험했다. 그런 상처는 의사에게 늘 붙어 다니는 세균을 환영하는 입구가 되었다. 1840년대에 잉글랜드와 웨일스에서 해마다 약 3,000명의 산모가 산욕열(산후열) 같은 세균 감염으로 목숨을 잃었다.[31] 해산하는 산모 210명에 1명꼴로 사망한 셈이다. 또 골반 고름집, 출혈, 복막염으로 죽는 여성도 많았다. 복막염은 세균이 혈액을 타고 돌아다니면서 배의 안쪽 막인 복막에 염증을 일으키는 끔찍한 병이다.

외과의는 매일 그런 환자들을 보았기 때문에, 불가피하게 으레 일어나는 일이라고 여기는 문제를 파고들 필요성을 거의 느끼지 못했다. 대부분의 외과의는 각 환자의 몸에 관심이 있을 뿐, 병원 전체의 환자 현황이나 통계에는 무심했다. 그들은 병의 원인에는 대체로 관심이 없었고 그 대신에 진단, 예후, 치료에 집중하는 쪽을 택했다. 그러나 곧 리스터는 병실의 위험한 상태에 관해 나름의 견해를 정립하고, 점점 인도주의적 위기에 빠지고 있다고 이 상태를 해결하려면 자신이 무엇을 할 수 있을지 생각하게 된다.

리스터가 의학도 초창기에 만난 외과의 중 상당수는 자신이 과연 환자를 돕고 병원을 개선할 수 있을지 숙명론적인 입장을 취했다. 유니버시티 칼리지 병원의 선임 외과의인 존 에릭 에릭슨도 그런 사람에 속했다.

에릭슨은 깡마르고 머리가 검었으며, 당시의 전형적인 특징인 구레나룻을 기르고 있었다. 그는 다정한 얼굴에 맑고 호기심이 담긴 눈을 지니고 있었고, 비스듬한 이마에 긴 코, 입가가 약간 아래로 처진 입술을 지니고 있었다. 많은 동료 외과의와 달리, 그는 수술 실력이 아주 뛰어난 편이 아니었다. 그는 그보다는 저술과 교육 쪽으로 명성을 쌓았다. 가장 성공한 저서인 『수술의 과학과 기술 The Science and Art of Surgery』은 9판까지 나왔고 수십 년 동안 손꼽히는 교과서로 여겨지고 있었다.[32] 독일어, 이탈리아어, 스페인어로도 번역되었고, 미국에서는 남북전쟁 때 연방군의 모든 의무관에게 배부될 만큼 높은 평가를 받았다.

그러나 에릭슨은 수술의 미래에 대해서는 근시안적인 견해를 갖고 있었다. 그는 19세기 중반에 수술의 힘이 더 이상 발전할 수 없는 한계에 빠르게 도달하고 있다고 믿었다. 역사는 이 구레나룻을 기른 외과의가 잘못된 예측을 했음을 기억할 것이다. 〈칼로 정복할 수 있는 새로운 분야가 계속 나타날 수는 없다. 칼의 침입, 적어도 외과의가 손에 쥔 칼의 침입을 받지 않는 성역으로 계속 남아 있을 영역이 틀림없이 있을 것이다. 완전히는 아닐지라도 우리는 이미 그 최종 한계에 도달했으며, 그 점에는 의문의 여지가 거의 없다. 배, 가슴, 뇌는 현명하고 인간적인 외과의의 침입을 영원히 막을 것이다.〉

그런 예언은 논외로 치고서, 에릭슨은 최근의 개혁으로 말미암아 외과의가 현재 기념비적인 변화를 겪고 있다는 점은 올바로 인식했다. 이전까지 외과의는 안정된 손놀림을 자랑하는 푸주한이었던 반면, 이제 더 많은 지식을 토대로 수술을 하는 노련한 집도자였다. 에릭슨은 이렇게 간파했다. 〈오랫동안 외과의는 오로지 손에만 의지했다. 지금은 수술할 때 손보다도 훨씬 더 머리에 의존한다.〉[33]

에릭슨은 자기 직업의 위험을 잘 보여 준 불행한 사례를 통해서 지금의 자리에 올랐다. 4년 전 전임자인 존 필립스 포터는 난쟁이인 서커스 공연자 하비 리치의 시신을 해부하기 위해 해부실로 들어섰다. 리치는 날개 달린 곤충처럼 무대에서 훌쩍 날아오르는 듯한 행동을 즐겨 했기 때문에, 많은 런던 사람에게 〈땅요정 파리Gnome Fly〉라고 불렸다.

종종 광고지에서 〈세상에서 가장 작은 남자〉라고 표현했던 리치는 특이한 공연을 하는 기인이라는 명성을 얻었다. 그는 키가 작았을 뿐 아니라, 다리의 길이가 한쪽은 46센티미터, 다른 한쪽은 61센티미터로 짝짝이였기에, 걸을 때면 유인원처럼 양팔이 바닥을 스쳤다. 당시의 한 학자는 리치가 〈머리와 몸통이 바퀴로 움직이는 것처럼〉 보였다고 썼다.[34]

리치의 별난 외모는 이윽고 바넘 앤드 베일리 서커스를 설립한 미국의 흥행사이자 사기꾼인 P. T. 바넘의 눈에 띄었다. 바넘은 리치에게 야생 짐승의 가죽을 입힌 뒤 〈이게 뭐지?〉라고 쓴 광고지를 만들어서 런던 전역의 벽에 붙였다. 바넘은 몰랐지만, 당시 리치는 서커스 업계에서 꽤 알려져 있었기에, 사람들은 며칠 지나지 않아서 이 수수께끼 같은 〈짐승〉의 진정한 정체를 추측해 냈다.[35] 이렇게 초기에 실패를 하긴 했지만, 바넘은 리치를 계속 고용했다.[36] 리치는 공연을 계속하다가 다친 엉덩이에 감염이 일어나는 바람에 46세에 사망했다. 사후에도 시신이 온전히 남아 있도록 하기 위해 사람들이 갖은 노력을 다하던 시절이었는데, 리치는 자신의 시신을 토막 낼 가능성이 가장 높은 이들에게 넘기겠다는 계약을 했다고 한다. 한 호주 신문에 따르면, 리치가 시신을 〈저명한 외과의인 리스턴에게 넘기고, 매장하지 말고 방부 처리하여 유리관에 보관할 것〉을 요구했다고 한다. 〈그 의사가 자신에게 유달리 친절했기 때문〉이라고 했다.[37] 영국의 다른 신문에는 리치가 〈가장 가까운 친구인 포터 씨에게 시신을 넘긴다고 유언을 했다〉라고 적혀 있었다.[38] 나중에 해부를 한 사람이 포터였다는 사실을 생각하면, 후자가 맞을 가능성이 더 높아 보인다. 그의 시신을 어떻게 얻게 되었든 간에, 그리고 리치가 실제로 원한 것이 무엇이었든 간에, 리치의 시신은 1847년 4월 22일에 해부될 예정이었다.

포터는 활기차고 명석하며 탁월한 교사라고 인정을 받은 인물이었다.[39] 그는 바로 그 주에 유니버시티 칼리지 병원의 보조 외과의로 임용된 참이었다. 그는 그전에 해부 시범을 보일 때마다 친절하고 열정적인 모습을 보였기에 교수진과 학생들 모두에게 인기가 있었다. 리스터도 그를 찬미했다. 포터는 리치의 뻣뻣한 시신을 가르면서 적었다. 〈허벅지의 뼈와 근육이 다 사라지고 없는 듯하다. 무릎 관절이 엉덩이까지 올라와 있다.〉[40] 포터는 리치의 신체 구조가 정상이 아니라, 〈역삼각형의 아주 강한 뼈가 (……) 아주 튼튼한 인대를 통해 엉덩이에 달라붙어 있는〉 듯하다고 했다. 포터는 이 유명한 서커스 공연자가 공중으로 3미터까지 뛰어오를 수 있었던 이유가 그 때문이라고 판단했다.

포터는 세심하게 시신을 더 깊이 갈랐다. 그러면서 짬짬이 세심하게 기록을 했다. 그러다가 갑자기 세모날이 미끄러지면서 포터의 집게손가락 마디를 찔렀다. 자신이 위험한 상황에 처했음을 알아차리지 못한 채, 포터는 해부를 계속했다. 며칠 뒤 이 젊은 외과의에게 고름혈증이 나타나기 시작했다. 패혈증의 일종으로서 온몸에 고름집이 생기는 병이었다. 세균이 가득한 리치의 시신에 노출되어 걸린 것이 분명했다. 감염이 팔을 타고 올라가서 온몸으로 번지고 있었다. 3주 동안 로버트 리스턴을 비롯한 의사 5명이 포터의 옆에 달라붙어서 엉치뼈 쪽에서 고름을 1.5리터나 빼냈고, 가슴에서도 1리터를 빼냈다. 그런 노력도 헛되이, 그 젊은이는 결국 숨을 거두었다. 공식 보고서는 포터가 해부실로 달려가기 전에 아침 식사를 했더라면 살아남았을지도 모른다고 결론지었다. 위장이 꽉 차 있었다면 리치를 해부할 때 몸에 들어온 유독한 물질을 빨아들이는 데 도움을 주었을 수 있다는 것이었다. 병원균을 전혀 모르던 시절이었기에, 이 설명은 지극히 타당해 보였다.

장례가 치러질 런던의 널찍한 켄살그린 공원묘지까지 포터의 관이 운구될 때 조문객 200명이 뒤를 따랐다. 짧은 생애 동안 너무나 뛰어난 모습을 보여 준 인물에 존경을 표하는 이들이었다. 『랜싯』에는 〈뛰어난 재능을 지닌 유망한 인물이 피가 엉망이 되어 세상을 떠난 가장 우울하고 가슴 아픈 사례〉라고 애도하는 기사가 실렸다.[41] 그러나 포터의 불행은 에릭슨에게는 행운이 되었다. 포터의 무덤을 덮은 흙이 채 자리를 잡기도 전에, 덴마크 출신의 이 외과의가 죽은 동료의 자리로 승진했기 때문이다.

1847년은 그 병원의 많은 외과의에게 좋지 않은 해였다. 12월 7일 — 역사적인 에테르 수술을 한 지 거의 1년 뒤 — 위대한 외과의 로버트 리스턴이 대동맥자루가 터지는 바람에 53세를 일기로 갑자기 세상을 떠났다. 유니버시티 칼리지 병원의 의료진들은 그의 사망에 몹시 상심했다.[42] 그들 중 상당수가 사직했고, 그래서 또 다른 수술의 대가를 찾아야 하는 상황이 벌어졌다. 포터와 리스턴처럼 큰 사랑을 받은 교육자를 잃자, 그곳에서 공부하고자 하는 학생의 수도 줄어들었다. 그 결과 병원 수입도 상당히 줄었다. 1840년 말에 병원의 부채가 3,000파운드로 늘었고, 어쩔 수 없이 병상 수를 130개에서 100개로 줄여야 했다.[43] 그중 절반만이 외과 수술 환자에게 배당되었다.

에릭슨은 빠르게 승진했다. 그가 1850년에 32세의 나이로 외과장에 임명되자, 선배인 리처드 퀘인은 너무나 분개한 나머지 15년 동안 에릭슨과 말 한마디 나누지 않았다. 병원에서 벌어지는 그런 파벌 싸움은 예나 지금이나 다를 바 없었다. 에릭슨은 수술 조수가 이미 3명 있었고, 리스터가 네 번째였다. 수술 조수는 각 환자의 병력을 조사하고, 식단을 짜고, 사후 부검을 도왔다. 리스터와 다른 세 수술 조수는 에릭슨의 수련의house surgeon인 헨리 톰프슨이라는 괴짜 젊은이에게 보고를 했다. 톰프슨은 훗날 런던에서 〈옥타브〉 모임을 주최함으로써 유명해졌다. 오후 8시 정각에 8명이 8가지 요리를 먹는 만찬 모임이었다. 톰프슨은 수술 조수들을 관리하고, 매일 아침 에릭슨이 회진할 때 따라다녔다. 정식 자격증을 딴 외과의인 그는 에릭슨이 수술할 때 옆에서 도왔다. 반면에 리스터를 비롯한 수술 조수들은 수술에 직접 참여할 수 없었다.

5명은 모두 병원 내 숙소에서 생활했다. 예술 학위를 따기 위해 공부할 때 에드워드 팔머의 집에서 지내던 시절의 갑갑한 분위기와는 전혀 다른 곳이었다. 생애 처음으로 리스터는 자신과 충돌하는 다양한 견해를 지닌, 교육적·종교적 배경이 서로 다른 젊은이들과 접촉하게 되었다.[44] 그는 이 새로운 환경에서 잘 지냈고, 학생회에서 적극적으로 활동했다. 당황하면 나타나는 말더듬증을 고쳐 보자는 생각도 좀 있고 해서, 리스터는 의학생회Medical

Society에 가입했다. 그곳에서 그는 현미경이 의학 연구 도구로서 어떤 장점이 있는지를 놓고 다른 학생들과 활발하게 토론을 벌였다. 또 그는 동종 요법homeopathy에 혹독한 공격을 퍼부었고 그것이 〈과학적으로 전혀 근거가 없다〉라고 주장했다.[45] 웅변술이 아주 뛰어난 덕에 그는 가입한 지 1년 뒤 선거에서 회장으로 뽑혔다.

병원에서 리스터가 에릭슨의 수술 조수로 일하기 시작한 지 얼마 되지 않았을 때, 단독(丹毒)*이 대발생했다. 급성 피부 감염증의 하나로서, 피부가 빨갛게 붓고 열이 나기 때문에 〈성 안토니우스의 불 St. Anthony's Fire〉이라고도 불렀다. 사슬알균에 감염되어 생기며, 몇 시간 사이에 빠르게 진행되면서 고열과 떨림을 일으키고, 이윽고 죽음에 이른다. 당시 대다수의 외과의는 단독이 거의 불치병이라고 여겼다. 어디에서나 그 끔찍한 결과를 접할 수 있었다. 전염성이 너무나 강해서 필라델피아의 블로클리 앨름스 하우스(훗날의 필라델피아 종합 병원) 같은 기관은 1월부터 3월까지 수술을 전면 금지했다. 그 시기에 단독이 극성을 부린다고 믿었기 때문이다.

리스터는 대다수의 급우보다 그 증상에 익숙했다. 자신이 어릴 때부터 모친인 이사벨라가 단독이 유행할 때마다 걸리곤 했기 때문이다.[46] (리스터가 말년에 건강 염려증에 걸린 것 같은 행동을 한 것도 어릴 때 계속 앓는 모친을 보았기 때문일지 모른다. 그의

* 얕은 연조직염이라고도 한다.

신경증이 가장 뚜렷하게 드러난 사례는 신발에 대한 집착이었다. 그는 늘 신발의 깔창을 유달리 두껍게 하여 신었다. 그의 한 친구는 리스터가 당시 사람들 대부분이 병의 근원이라고 믿었던, 〈발이 젖는 것에 불합리할 만치 두려움〉을 가졌기 때문이라고 추측했다.)[47]

단독은 19세기에 병원을 초토화하곤 하던 네 가지 주된 감염병 중 하나였다. 다른 세 가지는 병원 감염 괴저(살, 근육, 뼈를 썩게 하는 궤양), 패혈증(피가 독성을 띠는 병), 고름혈증(고름이 가득한 고름집이 생기는 병)이었다. 이런 병들은 다양한 요인들이 관여하여 치명적인 양상을 띨 수 있었다. 환자의 나이와 전반적인 건강 상태가 특히 중요한 요인이었다. 나중에 이 〈4대 질병〉으로 감염되고 곪는 환자들이 늘어나는 현상에 병원병*hospitalism*이라는 이름까지 붙여졌다. 의료계에서는 그것이 환자들을 다닥다닥 붙여 놓는 대도시 병원 탓이라고 여기는 이들이 점점 늘어났다. 이런 병원들이 급속한 인구 증가에 따른 수요를 충족시키기 위해 지어지긴 했지만, 의사들은 병원이 외과술의 발전에 방해가 된다고 믿었다. 감염으로 죽는 환자의 대부분은 애초에 입원하지 않았다면 그 병에 걸리지 않았을 것이기 때문이다. 사실 당시의 한 학자는 〈입원 체계에 다소 어떤 변화나 혁신이 일어날 때까지, 대중 치료 방식에 발전이 이루어질 것〉이라는 희망을 의료계가 결코 가질 수 없으리라고 주장했다.[48]

문제는 감염병이 어떻게 전파되는지를 아무도 모른다는 점이었다. 1840년대에 효과적인 공중 보건 정책을 수립하는 일은 이른바 접촉감염론자와 반(反) 접촉감염론자의 논쟁에 가로막혀서 진척이 없었다. 접촉감염론자는 병이 사람에게서 사람으로, 또는 그 병이 유행하는 지역에서 들여오는 물건을 통해서 전파된다고 보았다. 하지만 병을 옮기는 매개체가 무엇인지는 잘 몰랐다. 어떤 이들은 화학 물질, 심지어 작은 〈보이지 않는 총알〉이라고 주장했다. 〈극미 동물 animalcule〉을 통해 전달되는 것이 아닐까 생각하는 이들도 있었다. 극미 동물은 당시에 작은 생물을 가리키는 포괄적인 용어였다. 접촉감염론자는 격리와 교역 제한이 감염병을 예방하고 통제하는 유일한 방법이라고 주장했다. 천연두 같은 질병을 보면 접촉감염론이 설득력 있어 보였다. 고름물집에서 흐르는 진물이 그 병이 전달되는 방식임을 쉽게 알아볼 수 있었던 것이다. 그러나 그 이론은 콜레라나 황열병처럼 간접 접촉을 통해 생기는 질병은 거의 설명하지 못했다.

그 반대편에 서 있는 반접촉감염론자는 질병이 부패 발생이라는 과정을 통해서 오물이나 썩어 가는 물질로부터 자연적으로 생겨나, 유독한 증기인 미아즈마 miasma를 통해 공기 중으로 전파된다고 보았다. (말라리아라는 병명은 〈나쁜〉이라는 뜻의 이탈리아어 말라 mala와 〈공기〉라는 뜻의 아리아 aria에서 유래했다. 이런 병명들은 사람들이 미아즈마를 통해 병에 걸린다고 믿었음을 시사한다.) 의료계의 손꼽히는 인물들은 대개 반접촉감염론자였다. 그들은 감염병이 유행할 때에는 자유 교역을 혹독하게 제한해야 한다는 접촉감염론자들의 주장을 반대했다. 반접촉감염론자들은 관찰 자료가 자신들의 이론을 확고하게 뒷받침한다고 믿었다.

과밀 도시의 불결한 환경을 둘러보기만 해도, 사람들이 우글거리는 지역이 감염병 대발생의 진원지일 가능성이 가장 높다는 점을 알아차릴 수 있다는 것이다. 1844년 내과 의사 닐 아놋은 대도시에서 질병의 직접적이면서 주된 원인이 〈집 안과 집 주변에 쌓인 요리하고 남은 물질의 썩어 가는 잔해와 우리 자신의 몸에서 나오는 불순물로 오염된 공기의 독소〉라는 말로 반접촉감염론을 요약했다.[49] 반접촉감염론자는 질병이 생길 수 있는 조건을 없애는 환경 개선에 중점을 둠으로써 예방과 억제를 해야 한다고 주장했다.

많은 의료인은 두 이론 모두 감염병이 어떻게 퍼지는지를 포괄적으로 설명하지 못한다는 점을 인정했지만, 병원 외과의들은 대부분 과밀 상태인 병실의 오염된 공기가 병원병의 원인이라고 지적함으로써 반접촉감염론자의 편을 들었다.[50] 프랑스인들은 그 현상을 〈병원 중독 l'intoxication nosocomiale〉이라고 했다. 유니버시티 칼리지 병원의 에릭슨도 같은 의견이었다. 그는 썩은 상처에서 생기는 미아즈마를 통해 환자들이 감염된다고 보았다. 공기가 유독한 기체로 포화될 것이고, 그 기체를 환자들이 들이마신다는 것이다. 미아즈마는 〈수술을 받거나 다친 환자들이 지나치게 많이 모이면, 어느 계절이든 어떤 상황에서든〉 나타날 수 있었다.[51] 에릭슨은 침대가 14개인 병실에서 감염된 상처를 지닌 환자 1명이 다른 환자 7명 이상과 함께 있으면, 4대 병원 질병 중 어느 하나가 돌이킬 수 없이 대발생할 수 있다고 추정했다. 그런 생각을 했다고 그를 비난하기란 거의 불가능하다.

이 시기에 산과 의사 제임스 Y. 심프슨은 시골 의원과 런던과 에든버러 같은 도시의 대형 병원의 수술 환자 사망률을 비교함으로써 몇 가지 충격적인 차이를 발견했다.[52] 12개월 동안 시골에서 이중 절단 수술을 받은 환자 23명 중 사망자는 7명에 불과했다. 이 수치가 높게 여겨질지 모르지만, 같은 기간에 에든버러 왕립 병원의 수술 환자 사망률에 비하면 낮다. 그 기간에 이중 절단 수술을 받은 환자 11명 중에서 무려 10명이 사망했다. 더 자세히 살펴보면 19세기 중반 시골에서 절단 수술을 받은 환자의 주된 사망 원인이 쇼크와 탈진인 반면, 도시 병원에서의 주된 사망 원인은 수술 후 감염임이 드러난다. 많은 외과의는 대형 병원이 과연 환자를 회복시킬 능력이 있는지 의문을 품기 시작했다.

유니버시티 칼리지 병원은 병원병의 발생에 대처할 때면 신속한 격리 정책을 취했다.[53] 1851년 1월 리스터가 에릭슨의 수술 조수가 될 무렵, 『랜싯』은 그 병원이 〈내부에서 그 어떤 단독도 생성되지 않는 극도로 건강한 상태를 유지해 왔다〉라고 썼다. 그러나 바로 그 달, 이즐링턴 구빈원에서 다리에 괴사가 일어난 환자가 병동으로 이송되어 왔다. 공교롭게도 그는 단독 감염도 있었다. 에릭슨이 격리를 지시하기 전까지 그가 병동에 머문 기간은 고작 2시간에 불과했지만, 이미 때는 너무 늦었다. 전파가 일어난 상태였다. 몇 시간이 지나지 않아서 병동 전체로 감염이 확산되면서 많은 환자가 사망했다. 감염된 환자들을 병동에서 병원의 다른 곳으로 옮긴 뒤에야 비로소 확산이 멈추었다.

이 희생자들 중 상당수는 틀림없이 해부실로 옮겨져서 해부되었을 것이다. 리스터와 동료들에게 그것은 질병과 죽음이 중단할 수 없이 주기적으로 되풀이되는 특성을 지니고 있으며, 병동이 그 중심축임을 시사했다. 죽음의 집에서 치료가 성공할지 실패할지 여부는 운에 달려 있었다. 그러나 이따금 외과의가 뜻밖의 방식으로 주도적으로 생명을 구할 기회가 생기곤 했다. 리스터는 그 점을 곧 알아차리게 된다.

3장

꿰맨 창자

우리는 비슷한 상황에 놓였을 때, 자신이 시달리게 될 고통과 위험에
굴복하는 쪽을 선택해야 할지 스스로에게 물어야 한다.[1]

— 애스틀리 쿠퍼

1851년 6월 27일 오전 1시에 유니버시티 칼리지 병원의 사고
외래 환자과의 유리창에 리스터의 촛불이 깜박이고 있었다. 다른
병동들에는 최근에 천장에 매다는 가스등이 설치되었지만, 이 구
역은 아직 촛불을 켜고 있었다.[2] 촛불은 의료 시설에서 늘 문제를
일으켜 왔다. 조명이 일정하지 않아서, 외과의는 환자를 제대로
살펴보려면 촛불을 환자에게 위험할 만치 가까이 들이대야 했다.
에릭슨의 환자 중 한 명은 의사가 살펴볼 때 뜨거운 촛농이 목에
뚝뚝 떨어졌다고 최근에 불만을 털어놓았다.[3]

　리스터는 조용한 밤 시간을 이용하여 사례 보고서를 작성하고
환자들을 살펴보곤 했다. 그러나 이날 밤은 결코 평화롭지 않았

다. 갑자기 병원 밖 거리에서 요란한 소리가 들렸다. 리스터는 창가의 초를 움켜쥐고서 걸어갔다. 그의 발소리가 딱딱한 나무 바닥에 울리면서 불빛이 점점 더 건물 깊숙한 곳으로 향했다. 불빛이 각 병실을 짧게 비추면서 지나가는 가운데, 그는 본관 입구로 성큼성큼 걸어갔다. 바로 그때 문이 벌컥 열렸다. 리스터가 촛불을 들어 올리자, 다급한 경찰관의 얼굴이 보였다. 경찰관은 두 팔로 의식을 잃은 여성을 안고 있었다. 그녀는 배를 칼에 찔린 상태였다. 상처는 작았지만, 구불구불한 반질거리는 창자가 밖으로 삐져나오기 시작하고 있었다. 리스터는 당직자 중에 가장 선임 외과의가 아니었다. 당직자 중 유일한 외과의였다.

그는 초를 내려놓고 여성을 살피기 시작했다.[4]

리스터의 진찰을 받게 된 젊은 여성의 이름은 줄리아 설리번이었다. 8세 아이의 엄마였는데, 술만 마시면 개차반이 되는 남편의 칼에 찔렸다. 빅토리아 시대 영국에서 가정 폭력은 흔했다. 아내 폭행은 전국적인 기분 풀이 활동이었고, 줄리아 같은 여성들은 남편의 재산 취급을 받을 때도 있었다.

일부 남성은 지겨워지면 아내와 아이들을 내다 팔기도 했다. 오즈번 씨의 문서를 보면 〈모든 권리를 포기하는 조건으로, 내 아내 메리 오즈번과 아이를 총 1파운드에 윌리엄 서전트 씨에게 넘기기로 동의한다〉는 식으로 거래가 이루어졌다.[5] 한 기자는 어떤 푸주한이 〈목에 묶은 밧줄로〉 아내를 스미스필드 시장으로 끌고 와서 〈허리에 감은 밧줄을 난간에 묶었다〉라고 썼다. 그 남편은

〈자신의 옛 여자〉에게 3기니 1크라운을 지불하고 〈기뻐하는 구매자〉에게 아내를 팔았다.[6] 1800~1850년에, 영국에서 아내를 팔았다는 기록이 200건이 넘었다.[7] 기록되지 않은 사례는 분명 더 많았을 것이다.

19세기 중반에 가정 폭력을 당한 여성은 법적으로 거의 보호를 받지 못했다. 『더 타임스』는 사설에서 판사들이 〈부부 관계에는 남편이 아내에게 어느 정도 야만적 행위를 해도 처벌받지 않을 권리가 포함되어 있는 듯하다〉라면서 학대하는 남편에게 관대한 선고를 내리는 관습을 비판했다.[8] 이런 폭력적인 남성들은 그들의 학대 행위를 못 본 척하는 사회에 살았다. 일반 대중은 어릴 때부터 남자가 여자와 아이를 때릴 수 있다는 개념을 으레 접하면서 자랐기에, 사실상 그런 행동을 용인했다. 1850년 5월 31일, 『모닝 크로니클』에 이런 기사가 실렸다.

대중의 감정이 어떠하다고 시사하는 이 판결들을 읽는 수고를 한 모든 이들은 틀림없이 그들이 자신의 아내와 아이들에게 거리낌 없이 신체적 폭력을 행사할 권리를 지녔다고 믿고 있다는 인상을 받을 것이다. 이 있다고 추정되는 권리를 방해하려는 이들은 그들을 진정으로 놀라게 만든다. 그들의 아내나 아이가 아니던가? 그들이 자신의 소유물을 마음대로 할 권리가 없다는 말인가? 그들이 보기에, 이런 표현들은 비유적인 것이 아니다. 자신이 신은 신발, 자신이 손에 쥔 방망이, 자신의 짐을 운반하는 말이나 나귀, 아내와 자식들은 모두 동일한 의미

에서 〈자신의 것〉이니까.[9]

유니버시티 칼리지 병원으로 다급하게 실려 오기 겨우 1시간 전, 줄리아 설리번이 59세의 남편 제러마이어 설리번에게 그가 소매에 감추었던 길고 좁은 칼에 찔린 것은 바로 그런 세계에서 였다.[10]

사건이 있기 얼마 전부터 그 불행한 부부 사이에는 긴장이 쌓여 가고 있었다. 5주 전 남편의 폭음과 폭력이 갑자기 심해지는 바람에 아내는 집 밖으로 피신했다. 도망은 줄리아가 택할 수 있었던 몇 안 되는 방법 중 하나였다. 1851년 그 당시에는 남편의 불륜과 폭행이 둘 다 있을 때에만 여성이 이혼 소송을 먼저 제기할 수 있었다(남편 쪽은 조건이 그렇게 엄격하지 않았다). 그리고 설령 그런 소송 조건이 충족될 수 있다고 해도, 이혼 소송에는 비용이 너무 많이 들어서 대부분의 하층 계급 여성은 감당하지 못했다. 먹고살 돈조차 없는 이들이 많았고, 법적으로 이혼이 이루어진다고 해도 아이들을 만날 수 없게 될 위험이 컸다. 영국 법은 줄리아가 술을 마시기만 하면 폭력을 휘두르는 남편을 상대로 이혼 소송을 걸 자격조차 주지 않았다.

집을 나온 줄리아는 캠던 타운의 한 늙은 과부에게 얹혀 지내고 있었다. 런던에서 가난한 노동 계급의 사람들이 잔뜩 모여 사는 지역이었다. 남편에게 습격을 받기 3주 전에, 몇몇 동네 사람들은 남편이 줄리아에게 음탕한 말을 퍼부으면서 새 동네에서 살지 못하게 하겠다고 고래고래 위협하는 소리를 들었다. 그는 망

상증과 편집증에 사로잡힌 듯한 행동을 보였고, 줄리아가 바람이 났다고 생각했다. 프랜시스 폴톡이라고 하는 남자가 설리번 앞에 나서서, 부인이 당신을 보겠다고 나올 일은 없을 테니 어서 꺼지라고 했다. 법원 서류를 보면, 설리번은 길길이 화를 내고 침을 뱉으며 말했다. 「들여보내 주지 않겠다면 내가 쳐들어가겠어.」

그날 밤, 퇴근하여 돌아오던 줄리아는 집 앞에서 남편이 불쑥 나타나는 바람에 경악했다. 그는 그녀를 움켜잡고는 같이 집으로 돌아가자고 요구하면서, 위협하듯이 자신의 소매를 툭툭 쳤다. 줄리아는 그의 행동이 이상해서, 소매 안에 뭘 숨겼냐고 물었다. 그는 비웃으면서 말했다. 「어리석은 여자야, 내 옷소매 안에 네 목숨을 가져가고, 내 영혼을 악마에게 바칠 뭔가가 있다는 생각이 안 들어?」

두 사람은 서로 핏대를 올리면서 말싸움을 벌였다. 그러자 이웃의 브리짓 브라이언이 문을 열고 제발 조용히 하라고 핀잔을 주었다. 설리번은 아내에게 동네 술집에 가서 이야기 좀 하자고 애원했다. 그녀가 거절하자, 그는 아내의 등에 손을 대고 거리로 떠밀었다. 브리짓은 줄리아에게 동네 좀 조용하도록 남편이 하자는 대로 하라고 다그쳤고, 그래서 셋은 함께 술집으로 갔다. 그곳에서 부부는 또 한바탕 말싸움을 벌였고, 줄리아는 남편과 가지 않겠다고 다시 거절했다. 이윽고 두 여성은 그를 놔두고 술집을 나와서 집으로 돌아가기 시작했다. 그들이 설리번과 그의 난폭한 술주정에서 벗어났다고 생각할 바로 그때, 어둠 속에서 그가 불쑥 뛰쳐나왔다. 줄리아는 남편이 때리려는 줄 알고 양손으로 얼굴을 가렸다. 그 순간 그는 그녀의 배를 칼로 푹 찌르면서 소리쳤다. 「내가 말했지?」

줄리아가 고통에 겨워 앞으로 비틀거리자, 브리짓은 정신없이 친구의 옷 속으로 손을 넣어서 상처가 얼마나 났는지 살폈다. 그녀는 소리쳤다. 「설리번, 당신이 아내를 죽였어!」 그는 가만히 서서 지켜보다가 험악하게 대꾸했다. 「흥, 아직 안 죽었어.」

그날 밤 당직 근무 중인 경찰관 토머스 젠틀은 줄리아가 설리번과 친구의 부축을 받으면서 비틀거리며 길을 가는 모습을 보았다. 줄리아에게 무슨 일이냐고 묻자, 그녀는 신음을 냈다. 「으, 경관님, 내 목숨이 당신 손에 달렸어요. 이 남자가 날 찔렀어요.」 그녀는 옆에 서 있는 남편을 가리켰다. 본능적으로 그녀는 손을 배에 갖다 댔다. 그 순간 그녀는 끔찍한 사실을 알아차리고 헉 숨을 삼켰다. 「맙소사, 내 창자가 삐져나오고 있어!」 젠틀은 충격에 빠진 여성을 가장 가까운 외과의의 집으로 데려갔다. 무샤트 씨인가 하는 사람의 집이었는데, 집에 없었다. 젠틀은 다른 두 경찰관에게 도움을 요청했다. 그중 한 명이 줄리아를 부축하여 고위가에 있는 유니버시티 칼리지 병원으로 데려갔고, 젠틀과 다른 경찰관은 설리번을 구금했다. 술 취한 가해자는 아내와 통정한다고 자신이 상상한 남자가 근처에 없었다는 사실만이 아쉬울 따름이며, 있었다면 〈둘 다 똑같이 만들어 줬을 텐데〉라고 소리를 질러댔다.[11]

■

줄리아 설리번을 비롯하여 유니버시티 칼리지 병원에 오는 다치고 병든 사람들은 대부분 사고 외래 환자과를 거치게 되어 있었다. 그중에 입원 허가를 받는 이는 거의 없었다. 특이한 일은 아니었다. 대체로 병든 사람이 도시 병원에 입원 허가를 받을 확률은 4분의 1이었다.[12] 1845년 킹스 칼리지 병원은 외래 환자로 들어온 사람 17,093명 중 1,160명만 입원시켰다.[13] 대부분의 병원은 새 환자를 입원시키는 〈입원일 taking-in day〉을 따로 정해 놓고 있었다. 입원일은 일주일에 단 하루뿐일 수도 있었다. 1835년 『더 타임스』는 뇌염을 앓던 한 여성의 사례를 전했다.[14] 그녀는 월요일에 런던의 가이 병원에 갔다가 기진맥진한 채 그냥 돌아와야 했다. 입원일이 금요일이었기 때문이다. 그녀는 금요일에 다시 갔는데, 이번에는 10분이 늦는 바람에 시간을 제대로 못 지킨다는 이유로 입원이 거부되었다. 심하게 앓는 상태에서 상심까지 겹치는 바람에, 그녀는 시골로 돌아온 지 며칠 만에 숨을 거두었다.

19세기에는 왕립 자선 병원을 제외한 런던의 거의 모든 병원들이 표를 발행하는 방식을 써서 입원 허가 여부를 결정했다. 누구든 병원 〈후원자 subscriber〉로부터 표를 구할 수 있었다. 병원 후원자는 연회비를 내고서 환자를 추천할 권리와 의료진 선거권을 얻었다. 환자의 입장에서는 지치지 않고 계속 간청해야만 표를 구할 수 있었다. 후원자의 하인들을 찾아가서 입원하게 도와 달라고 간청하면서 며칠을 기다려야 하는 경우도 있었다. 시급한 환자들이 우선권을 얻었다. 〈불치병 환자〉, 즉 암이나 결핵에 걸린 환자들은 거부되었고, 성병에 걸린 이들도 마찬가지였다.

　줄리아 설리번은 그날 밤 적어도 한 가지 측면에서는 운이 좋았다.[15] 목숨이 위태로울 정도로 상처가 심했기에 즉시 진료를 받을 수 있었다는 것이다. 그리고 리스터가 직접 수술을 한 경험이 전혀 없고 외상 환자를 다룬 경험도 전무하다시피 했지만, 그의 치료를 받게 되었다는 점에서 정말로 운이 좋았다. 그녀가 들것에 실려서 병원 안으로 들어오자마자, 리스터는 그녀의 아랫배를 검사했다. 겉옷과 속옷 모두 베였고, 상처는 수직으로 길이 1.7센티미터 정도였으며 피로 젖어 있었다. 옷 속에서 거의 20센티미터쯤 창자가 삐져나와 있었다.

　겁이 날 수도 있는 상황이었지만 리스터는 침착했다. 그는 마취제를 투여한 뒤, 미지근한 물로 창자에 묻은 대변을 닦아 내고 조심스럽게 창자를 원래 위치로 집어넣으려 애썼다. 하지만 구멍이 너무 작아서 집어넣을 수가 없다는 것을 알아차렸다. 구멍을 더 넓혀야 했다.

　리스터는 수술칼을 집고 구멍을 조심스럽게 위와 안쪽으로 밀어서 약 1.9센티미터까지 넓혔다. 이제 삐져나온 창자를 좀 더 수월하게 배 속으로 집어넣을 수 있었다. 이윽고 설리번의 칼에 베인 부위만 남았다. 그는 아주 신중을 기해서 가느다란 바늘과 비단실로 창자의 베인 부위를 꿰맸다. 다 꿰매자 실의 매듭을 지은 뒤 잘라 냈다. 그런 뒤 출혈과 오염을 막기 위해서 갈라진 상처의 양쪽 피부를 문짝으로 삼아서 창자를 배 안으로 눌러 넣었다. 창자를 치료하고 나자, 줄리아의 멍들고 부어오른 배에서 멀건 붉은 액체가 조금 배어 나왔다. 그는 〈출혈이 거의 없었고, 환자가 좀 기력이 없긴 하지만 완벽하게 의식을 유지하고 있다〉는 사실에 기뻐했다.

두 단계에 걸쳐서 창자를 되돌려 놓았기에, 리스터는 이제 한 가닥의 실을 써서 상처를 꿰매는 데 집중할 수 있었다. 줄리아의 창자를 꿰맨 것은 대담한 결정이었다. 당시에는 가장 노련한 외과의도 종종 거부하곤 할 정도로 논란이 분분했던 수술법이었기 때문이다. 리스터는 이 방법으로 성공한 반면, 그렇지 못한 외과의도 많았다. 1846년 외과의 앤드루 엘리스는 〈베인 창자를 치료하는 문제를 다룬 문헌들을 읽으면 견해 차이가 상당하다는 점을 알게 된다〉라고 썼다. 아무런 조치도 하지 않고 그냥 상황을 주의 깊게 지켜보는 쪽을 택하는 이들도 있었다. 커틀러 씨라는 외과의와 그의 환자 토머스 V의 사례가 그랬다. 그는 친구와 몸싸움을 하다가 칼에 창자를 찔렸다. 토머스가 병원에 왔을 때 외과의는 외부 출혈이 심하지 않은 것을 보고서 고통에 몸부림치는 그 가여운 환자에게 아편제 20방울을 처방했다. 다음 날 창자가 기능을 잃기 시작하면서, 토머스의 배는 고통스러울 만치 부풀어 올랐다. 커틀러는 환자의 불편을 덜기 위해 관장약을 투여하라고 지시했지만, 아무런 효과가 없었다. 그래서 그는 환자에게 브랜디 1리터를 먹였다. 사흘째에도 환자는 여전히 고통에 시달리고 있었다. 피부와 팔다리가 차갑게 식었고, 맥박도 아주 희미했다. 커틀러는 센나잎과 아주까리기름을 섞은 관장약을 다시 한번 투여했고, 이번에는 대변이 소량 나왔다. 그 뒤에 환자는 조금 회복되는가 싶더니, 그날 늦게 숨을 거두었다.

당시 봉합이 널리 쓰이고 있긴 했지만, 상처를 꿰맬 때 종종 감염이 일어나곤 했다. 구멍 난 창자를 손댈 때에는 감염 위험이 더욱 컸다. 대부분의 외과의는 폭이 좁은 쇠 칼날을 화로에서 붉게 달아오를 때까지 달군 뒤에 상처를 지지는 쪽을 선호했다. 외과의 존 리저스는 〈살을 더 천천히 지질수록, 효과가 더 좋다〉라고 했다. 깊게 지졌을 때에는 안에서부터 치유가 될 때까지 상처가 몇 주, 심지어 몇 달까지 벌어져 있을 때도 있었다. 물론 고통이 엄청났고, 생존도 결코 보장할 수 없었다. 세균을 비롯한 병원체들이 우글거리는 빅토리아 시대 병원의 환기가 제대로 안 되는 병실에서 환자가 회복을 해야 했기에 더욱 그랬다.

빅토리아 시대에 배에 상처를 입은 운 나쁜 사람들은 바로 이런 의학적 현실과 마주해야 했다. 리스터가 줄리아 설리번의 수술에 성공한 것은 실력과 운이 딱 맞아떨어진 덕분이었다. 그는 앞서 탈장 환자들을 다룬 경험이 분명히 있었다. 그중에는 튀어나온 창자를 원래 위치로 돌려보낸 사례도 있었다. 리스터가 처음 수련의가 되었을 무렵에, 에릭슨은 아이 때 배를 걷어차인 뒤로 계속 탈장으로 고생하고 있는 환자를 치료한 바 있었다.[16] 수십 년이 지나는 동안, 자리를 벗어난 창자는 부어오르면서 통증을 유발했다. 에릭슨은 압력을 줄이기 위해서 창자를 벨 수밖에 없었고, 그런 뒤에 원래 위치에 집어넣었다. 환자는 수술 직후에는 회복되는가 싶더니, 다음 날 사망했다.

리스터는 에릭슨 밑에서 비슷한 사례들을 지켜보았을 뿐 아니라, 줄리아가 유니버시티 칼리지 병원으로 실려 오기 직전에 그 문제를 연구하고 있었을 가능성이 높다. 사실 도시 병원에는 칼에 찔리거나 공장에서 사고로 다쳐서 창자가 삐져나온 환자들이 많이 왔기 때문에, 뚫린 상처에서 창자가 삐져나와서 생긴 꼬인 탈장을 어떻게 치료할 것이냐를 놓고 열띤 논쟁이 벌어지고 있었다. 조지 제임스 거스리는 4년 전인 1847년에 그 주제를 다룬 책을 쓰기도 했다. 외과의 벤저민 트래버스도 그 주제를 포괄적으로 다룬 글을 쓴 바 있었다.[17] 1826년에 그는 『에든버러 의학회지』에 줄리아 설리번과 비슷한 사례를 실었다. 해당 여성은 면도날을 다루다가 실수로 창자까지 베었고, 성 토머스 병원으로 실려 왔다. 도착했을 때 의식은 희미해져 있었다. 트래버스는 비단실로 베인 창자를 꿰매고, 상처 구멍을 좀 넓힌 뒤 튀어나온 창자를 배 속으로 집어넣고서 상처를 꿰맸다. 그런 뒤 환자에게는 24시간 동안 음식도 물도 먹지 못하게 했다. 그녀는 몇 주 동안 천천히 회복되는가 싶더니 갑자기 배에 염증이 생겼다. 그래서 외과의는 배에 거머리 16마리를 붙이고 관장약을 투여했다. 마침내 상처는 아물었고, 그녀는 수술을 받은 지 2개월 뒤에 퇴원했다.

의학도인 리스터는 이런 사례들을 문헌을 통해 알고 있었다. 그리고 그날 밤 줄리아의 베인 창자를 수술할 때 유달리 뛰어난 솜씨를 발휘한 또 한 가지 이유가 있었다. 3년마다 런던 의사 협회가 주최하는 포더길 금메달 경연 대회가 이번에는 배의 상처와 손상을 치료하는 쪽에 초점을 맞춘다는 내용이 4개월 전 『랜싯』에 실렸기 때문이다. 리스터는 이미 UCL에서 몇 차례 상을 받은 바 있었는데, 포더길 금메달은 더 유명한 상 중 하나였다. 그러니 리스터가 그 대회에 논문을 제출할 수 있을까 싶어서 배 상처를 이해하는 일에 관심을 갖고 있었던 것은 아닐까?

수술은 성공했지만, 줄리아의 회복은 이제 겨우 시작되었을 뿐이었다. 리스터는 창자가 압력을 덜 받도록 회복 기간 동안 죽만 먹도록 했다. 또 줄리아에게 정기적으로 아편을 처방했다. 대영 제국이 팽창을 거듭하고 있던 19세기에는 술보다 아편이 더 인기가 있었다. 1868년 약사법이 제정되면서 위험한 약물은 자격을 갖춘 약제사만이 팔 수 있도록 제한하기 전까지, 사람들은 이발사와 제과업자에서 철물상, 담배장수, 술장수에 이르기까지 누구에게서든 아편을 살 수 있었다. 리스터는 아이까지 포함하여 모든 연령의 환자들에게 그 강력한 약물을 처방했다.

그 뒤로 몇 주에 걸친 치료는 리스터가 아니라 에릭슨이 맡았다. 리스터는 수술실에서 영웅적인 노력을 했지만, 병원에서는 여전히 하급자였다. 성 토머스 병원의 여성처럼, 줄리아도 수술 직후에 복막염 증상이 나타나기 시작했다. 에릭슨은 배가 부푸는 증상을 줄이기 위해서 거머리, 찜질 등 다양한 방법을 썼다. 이윽고 줄리아는 다 나았다. 그 뒤로 1851년에 그녀의 치료 사례는 『랜싯』에 두 차례 인용되었다.[18] 그 학술지는 줄리아의 회복이 지닌 의미를 강조했다. 〈그 수술이 대단히 중요한 이유는 (……) 우리가 하려고 하지 않는 것보다 더 상세히 들어가는 편이 낫다고 말하고 있기 때문이다.〉

줄리아 설리번이 수술을 받은 지 두 달 뒤인 8월의 어느 습한 날, 리스터는 살인 미수 혐의로 재판을 받는 그녀의 남편에게 불리한 증언을 하기 위해 승합 마차를 타고 런던을 가로질러서 올드베일리로 갔다. 19세기 중반에는 외과의가 법정에서 증언을 하는 일이 드물지 않았다. 피고인의 정신 건강, 상처의 유형, 빅토리아 시대에 적을 제거하는 첨단 〈유행〉 방식이 되고 있는 독살의 화학적 또는 생리적 징후 등 온갖 것들을 증언했다. 리스터 말고도 설리번에게 불리한 증언을 하기 위해 법정에 나온 증인이 5명 더 있었다.

올드베일리는 영국에서 가장 무시무시한 인상을 주는 재판소였다. 죄수와 대중이 이야기를 나누지 못하게 설계된 반원형의 벽돌담 안에 들어 있는 요새 같은 건물이었다. 바로 옆에는 악명 높은 뉴게이트 감옥이 있었다. 대니얼 디포, 캡틴 키드, 펜실베이니아의 창설자인 윌리엄 펜 같은 유명한 인물들이 수감되어 있던 곳이었다. 두 건물의 바로 앞에는 광장이 있었고, 1868년까지 그곳에서 공개 처형이 이루어지곤 했다. 처형 날이면 수천 명이 구경을 하러 모였다. 죄수가 올가미에 목이 졸리면서 몸부림치는 광경을 더 가까이에서 지켜보겠다고 몸싸움을 벌이면서 비계 가까이 몰려들었다. 유죄 판결이 내려진 지 이틀도 안 되어 처형이 이루어지기도 했다.

찰스 디킨스는 올드베일리를 이렇게 썼다. 〈처음 법정에 들어

가는 사람은 별 인상을 받지 못할 가능성이 높다. 차분하고 대수롭지 않게 재판이 진행되기 때문이다. 모든 재판이 그저 일상적인 업무처럼 보인다.)[19] 변호사, 배심원, 방청객 모두 딱딱한 나무 벤치에 느긋하게 앉아 있었다. 아침 신문을 읽거나 수군거리면서 이야기를 나누었다. 다음 재판이 열리기를 기다리면서 꾸벅꾸벅 조는 이들도 있었다. 처음 접하는 사람은 법정에 만연해 있는 무심한 분위기가 몹시 어색할 수도 있었다. 그러니 올드베일리에서 평결이 이루어지자마자 곧 목에 걸린 밧줄이 당겨지곤 한다는 사실을 알아차리지 못할 수도 있었다.

설리번은 증인석 바로 맞은편의 피고인석에 서 있었다. 그 위에는 그의 목소리를 증폭시키는 공명판이 붙어 있었다. 18세기에는 피고인의 얼굴에 빛을 비추도록 피고인석 위에 거울 반사판이 붙어 있었다. 리스터의 시대에는 가스등으로 대체되어 있었다. 그래서 판사와 배심원은 피고인의 얼굴 표정을 살피면서 증언이 타당한지를 판단할 수 있었다. 이 의심스러운 방법 때문에 많은 이들이 잘못된 유죄 판결을 받았다. 12명으로 구성된 배심원단은 설리번의 오른쪽에 앉아 있었다. 그들은 법정을 떠나지 않은 채 피고인이 들을 수 있는 거리에서 서로 의견을 주고받으면서 평결을 내릴 예정이었다. 피고인의 운명은 다수결에 달려 있었다. 그들의 뒤쪽으로는 계단식으로 방청석이 있었다. 방청객들은 수술실에서 지켜보는 것과 흡사하게 재판이 진행되는 과정을 지켜보러 왔다. 생사를 가르는 문제가 대중의 오락거리였던 시대였다.

첫 번째 증인은 토머스 젠틀, 즉 줄리아가 칼에 찔린 뒤에 동행한 경찰관이었다. 그는 구금할 당시 죄수가 술에 취해 있었다고 증언했다. 반면 희생자는 제러마이어 설리번을 공격자로 지목할 때 제정신이었으며, 공격을 당하기 전과 당할 때, 그리고 당한 이후에도 올바른 정신을 유지했다고 했다. 이어서 목격자 2명이 증언대에 섰고, 둘 다 설리번이 아내를 공격하기 전에 위협을 가하는 소리를 들었다고 증언했다.

이어서 줄리아 자신이 증인석에 올랐다. 그녀는 완전히 회복되어서 후유증이 전혀 없는 모습으로 조금도 두려워하는 기색 없이 공격자와 대면했다. 그에게 찔린 밤 이래 처음으로 그를 보는 것이었다. 그녀는 6월 26일에 벌어진 사건을 떠올리면서 길게 증언을 이어 갔다. 도중에 설리번은 살인 미수 혐의가 약해질 것이라고 기대했는지 그녀가 다른 남자와 살고 있다고 비난했다. 판사는 줄리아에게 남편에게 부정한 행동을 한 적이 있는지 물었고, 그녀는 아니라고 답했다. 「없습니다. 내 평생 한 번도요. 그는 내가 자신을 속였다고 말할 사람을 단 한 명도 데려오지 못할 거예요. 그는 내게 살인자였어요. 늘 그랬어요.」

마침내 리스터가 증인석에 오를 차례가 왔다. 그는 퀘이커교도답게 수수한 색깔의 옷을 입었다. 침착한 행동 덕분에 그에게서는 그 나이의 젊은이에게서 찾아보기 어려운 권위가 풍겼다. 젊은 외과의는 판사와 배심원을 향해 이렇게 말했다. 「아랫배에서 작은창자가 지름 약 20센티미터쯤 꼬여서 튀어나와 있었습니다. 쭉 펴면 1미터쯤 되었을 것입니다……. 하나의 도구로 한 번에 찔러서 그렇게 된 것이 분명했습니다.」 이어서 법정에서 살펴볼 수 있도록 외과의 무샤트 씨의 집 옆 가게에서 심부름을 하는 13세 소년 토머스 윌시가 발견한 피 묻은 칼이 등장했다. 방청석에서 사람들이 무기를 보기 위해 몸을 앞으로 내미는 바람에 잠시 소란이 일었다. 검사는 젠틀과 다른 경찰관이 구금하기 전에 설리번이 칼을 버렸다고 비난했다. 모든 사람이 그의 아내에게 시급히 필요한 구급 조치를 하느라 정신이 팔려 있을 때가 무기를 버리기에 딱 맞는 시점이었을 것이다. 칼은 리스터에게 건네졌고, 리스터는 자세히 살펴본 뒤에 칼의 모양이 줄리아가 입은 상처의 모양과 일치하며, 따라서 설리번이 아내를 찌를 때 쓴 무기일 가능성이 매우 높다고 말했다.

리스터의 증언은 결정적이었다. 설리번은 살인 미수로 유죄 판결을 받았고, 20년간 유형지에서 지내라는 선고가 내려졌다. 호주의 범법자 정착촌으로 추방한다는 뜻이었다. 런던의 교도소가 죄수들로 넘치자, 정부는 1787~1857년에 기결수 162,000명을 호주로 보냈다. 8명 중 7명이 남성이었다. 9세 아이도 있었고, 80세 노인도 있었다. 유형은 결코 투옥이나 교수형보다 약한 형벌이 아니었다. 기결수들은 먼저 템스강에 떠 있는 교도소인 감옥선으로 보내졌다. 이런 퇴역한 썩어 가는 배에서의 생활은 끔찍했고, 병원조차 따라올 수 없는 질병의 온상이 되었다. 죄수들은 끔찍한 환경 속에서 선실에 설치된 창살 안에 갇혀 있었다. 한 간수는 이렇게 기억했다. 〈죄수들의 셔츠가 삭구에 내걸릴 때면 해충들이 바글거려서 온통 새까맸다. 리넨에 후추를 흩뿌린 것처

럼 보이는 것이 그나마 나은 정도였다.〉콜레라가 창궐할 때면 종
종 목사는 부풀어서 썩어 가는 시신들이 충분히 많이 모일 때까
지 시신을 매장하지 않겠다고 했다. 죄수가 감옥선에서 살아남는
다면, 호주로 보냈다. 길면 8개월까지 걸리는 그 지독한 항해 동
안 죄수 중 3분의 1은 사망했다. 죄수가 모범적인 행동을 한다면,
〈가석방 표〉를 받음으로써 형기를 줄이고 고국으로 돌아올 수 있
었다. 하지만 그들의 대다수는 영국으로 돌아오는 대신에, 비참
한 생애의 남은 세월을 유형지에서 살아가는 쪽을 택했다. 영국
의 항구까지 가는 위험한 항해를 견뎌 낼 자신이 없었기 때문
이다.

유형이 끔찍하긴 했지만, 그래도 사형보다는 나았다. 줄리아가
살아남지 못했다면, 제러마이어 설리번은 살인죄로 유죄 판결이
내려진 지 며칠 이내에 뉴게이트 감옥 바깥에서 올가미에 걸린
채 매달렸을 것이 확실했다. 그런 의미에서, 첫 큰 수술을 전적으
로 혼자 수행해야 하는 떨리는 상황에 직면했을 때 빠르고 단호
하게 수술을 해낸 외과의는 두 사람의 목숨을 구한 셈이었다. 그
첫 성공 이래로 리스터는 많은 수술을 통해 많은 이들의 목숨을
구하게 된다.

4장
과학의 제단

인간은 더 높은 무언가가 될 수도 있다,

죽은 자신을 디딤돌 삼아서.[1]

— 앨프리드 테니슨

수요일마다 외과의와 그 조수들은 유니버시티 칼리지 병원의
작은 수술실에 모였다. 그들은 선임자부터 수술을 했고, 각 수술
사이사이에 피에 젖은 수술대를 닦아 내라는 지시는 거의 내려진
적이 없었다. 에릭슨의 수련의로서 리스터는 이런 수술에 참여하
여 관찰하고, 기록하고, 보조했다. 수술 도구가 놓인 작은 벽장과
세면대가 갖추어진 그 작은 방에서 그는 1850년대의 수술이 얼
마나 운에 좌우되는지를 이해하기 시작했다.

이런 운명의 수요일에 믿을 수 없을 만치 행운을 얻은 이들도
있었다.[2] 후두의 급성 질환으로 급하게 병원을 찾은 젊은 여성이
그랬다. 그녀가 도착한 날, 리스터는 에릭슨 곁에 서서 그가 목의

부드러운 살을 절개하는 모습을 지켜보았다. 베인 틈새로 끈적거리는 검은 피가 쏟아졌다. 에릭슨은 숨길로 공기가 들어갈 구멍을 내기 위해 다급하게 반지 연골 사이로 칼을 넣기 시작했지만 소용이 없었다. 환자는 가슴에 갇힌 대량의 체액 때문에 질식하기 시작했다. 맥박이 느려졌고, 허파가 숨길로 공기를 빨아들이려고 애쓰느라 내는 커다란 휘파람 같은 소리만이 들릴 뿐이었다. 바로 그때, 에릭슨은 기발한 생각을 떠올렸다. 그는 환자의 목에 낸 상처에 입을 갖다 대고서 숨길을 막고 있던 피와 점액을 빨아내기 시작했다. 한입 가득 세 번 빨아내고 나자, 환자의 맥박이 다시 빨라지면서 뺨의 색깔이 정상으로 돌아왔다. 그 여성은 온갖 역경에도 살아남아서 병실로 돌아갔다. 그러나 리스터는 병실에 새로운 위험들이 그녀를 기다리고 있음을 알고 있었다. 칼에 살아남는다고 해도 그 전투에서 절반만 이긴 것에 불과했다.

외과의가 치료하는 상처와 질병은 런던의 인구 구성만큼 다양했다. 리스터가 에릭슨 밑에서 일할 때 런던은 끊임없이 확장되고 있었다. 해마다 수많은 노동자가 런던으로 쏟아져 들어왔다. 급속한 도시화로 주택이 부족해지는 바람에 그들은 불결한 환경에서 지내야 했을 뿐 아니라 하는 일도 육체적으로 고되고 위험했다. 이 모든 궁핍함은 그들의 건강을 망가뜨렸다. 병실은 근대화하는 세계의 위험한 현실 앞에서 팔다리가 잘리고, 눈이 멀고, 호흡기가 망가지고, 병든 사람들로 가득했다.

1834~1850년에 채링크로스 병원은 응급 환자 66,000명을 치

료했다.[3] 그중에 비계나 건물에서 떨어진 사람이 16,552명, 증기 기관이나 공장의 톱니바퀴나 기중기를 다루다가 사고를 당한 사람이 1,308명, 교통사고를 당한 사람이 5,090명, 화상을 입은 사람이 2,088명이었다. 『스펙테이터』는 이런 부상 중 거의 3분의 1이 〈깨진 유리나 도자기, 실수에 따른 추락 (……) 무거운 것을 들거나 바큇살, 갈고리, 칼 같은 가정용품을 부주의하게 사용함〉으로써 생긴 것이라고 했다.[4] 아이들도 종종 이런 사고를 당했다.[5] 면방적 공장에서 〈청소부 *scavenger*〉로 일하던 13세의 마서 애플턴도 그랬다. 마서는 기계 밑에 떨어진 물건들을 줍는 일을 했다. 영양 부족 상태에다가 과로까지 겹치다 보니 어느 날 어린 마서는 깜박 정신을 잃었고, 그 순간 왼손이 기계에 끼고 말았다. 주변에 다른 사람은 없었다. 마서는 손가락 5개를 모두 잃었을 뿐 아니라 직장도 잃었다. 그런 사례는 흔하디흔했다.

주중에 리스터는 비참한 생활과 작업 환경 때문에 생기는 부상과 질병의 사례들을 많이 접했다. 또 그는 최근에야 흔해진 질병들도 꽤 많다는 사실을 알아차렸다. 예를 들어, 레어시 씨라는 56세의 화가는 어릴 때부터 매일 10~15시간씩 그림을 그렸다.[6] 그는 이른바 〈화가 경련통〉이라는 극심한 통증에 시달리다가 병원을 찾았다. 물감에 들어 있는 납에 과다 노출되어 생기는 만성 내장 질환이었다. 산업화가 이루어지면서 화학 물질과 금속에 노출되는 작업장에서 일하는 이들이 늘어나면서 점점 심해지고 있는 문제 중 하나였다. 비소나 납 같은 독성 물질이 없을 때에도, 강철, 돌, 점토 같은 물질을 생산하고 가공할 때 생기는 엄청난 양의 먼지도 노동자를 죽일 수 있었다. 피해가 드러나기까지 여러 해가 걸리는 사례도 많았으며, 그 시점에는 이미 때가 늦곤 했다. 직업병 문제에 관심이 많았던 빅토리아 시대 의사인 존 토머스 알리지는 이렇게 간파했다. 〈먼지는 사람을 갑작스럽게 죽이는 것이 아니다. 해가 지날수록 조금씩 더 확고하게 허파에 쌓이다가, 이윽고 일종의 석고 덮개를 형성한다. 호흡은 점점 어려워지고 낮아지다가, 마침내 멈춘다.〉[7] 기관지염, 폐렴 등 다양한 호흡기 질환은 노동 계급의 상당수에게 때 이른 죽음을 안겨 주었다.

또 리스터는 식단이 도시 노동자의 건강에 미치는 영향도 간파했다. 이런 환자들은 대부분 매일같이 맥주를 엄청나게 마셔 댔을 뿐 아니라 값싼 고기도 엄청나게 먹어 댔다. 반면에 채소나 과일은 거의 손도 대지 않았다. 여름에 눈이 퀭하고 피부가 유령처럼 창백하며 이가 거의 다 빠지고 없는 두 사람이 리스터의 병실에 들어왔다.[8] 괴혈병의 전형적인 증상들이었다. 의사들은 괴혈병이 비타민 C 부족으로 생긴다는 것을 아직 몰랐다. 비타민 C는 인체가 스스로 합성할 수 없다. 사실, 많은 의사는 괴혈병이 몸에 무기염이 부족해서 생긴다고 믿었다. 이런 생각의 연장선상에서 리스터는 두 환자에게 질산칼륨을 투여했다. 많은 의사는 그 무기염이 괴혈병을 치료할 수 있다고 잘못 믿었다.

가난한 이들의 질 낮은 음식이 일상적인 문제임이 분명하다면, 또 다른 인간적인 욕구는 장기적으로 좀 더 은밀한 영향을 미쳤다. 시간이 흐르면서 리스터는 성병의 다양한 징후들을 구별하는 안목을 지니게 되었다. 그가 치료한 환자들 중 상당수는 매독에 걸려 있었다. 페니실린이 발견되기 전까지, 매독은 불치병이자 궁극적으로 죽음에 이르는 병이었다. 매독 환자들은 종종 외과의를 찾았는데, 당시 외과의가 하는 일은 수술을 하는 것보다 외부 질환을 치료하는 것이었기 때문이다. 매독으로 생긴 증상들은 시간이 흐르면서 악화되었다. 말기로 갈수록 몸에 얽은 흉터를 남기는 피부 궤양이 나타나고, 더 나아가 많은 환자에게는 마비, 시력 상실, 치매, 콧등이 내려앉아서 기괴하게 변형되는 〈안장코 saddle nose〉 같은 증상들이 나타났다. (매독이 아주 흔했기에 런던 전역에서 〈코 없는 모임〉이 출현할 정도였다. 이런 신문 기사도 있었다. 〈한 괴짜 신사가 코 없는 사람들이 대규모로 모인 모습을 한번 보고 싶어져서, 거리에서 만나는 모든 코 없는 사람들에게 특정한 날에 어느 선술집에서 만찬을 하자고 초대했다. 그는 그곳에서 협회를 결성했다.〉[9] 이 은밀한 모임의 회원들에게 크램프턴 씨라는 가명으로 알려진 그 신사는 매달 코 없는 친구들을 초대했다. 하지만 그가 1년 뒤에 세상을 떠나면서, 그 모임은 〈불행하게도 해체되었다〉.)

많은 매독 치료에는 수은이 쓰였다. 수은은 연고, 증기 목욕, 알약 형태로 처방되었다. 불행히도 수은은 매독 자체만큼 고통스럽고 끔찍한 부작용을 일으킬 수 있었다. 수은 치료를 장기간 받은 환자들은 대부분 이가 빠지고, 궤양이 생기고, 신경 손상이 일어났다. 매독으로 죽기 이전에 수은 중독으로 죽은 이들도 많았다.

유니버시티 칼리지 병원에서 매튜 켈리라는 56세의 아일랜드 노동자는 3차례 심하게 추락한 일을 겪은 뒤 입원을 했다.[10] 그는 〈쓰러지는 병〉, 간질 때문에 그런 것이 아닐까 걱정했다. 그러나 리스터는 그의 허벅지에 난 반점들이 통증을 일으키는 것을 알고는 그가 발작을 일으키는 데에는 다른 원인이 있지 않을까 의심했다. 환자의 성관계 전력과 〈강한 호색적 성향〉을 고려하여, 리스터는 켈리가 사실상 뇌염 초기나 매독 말기에 있는 것이 아닐까 추측했다. 매독 말기에는 간질과 유사해 보이는 발작 증상도 나타날 수 있었다. 그 병에 관해 밝혀진 것이 거의 없었으므로, 리스터가 켈리에게 해줄 수 있는 것은 거의 없었다. 결국 그는 치료가 불가능하다고 여기고 켈리를 퇴원시켰다.

리스터가 병든 환자를 퇴원시켜야 했던 사례는 더 있었다. 접촉하는 다른 환자들의 건강에 위험을 끼칠 수 있는 환자들이 있기 때문이었다. 1851년 여름에 입원한 제임스 채펠이라는 21세의 제화공도 그랬다.[11] 그는 몇 년 전에 매독과 임질에 다 걸렸고, 그 뒤로 입원과 퇴원을 되풀이했다. 리스터는 그 젊은이가 미혼이지만 15세부터 성관계를 해왔다는 것을 알아냈다. 리스터는 자신의 사례집에 채펠이 〈한 여성과 성교를 했고, 이 이른 나이에 때로 하루에 3~4번씩 하기도 했다〉라고 적었다. 그러나 채펠이 가장 걱정했던 것은 억누를 수 없는 성욕의 결과가 아니었다. 그가 리스터에게 온 이유는 피가 섞인 듯한 하얀 가래가 나오곤 하는 심한 기침 때문이었다. 때로는 0.8리터까지 나오기도 했다. 진단은 쉬웠다. 황폐증, 즉 폐결핵의 초기 단계였다. 1850년대에는 치료법이 전혀 없었던 호흡기 질환이었다. 병원 정책상 불치병 환자는 입원할 수 없었으므로, 리스터는 채펠을 일반 대중이 사는 곳으로 돌려보냈다. 당시 의료계는 아직 결핵이 고도로 감염성을 띠는 병임을 몰랐다. 채펠이 가게의 동료 5~6명과 한 방에서 잠을 자면서 얼마나 많은 이들을 감염시켰을지는 알려지지 않았다. 런던의 병실에 자주 입원하곤 하는 전형적인 빅토리아 시대 노동자의 삶이 바로 그러했다.

■

도시화는 노동 계급의 건강을 대가로 삼고 있었지만, 영국은 세계 상업의 발전소라는 난공불락처럼 보이는 지위를 찬미하느라 바빴다. 1851년 여름, 하이드파크에서 만국 박람회가 열리면서 런던은 수백만 명의 방문객들로 미어져 넘쳤다. 그 박람회는 기술이 더 나은 미래를 가져온다는 것을 전국에 알렸다.

정원 설계사 조지프 팩스턴이 지은 수정궁은 숲 한가운데에 우뚝 솟아서 눈부시게 빛났다. 수정궁은 전 세계 산업의 경이로운 물품들을 모은 전시장이었다. 그 거대한 건물은 팩스턴이 유리 온실을 모델로 삼아서 설계했다. 거의 9만 제곱미터에 달하는 유리판으로 이루어진 수정궁은 길이가 1,851피트 — 박람회가 열리는 해를 기념하기 위해 일부러 그렇게 정했다 — 로서 성 바오로 대성당보다 바닥 면적이 6배 더 넓었다. 건축될 때 발주처는 일꾼 300명에게 바닥에서 쿵쿵 뛰게 하고 군인들에게 가장자리를 따라 행군하도록 하면서 건물이 안전한지 시험했다.

박람회장이 문을 열자 15,000여 개인과 단체가 내놓은 약 10만 점에 달하는 물품이 전시되어 있었다. 『일러스트레이티드 런던 뉴스』를 시간당 5,000부 찍을 수 있는 인쇄기, 시각 장애인을 위해 종이에 튀어나온 글자를 찍는 〈촉각 잉크〉, 현대 자전거의 전신인 앞바퀴 축에 페달과 크랭크가 달린 벨로시페드도 있었다. 가장 큰 전시물은 거대한 유압 압축기로서, 각 금속관의 무게가 1,144톤에 달하는 데에도 단 한 사람이 작동할 수 있었다. 빅토리아 시대 위생공학자 조지 제닝스가 설계한 세계 최초의 공중 수세식 화장실도 설치되어 있었다. 전시 기간 동안 약 827,280명이 1페니를 내고 그 화장실을 이용했다. 그 결과 〈화장실에 가다 *spending a penny*〉라는 완곡어법이 생겨났다. 그러나 그런 사치품이 영국의 극빈자 가정의 비참함을 덜어 주려면 여러 해가 지나야 했다.

과학과 의학의 새로운 고안물들도 있었고, 그중에 실용적인 것들은 곧 영국의 병원들에 도입되었다. 소형 자전거 펌프처럼 보이는 인공 거머리는 〈몸에서 물질과 체액〉을 방출하고 〈피부를 통해 생기를 주는 물질〉을 주입한다는 장치였다.[12] 절단 수술을 받은 이들이 다시 물건을 쥐거나 말을 타거나 춤을 출 수 있게 해준다는 손, 팔, 다리 보철구도 있었다. 파리에서 온 한 출품자는 17,000개의 부품으로 이루어진 완벽한 인체 모형을 선보였다.[13] 뼈, 근육, 정맥, 척수 신경까지 완벽하게 모사되어 있었다. 키 173센티미터인 그 모형의 눈에는 수정으로 된 수정체도 들어 있

102

었고, 빼내면 그 안의 막과 시신경들을 볼 수 있었다.

전 세계에서 온 호기심 많은 관람객들은 일상생활을 더 쉽고 빠르고 편리하게 해준다고 약속하는 신문물들을 보면서 경이로움을 느꼈다. 박람회를 보겠다고 영국 남서쪽 끝의 펜잰스에서부터 400킬로미터를 걸어온 여성도 있었다. 유명 소설가 샬럿 브론테는 부친에게 보낸 편지에 만국 박람회를 본 소감을 적었다. 〈놀라운 곳이에요. 아주 넓고 기이하고 새롭다는 말 외에는 달리 묘사하기가 불가능해요. 어느 한 가지가 아니라 온갖 물품들이 독특하게 모여서 장관을 이루고 있어요. 인간의 산업이 만들어 낸 것은 모두 다 거기에 있어요.〉[14] 빅토리아 시대 사람들은 그 과학의 제단을 숭배하러 왔으며, 그들은 실망하지 않았다. 10월 11일 전시가 끝날 때까지 박람회장을 찾은 사람은 600만 명이 넘었다. 조지프 리스터와 그의 부친 조지프 잭슨도 박람회를 구경했다. 조지프 잭슨의 조카는 현미경을 전시했는데, 주최 측으로부터 상을 받았다.

1850년대에 의학계는 현미경의 진정한 가치를 놓고서 계속 논쟁과 논란을 거듭했다. 그러든 말든 리스터는 자신의 연구를 계속했다. 박람회가 끝난 뒤, 그는 엄청난 시간을 자신이 만든 슬라이드 표본들을 들여다보면서 보냈다. 그가 손에 넣을 수 있었던 모든 것을 현미경 렌즈로 들여다보았다. 늦가을의 어느 날 오후, 그는 형태가 뚜렷하지 않은 피 묻은 조직 덩어리가 현미경 렌즈 아래서 흔들리는 모습을 지켜보았다. 리스터는 실눈을 뜨고서 접안렌즈를 들여다보다가, 작은 청동 다이얼을 돌려서 초점을 조정했다. 그러자 앞서 자신과 에릭슨이 환자의 몸에서 잘라 낸 종양이 선명하게 눈에 보였다. 세포 하나하나의 윤곽이 너무나 뚜렷했다. 리스터는 몇 분 동안 세심하게 지켜보다가 종이에 그 모습을 그리기 시작했다. 그는 이런 식으로 수십 장씩 그림을 그렸고, 그중에는 수십 년 뒤 강의에 쓸 수 있었을 만큼 아주 세밀한 것도 있었다.

휴가 때 시골로 여행을 가서도 그의 마음은 계속 주변의 자연 세계를 향했다. 거미의 다리 근육 조직과 삶은 바닷가재의 눈에서 떼어 낸 각막 세포를 스케치하기도 했다. 또 영국 해협에 접한 소도시인 토키를 여행할 때는 직접 잡은 불가사리를 해부했다. 그는 현미경으로 그 별난 기하학적 형태를 관찰하면서 기뻐했다. 그는 부친에게 자랑하는 편지를 썼다. 〈고동이 칠 때마다 심장 윗부분의 한가운데에서 판막이 열렸다 닫혔다 하는 것까지 봤어요.〉[15] 템스강에서 칠성장어를 잡자, 밤늦게 자기 방에서 그 은빛 몸을 갈라서 뇌를 꺼냈다.[16] 그는 카메라 루시다 — 조지프 잭슨이 발명한 광학 기기로서 화가가 종이에 투영된 상을 그대로 베껴 그릴 수 있게 해준다 — 를 써서, 현미경으로 관찰하고 있는 그 동물의 숨뇌 세포를 정밀하게 그릴 수 있었다.

리스터는 자신의 생리학 교수가 자신과 마찬가지로 현미경 연구에 관심이 많다는 것을 알았다. 당시 50대 초반이었던 윌리엄 샤피는 늘 눈을 가늘게 뜨고 있는 모습이었다. 현미경을 들여다보면서 지낸 세월을 생각하면, 그럴 만해 보였다. 그 스코틀랜드인은 1851년 리스터가 그의 지도를 받을 무렵에는 이미 정수리가 꽤 휜해진 상태였다. 가장자리의 머리를 눈에 띄게 덥수룩하게 길러서 가리려고 애쓰긴 했지만 말이다. 전통적으로 생리학이 해부학에 딸린 곁가지라고 여겨지던 시절에, 샤피는 생리학만을 따로 과목으로 만들어서 가르친 최초의 인물이었다. 그래서 훗날 〈현대 생리학의 아버지〉라는 영예를 얻었다. 그는 지적인 면에서뿐 아니라 체격 면에서도 거인이었다. 수업 시간에 허파의 공기량을 측정하는 장치인 폐활량계가 어떻게 작동하는지를 보여 줄 때, 그는 그 장치의 각 칸을 아주 수월하게 부풀릴 수 있었다. 그런 뒤 이렇게 말했다. 「이 장치는 보통 사람을 위해 고안된 것 같군요.」[17]

리스터는 즉시 샤피를 좋아하게 되었다. 그는 샤피에게서 자신의 부친과 비슷하다는 느낌을 받았다. 그 생리학 교수는 권위보다 실험과 관찰을 더 중시했는데, 당시에는 흔치 않은 태도였다. 말년에 리스터는 이렇게 회고했다.

유니버시티 칼리지 학생일 때 나는 샤피 박사의 강의에 푹 빠졌다. 그 덕분에 나는 생리학을 좋아하게 되었고, 그 뒤로 죽 그러했다. 과학 장난감에 불과했던 복합 현미경을 당시에 탐구의 강력한 엔진으로 만드셨던 부친 덕분에 나는 이미 최고급 현미경을 갖고 있었고, 그것을 써서 우리의 위대한 거장이 가져다준 조직을 상세히 살펴보는 데 몰두했다.[18]

샤피의 열정에 자극을 받아서, 리스터는 구할 수 있는 인체 조직을 다 구해서 현미경으로 살펴보기 시작했다. 그의 그림들을 보면 피부에서부터 환자에게서 잘라 낸 암에 걸린 혀의 세포에 이르기까지 온갖 복잡한 구조가 상세히 담겨 있다. 또 병원에서 만난 환자들의 상태를 총천연색 그림으로 그리기도 했다. 컬러 사진술이 등장하기 전에는 그것이 병력을 기록하는 유일한 방법이었다. 그중에 팔을 의자에 올린 채 뒤로 기대어 있는 남자를 그린 것이 있다. 소매는 걷어 올렸고, 피부는 욕창이 가득 나서 얽어 있다. 아마 성병이었을 것이다.

리스터는 단지 관찰자로서만 만족하지 않았다. 그는 이탈리아 사제이자 생리학자인 라차로 스팔란차니의 연구를 토대로 나름의 실험도 했다. 스팔란차니는 정자와 난자가 융합되어서 포유동물의 번식이 시작되는 과정을 처음으로 상세히 묘사한 바 있었다. 1784년 스팔란차니는 개, 더 나아가 개구리, 심지어 물고기를 인공 수정하는 방법을 개발했다. 스팔란차니의 연구에서 착안하여, 리스터는 수평아리의 정자를 채취하여 달걀을 체외에서 인공 수정하려 시도했다. 하지만 실패했다. (의사가 이 실험을 인간을 대상으로 하여 성공한 것은 그로부터 한 세기가 지난 뒤였다.[19] 1884년 미국 내과 의사 윌리엄 팬코스트는 불임이라고 여겨지는 남편을 둔 여성을 마취한 뒤에, 〈가장 미남〉인 학생의 정자를 그 여성의 몸에 주입했다. 여성에게는 알리지 않은 상태에서였다. 9개월 뒤, 그녀는 건강한 아기를 낳았다. 나중에 팬코스트는 남편에게 자신이 한 짓을 털어놓았고, 두 사람은 여성에게 진실을 말하지 않기로 결정했다. 팬코스트의 실험은 25년 동안 비밀로 남아 있었다. 1909년 그가 세상을 떠나자, 기증자인 애디슨 데이비스 하드 — 이름만 보면 그가 더 붙임일 것 같다 — 는 『메디컬 월드』에 편지를 써서 그 비밀을 털어놓았다.)

1852년 리스터는 현미경을 써서 과학에 처음으로 큰 기여를 했다.[20] 그는 대학교의 안과 교수 휘턴 존스에게서 〈신선한 파란 홍채〉를 얻게 되자 사람의 눈에 관심을 가졌다. 그리하여 그는 그는 홍채의 수축과 팽창을 맡은 근육 조직의 특성을 둘러싼 논쟁에 주목했다. 스위스 생리학자 알베르트 폰 쾰리커는 얼마 전에 이 조직이 위장, 혈관, 방광에 있는 것과 같은 민무늬근 세포들로 이루어져 있다고 발표한 바 있었다. 이런 종류의 근육은 불수의 운동을, 즉 스스로 알아서 운동을 했다. 쾰리커의 발견은 영국의 가장 저명한 안과 의사 중 한 명인 윌리엄 보먼이 내세우는 견해와 정반대였다. 그는 그 조직에 줄무늬가 있다고, 즉 가로무늬근이 있다고 믿었다. 따라서 그 근육은 의지대로 움직일 수 있을 터였다.

리스터는 홍채에서 얻은 조직을 세심하게 해부했다.[21] 4시간 전에 환자에게서 떼어 낸 홍채였다. 그는 표본을 현미경으로 5시간 반 동안 조사했다. 카메라 루시다로 세포 하나하나를 스케치하면서였다. 그 문제를 연구하는 동안, 리스터는 유니버시티 칼리지 병원의 수술 환자 5명에게서 추가로 홍채를 얻었고, 말, 고양이, 토끼, 기니피그의 홍채도 구해서 조사했다. 그는 홍채가 수축근과 확장근 양쪽 다 실제로 민무늬근으로 이루어져 있고, 그 근육들이 사실상 불수의 운동을 한다는 쾰리커의 이론이 옳다는 것을 확인했다. 리스터는 『계간 현미경 과학회지』에 자신의 결론을 발표했다. 그 연구로 그는 여전히 현미경이 의술에 쓸데없다고 보는 많은 동료 외과의와 다른 입장에 섰다.

리스터의 실험은 많은 교수와 학생에게 별나다고 여겨졌을 것이 분명하다. 1850년대에 그런 연구는 외과 발전에 별 기여를 할 수 없었기 때문이다. 하지만 리스터는 뜻을 굽히지 않았다. 도시화와 산업화라는 형태로 이루어지는 발전은 인간의 희생을 대가로 한 반면, 과학이라는 형태로 이루어지는 발전은 병원 내에서 점점 늘어가는 문제들에 답을 제공할지도 몰랐다. 현미경은 인체에 관한 비밀을 풀어서 언젠가는 치료법에 변화를 가져올 수도 있었다.

■

몇 달 뒤, 에릭슨의 병실에 있던 또 다른 환자가 감염병에 걸려서 앓기 시작했다. 이번에는 병원 감염 괴저가 범인이었다. 병원병을 구성하는 〈4대 질병〉 중 가장 병원성이 강한 것이었다. 일부 의사들은 이 증상을 악성 또는 〈침식성 phagedenic〉 궤양이라고 했다. 침식성은 〈먹어 치우다〉라는 뜻의 그리스어에서 나온 말이다. 병원 감염 괴저로 죽어 가는 수많은 환자를 치료한 스코틀랜드 외과의 존 벨은 그 병이 얼마나 끔찍한지를 이렇게 표현했다. 첫 단계에서는 〈상처 부위가 부어오르고, 피부는 쪼그라든다……. 세포막이 녹아서 악취를 풍기는 점액이 되고, 근막이 드러난다〉.[22] 병이 진행될수록 상처 부위가 커지면서 피부를 먹어 치우고, 깊숙한 곳에 있는 근육과 뼈가 드러난다. 환자는 쇼크를 일으키고, 몸이 독소를 배출하려고 애쓰면서 강한 욕지기와 설사가 나타난다. 통증이 참을 수 없을 지경에 이르지만, 안타깝게도 정신 착란은 거의 일어나지 않는다. 환자는 의식을 유지한 채로 이런 끔찍한 시련을 계속 겪어야 한다. 벨은 이렇게 썼다. 〈밤이나 낮이나 환자들의 비명 소리가 끊이지 않는다. 그렇게 일주일이 흐르면 이윽고 기진맥진하여 사망한다. 설령 살아남는다고 해도 궤양이 몸을 계속 먹어 치우고 근육이 해체되며, 큰 혈관들이 마침내 드러나서 짓물러짐에 따라 출혈로 사망한다.〉

영국에서 이 감염병이 처음 보고된 것은 18세기 말 해군 외과의들을 통해서였다.[23] 그들은 함대의 축축하고 비좁은 선실에서 이 병이 대발생하는 광경을 지켜보았다. 망망대해 한가운데에서 이 병이 발생하면 손쓸 방법이 없었다. 그냥 번지는 것을 지켜보고만 있어야 했다. 살이 썩어 가면서 내는 불쾌하고 달착지근한 냄새가 곧 가뜩이나 악취 풍기는 선실에 가득해졌다. 1799년 여름, 한 해군 외과의는 어떤 선원이 말다툼을 하다가 귀를 얻어맞는 것을 보았다. 상처를 보니 살짝 긁혔을 뿐이었다. 그러나 며칠 지나지 않아서 궤양이 나타나더니 선원의 얼굴 반쪽과 그 밑의 목을 먹어 치웠고, 이윽고 숨길과 목 안까지 드러나면서 결국 그는 숨을 거두었다.

이런 이야기들은 수백 건에 달했다. 새턴호에서는 한 선원의 음경 끝에 악성 궤양이 나타났다. 상처가 검게 변하고 짓무르면서 그는 며칠 동안 끔찍한 고통에 시달렸다. 결국 음경은 떨어져 나갔다. 배의 외과의는 〈요도에서 고환에 이르는 음경 전체가 다 떨어져 나갔고, 음낭도 떨어져 나가서 고환과 혈관이 고스란히 드러났다〉라고 했다.[24] 필연적인 결과를 강조할 필요가 있다는 듯이 외과의는 이렇게 덧붙였다. 〈그는 죽었다.〉

벨은 이렇게 곪아서 살을 먹어 치우는 궤양이 나타나면, 가능한 한 빨리 환자들을 병원에서 내보내라고 조언했다. 〈감염된 벽 안에 갇히지 않으면, 사람들은 안전하다.〉[25] 벨은 어디로 가든 〈이 죽음의 집〉보다는 낫다고 했다. 〈교실이든 교회든 똥 더미든 마구간이든 어디든 간에 눕히라〉라고 했다. 다른 이들도 동의했다. 〈이 병원 감염 괴저는 (……) 초자연적인 과민성을 일으키는 부패한 공기 때문에 일어나는 것이 분명하다. 따라서 치료가 이루어지려면 이 해로운 영향의 반경으로부터 벗어나야 한다.〉[26]

에릭슨도 같은 생각이었다. 그도 병원 감염 괴저가 공기의 부패 때문에 일어난다고 오래전부터 믿고 있었다. 그러나 감염자를 다른 환자들과 격리시키는 것이 쉽지 않을 수도 있었다. 대발생이 일어나면, 그 문제는 의학적인 동시에 정치적인 것이 되었다.[27] 병동을 폐쇄해야 했다. 입원도 중단시켜야 했다. 병원 관리자부터 외과의에 이르기까지 모든 사람은 거침없이 퍼지는 감염을 막기 위해 고군분투했다.

1852년 어느 날, 리스터는 환자의 붕대에서 배어 나오는 진물을 보면서 그 생각을 했을 것이 틀림없다. 축축한 붕대를 벗길 때, 궤양이 생긴 썩어 가는 상처로부터 나오는 악취가 코를 찔렀다.

곧 그 한 명의 환자에게서 시작된 병원 감염 괴저가 에릭슨의 병동 전체로 확산되었다. 리스터는 곧 감염자의 치료를 맡았다. 그런 중요한 일을 믿고 맡길 만치 그의 실력이 뛰어났음을 의미한다.

감염 확산이 최고조에 달했을 때, 리스터는 뭔가 특이한 점을 알아차렸다. 그는 환자를 마취시킨 뒤 감염된 상처에서 갈색으로 짓무른 것들을 긁어내곤 했다. 그런 뒤 부식성과 독성이 강한 질산제2수은을 상처에 발랐다. 나중에 그는 일지에 이렇게 기록했다. 〈대체로 (……) 붕대로 감쌀 때 치유가 되는 것처럼 완벽하게 건강한 새살이 돋아서 상처를 메웠다.〉[28] 질산제2수은이 듣지 않은 환자는 〈아래팔에 매우 넓게 상처가 일어난 아주 살진 여성〉 한 명뿐이었다.[29] 그 환자는 감염이 〈경이로운 속도로〉 상처 전체로 퍼져서, 결국 에릭슨이 팔을 절단해야 했다. 그러나 수술하기 전에 리스터는 비누와 물로 환자의 상처뿐 아니라 팔 전체를 꼼꼼히 씻어 냈다. 절단 수술은 성공했고, 잘린 부위는 완벽하게 치유되었다. 리스터는 수술하기 전에 팔을 깨끗이 잘 씻었기 때문이라고 생각했다.

리스터는 호기심이 동했다. 썩은 부위를 도려내고 부식성 용액으로 씻으면, 왜 궤양이 대부분 치유되는 것일까? 비록 그는 미아즈마가 어느 정도는 기여했을 수 있다는 생각을 버리지는 못했지만, 유니버시티 칼리지 병원에서 일어나고 있는 일이 전적으로 나쁜 공기 때문이라고는 확신하지 못했다. 상처 자체에 있는 무언가가 문제인 것이 분명했다. 환자 주위의 공기만이 문제가 아니었다. 그는 감염된 상처에서 긁어낸 고름을 세심하게 현미경 슬라이드에 바른 뒤 현미경으로 살펴보았다. 그의 눈에 보인 것들이 그의 마음속에 뿌리를 내림으로써, 이윽고 자신의 뛰어난 스승인 존 에릭 에릭슨 같은 인물조차도 고수했던 신념 체계 전체에 의문을 품는 계기가 되었다.

나중에 그는 이렇게 적었다. 〈나는 상처에서 긁어낸 딱지를 현미경으로 조사하면서 스케치를 했는데, 꽤 균일한 크기의 것들이 보였다. 나는 그것들이 병원성 물질 *materies morbi* 일지도 모른다고 상상했다……. 그 초창기에 그것이 아마도 기생성을 띠는 것이 아닐까 하는 생각이 이미 내 마음속에 들어 있었다.〉[30]

자신이 알아낸 것에 자극을 받아서 그는 병원 감염의 원인을 더 폭넓게 조사하기 시작했다. 그러나 다시 의욕적으로 외과 공부에 몰두하고 있긴 했어도, 그는 여전히 이 길이 자신에게 맞는지를 확신하지 못하고 있었다. 수련의로서 다양한 의학적 사례들을 접하고 있었음에도, 그는 내과의가 되면 어떨까 하는 생각도 했다. 에릭슨 밑에서 수련의 과정을 끝낸 뒤, 그는 유니버시티 칼리지 병원의 선임 내과의 월터 H. 월시의 임상 실습의 *clinical clerk* (외과의 수술 조수에 해당하는) 자리를 받아들였다. 훗날 리스터의 조카인 릭먼 존 고들리는 당시에는 〈내과가 외과보다 여러모로 더 매력적으로 보인 듯했다〉라고 썼다.[31]

UCL을 졸업하는 해에 리스터는 우수상과 금메달을 몇 차례 받음으로써 또래들에 비해 더 돋보였다. 그 대학교의 의대생들

및 런던의 교육 병원에서 공부하는 이들 사이에 열띤 경쟁이 벌어지는 유명한 상들이었다. 그는 〈병원에서 맡은 의무를 믿음직하게 수행하고, 가장 탁월한 의술을 발휘한〉 사람에게 주는 롱그리지상을 받았고, 40파운드라는 상당한 액수의 부상도 받았다. 또 의대 2차 시험에서 좋은 성적을 내어 금메달과 100파운드의 장학금도 받았다. 재능을 인정받고 학생회에서도 권위를 얻은 데 힘입어서 그는 수줍음을 극복하기 시작했다. 그의 친구이자 동거인인 샘프슨 갬지는 리스터에게 이렇게 썼다. 〈네가 없었다면 유니버시티 칼리지는 우수한 대학교를 가리는 시험에서 이름도 올리지 못했을 거야. 네 덕분에 지금 가이 병원과 성 조지 병원 사이의 2위에 오른 거지.〉[32]

그렇긴 해도, 리스터의 비의적이면서 탐구적인 정신을 모두가 좋아한 것은 아니었다. 졸업이 가까워질 무렵, 그는 생리학과 비교해부학의 우등생 명단에서 가장 꼴찌를 차지했다. 교수인 윌리엄 카펜터는 그에게 보낸 편지에서 이런 평가를 한 이유를 적었다. 〈자네에게 그런 점수를 줘야 했던 이유를 알려 줘야 할 것 같네……. 내가 낸 시험 문제에 자네가 제출한 답은 너무나 미흡했네. 증거를 담은 여러 독창적인 관찰조차도 없었다면, 우등생 목록에서 아예 뺐을 거네.〉[33] 리스터는 카펜터의 평가에 분개했다. 그는 매부인 릭먼 고들리(릭먼 존 고들리의 부친)에게 이렇게 편지를 썼다. 〈개의치 않기로 했어요. 그와 대화를 해보니까, 그냥 그의 책을 읽었는지 안 읽었는지가 중요한 거였으니까요.〉[34]

리스터가 교수들이 말하는 대로 곧이곧대로 받아들이는 사람이 아니었다는 점은 사실이었다.[35] 수련의로서 그가 접한 더 흥미로운 — 그리고 교수들의 권위를 그대로 받아들이지 못하는 성격을 가장 잘 보여 주는 — 사례 중 하나는 64세의 간염 환자였다. 리스터는 환자의 소변에 쓸개즙이 지나치게 많이 섞여 나오는 것 외에도, 당분이 아주 많이 섞여 있다는 것을 알고서 후자가 쓸개즙의 정상적인 성분인지 궁금증을 가졌다. 그는 최근에 UCL에 임용된 화학 교수에게 답을 얻고자 했지만, 교수가 명확한 답을 내놓지 못한다는 것을 알았다. 리스터는 그 문제를 제쳐두는 대신에, 양 두 마리에게서 쓸개즙을 얻어서 황산구리와 수산화칼륨을 첨가해 보았다. 양쪽 다 당분이 있다는 증거는 전혀 없었다. 그래서 리스터는 환자의 증상이 사실상 독특하다는 결론을 내렸다. 그는 이 사례 연구로 또 하나의 금메달을 수상했다.

1852년 말, 리스터는 왕립 외과의 협회에서 시험을 보았고, 수술할 수 있는 자격을 땄다. 하지만 여전히 망설임으로써 외과의가 되기 위한 마지막 관문을 통과할 수 없었다. 1853년 2월, 그는 월시의 곁으로 돌아갔다. 이번에는 내과의 조수로서였다. 의학 공부 기간을 연장함으로써 외과 실습 과정에 들어가는 것을 미적거릴 수 있었던 것은 부친의 재정적 지원이 있었기 때문이기도 했다. 생리학과 비교해부학의 우등생 명단에서 꼴찌를 차지한 여파도 좀 있어서, 그는 자신감도 확신도 없는 상태로 머물러 있었다. 자격을 다 갖춘 외과의가 된다는 것은 자신이 보살피는 환자들에 대한 책임을 완전히 떠맡는다는 의미였다. 아마 모호하면서 희귀한 질병 사례들을 접했을 때, 그는 자신이 장래의 환자들에게 해를 입힐 수도 있지 않을까 하는 생각 때문에 심란했던 듯하다.

겉으로는 우유부단한 모습을 띠었지만, 리스터의 과학적 호기심은 확고했으며 전혀 줄어들지 않았다. 그는 홀로 해부를 하면서 실험을 계속했다. 현미경 덕분에 그는 선배들, 또래들, 선임자들의 대다수가 여태껏 했던 것보다 더 깊이 인체의 비밀을 탐사할 수 있었다. 그리고 에릭슨의 병동에서 병원 감염 괴저의 대발생 때 현미경으로 찾아낸 그 미생물에 관한 의문도 여전히 그의 머릿속에 맴돌고 있었다. 그것들이 정확히 무엇이고, 런던의 가장 큰 병원들의 병실에서 환자들에게 일어나는 일과 어떤 관계가 있을까?

언제나 예리한 관찰자였던 샤피 교수는 리스터가 방황하고 있음을 알아차리고서 1년 동안 대륙의 의대들을 돌아보는 것이 어떻겠느냐고 제안했다. 그러면 내과와 외과 분야에서 이루어지는 최신 발전들을 더 접할 수 있을 터였다. 샤피 자신도 수십 년 전에 그렇게 유럽을 돌아다닌 바 있었다. 샤피는 깨끗한 병실, 새로 출현하고 있는 임상 전문 분야별로 나눈 강의, 수많은 개인 교습, 무수한 해부 기회가 있는 파리를 꼭 가봐야 한다고 추천했다. 하지만 그는 먼저 자신의 제자가 스코틀랜드에서 자신의 좋은 친구인 제임스 사임 곁에서 한 달쯤 지내기를 바랐다. 사임은 에든버러 대학교의 저명한 임상 외과 교수이자 에테르 수술로 아주 유명해진 위대한 로버트 리스턴의 10촌 친척이기도 했다. 샤피는 사임과 함께 염증과 혈액 순환의 특성을 연구하고 있었는데, 사임이라면 리스터의 열정을 이끌어 내서 그 연구에 참여시킬 수 있지 않을까 생각했다. 또 그는 리스터가 사임을 영감을 주는 스승으로 모시게 될 것이라고 믿었다.

그래서 1853년 9월, 리스터는 기차를 타고서 스코틀랜드의 수도인 〈올드 리키Auld Reekie〉, 즉 〈매연 가득한 옛 도시〉로 향했다. 잠시만 머물자고 생각하면서였다.

5장
외과의 나폴레옹

적절한 재능을 지닌 사람을 골라서 자기 분야에서 진정으로
위대해질 수 있는 가장 곧게 뻗은 길에 놓는다면,
나는 뛰어난 임상 해부학자를 택해서, 병자를 치료하고
시신을 해부하는 대형 병원에 데려다 놓겠다.[1]
— 윌리엄 헌터

제임스 사임 교수의 움푹 들어간 눈 밑은 그가 에든버러 왕립
병원의 수술실에서 무수한 시간을 보냈음을 시사했다. 그의 외모
를 보면, 키가 작고 살쪄 보인다는 것 외에는 그다지 눈에 띄는
것이 없었다. 옷차림은 꼴불견이었다. 지나치게 커 보이는 옷들
을 아무렇게나 걸쳐 입었는데, 그것도 거의 매일 똑같았다. 늘 깃
을 빳빳하게 높이 세운 검은 연미복에 목을 꽁꽁 감싼 바둑판무
늬 목도리 차림이었다. 자신이 곧 만날 예정인 런던에서 오는 유
망한 외과의처럼, 사임도 말을 좀 더듬는 편이었다. 평생 동안 그

랬다.

체구는 작았어도, 리스터가 만나러 올 당시 54세였던 그는 외과 분야의 거인이었다. 동료들은 그를 〈외과의 나폴레옹〉이라고 불렀다. 25년 동안 외과의로 지내면서 정신적 외상을 주는 수술 절차를 간소화하기 위해 영웅적인 노력을 한 덕분에 얻은 명성이었다. 사임은 손으로 돌리는 사슬 톱 같은 엉성한 도구들을 경멸했고, 쉬운 방법으로도 충분할 때에는 어려운 방법을 쓰는 것을 피했다. 사임은 자신이 한 거의 모든 유형의 수술에서 시간적·기술적으로 경제성을 높이기 위해 애썼다. 이 태도는 특유의 간결하게 말하는 태도에도 반영되어 있었다. 그의 제자였던 존 브라운은 위대한 스승이 〈단어 하나, 잉크 한 방울, 피 한 방울도 불필요하게 낭비하는 법이 없었다〉라고 했다.[2]

사임이 명성을 얻은 것은 자신이 개발한 발목 관절을 절단하는 기념비적인 수술법 덕분이었다. 이 절단술은 오늘날에도 쓰이며, 그의 이름이 붙어 있다. 그의 혁신적인 기법이 도입되기 전만 해도, 외과의는 복합적인 손상이 일어나거나 발에 불치병이 생기면 무릎 아래를 절단했다. 그 결과 이동 능력이 심하게 감퇴했다. 잘린 끝이 길면 성가실 것이고 환자가 끝을 디디면서 걸을 수 없을 것이라고 여겼기 때문에 그런 방식으로 절단하곤 했다. 하지만 사임의 방법 덕분에 환자는 발목 밑동으로 체중을 버틸 수 있게 되었다. 외과 분야에서 이루어진 놀라운 발전이었다. 그리고 그 방법은 무릎 아래를 자르는 것보다 더 쉽고 더 시간이 적게 걸렸다.

마취제가 등장하기 전에 훈련을 받은 외과의들이 대개 그렇듯이, 사임도 친척인 로버트 리스턴처럼 번개 같은 속도로 절단 수술을 했다. 엉덩이 관절 부위에서 다리를 약 1분 만에 절단한 적도 있었다. 그 자신을 포함하여 같은 유형의 수술을 한 스코틀랜드의 다른 어떤 외과의도 여태껏 해낸 적이 없었을 정도로 놀라운 속도였다. 물론 그 수술도 수월하게 이루어진 것은 아니었다. 사임이 처음 관절 바로 밑의 허벅지뼈를 자를 때, 수술실 전체에 빠득거리는 소리가 울려 퍼졌다. 그가 재빨리 다리를 잘라 내자, 위를 꽉 누르고 있던 조수가 손에 힘을 풀었다. 동맥을 묶을 수 있도록 하기 위해서였다. 사임은 그 뒤에 벌어진 끔찍한 상황을 이렇게 회상했다.

끔찍한 출혈 장면에 철저히 단련되어 있지 않았다면, 혼비백산했을 것이 분명하다……. 사실 처음에는 굵은 동맥들이 마구 날뛰면서 엄청나게 피를 뿜어내는 바람에 결코 막을 수 없을 것처럼 보였다. 짐작할 수 있겠지만, 우리에게는 이 우려되는 장관에 탄복하면서 보낼 시간이 없었다. 그 즉시 우리는 민첩하게 움직여야만 환자의 안전을 확보할 수 있다는 것을 확신했고, 몇 분 사이에 10~12군데를 묶은 뒤에야 비로소 출혈을 거의 막을 수 있었다.[3]

나중에 그는 그때가 〈가장 출혈이 심했던 가장 대규모의 수술〉이었다고 했다.

사임은 두려움이 없었다. 다른 외과의들이 수술을 거부할 때, 그 스코틀랜드인은 칼을 쥐고 수술할 각오를 다졌다. 1828년 로버트 펜먼이라는 남자가 필사적인 태도로 사임에게 왔다. 그는 8년 전에 아래턱뼈에 섬유종이 생긴 바 있었다. 당시에는 달걀만 했다. 지역 외과의가 종양에 파묻힌 치아까지 다 잘라 냈지만, 종양은 계속 자랐다. 수술이 실패하자, 펜먼은 리스턴의 진료를 받았다. 리스턴은 최근에 에든버러 왕립 병원에서 환자의 20킬로그램짜리 음낭 종양을 제거함으로써 명성을 얻은 바 있었다. 그러나 펜먼의 잔뜩 부푼 얼굴을 보자, 불굴의 리스턴도 새파랗게 변했다. 리스턴이 수술을 하지 않겠다면, 대체 누가 하겠는가?

펜먼의 상태는 점점 악화되다가 이윽고 음식을 먹는 것도 호흡을 하는 것도 극도로 어려워지는 지경에 이르렀다. 이제 종양은 무게가 2킬로그램을 넘어섰고, 얼굴 아래쪽을 완전히 뒤덮었다. 그래서 펜먼은 사임을 찾아왔다. 당시 29세였던 사임은 이미 독불장군식 접근법을 취한다고 알려져 있었다.

수술 당일에 펜먼은 팔다리가 묶인 채 의자에 앉아 있었다. 에테르도 클로로포름도 아직 발견되기 전이었기에, 펜먼은 마취제 없이 수술을 받았다. 사임이 수술칼을 손에 쥐고 다가설 때, 환자는 움직일 수 없었다. 당시에 턱 종양 수술은 대부분 종양이 자라난 중심부터 시작하여 주변부로 나아가면서 파내는 방식이었다. 그러나 사임은 다른 방법을 염두에 두고 있었다. 그는 종양과 그 주변의 건강한 조직 일부까지 도려냄으로써 종양을 완전히 제거하기 위해서 턱뼈의 멀쩡한 부위로 칼을 집어넣었다. 말 그대로 뼈를 깎는 고통의 24분 동안, 사임은 종양과 턱뼈를 조금씩 잘라 냈다. 잘라 낸 조각은 달그락 소리와 함께 발치에 놓인 양동이로 떨구어졌다. 그런 끔찍한 시련을 사람이 어떻게 견딜 수 있는지, 지켜보는 이들은 도저히 믿어지지가 않았다. 그러나 온갖 역경을 이겨 내고서, 펜먼은 살아남았다.

수술이 끝나고 시간이 꽤 흐른 뒤에, 사임은 길에서 우연히 그 환자와 마주쳤다. 그는 펜먼의 얼굴에 흉터가 조금밖에 남아 있지 않은 것을 보고 놀랐다. 펜먼은 움푹 들어간 턱을 풍성하게 기른 턱수염으로 가리고 있었다. 펜먼을 보는 이들이 그가 그런 정신적 외상을 일으킬 법한 수술을 받았다고는 결코 추측할 수 없을 것이라고 사임은 흡족한 결론을 내렸다.

펜먼에게 한 것 같은 수술을 통해서 사임은 당대의 가장 담대한 외과의 중 하나라는 평판을 얻었다. 1853년 9월의 어느 음산한 날, 조지프 리스터는 이 외과의 선구자를 만나러 에든버러에 도착했다. 그는 UCL의 스승인 샤피 교수가 준 소개장을 꼭 쥐고 있었다. 에든버러는 지도상으로는 런던보다 작았지만, 인구 밀도는 더 높았다. 인구 과밀은 영국의 산업화가 진행되는 도시 대부분에서 나타나는 문제이긴 했지만, 1850년대 에든버러는 폐쇄 공포증을 일으킬 법한 생활 조건에다가 주택 공급 부족과 감자 기근으로 황폐해진 고향을 버리고 찾아든 수많은 아일랜드 이민자 때문에 상황이 더욱 악화되었다. 감자 기근이 끝난 것은 겨우 2년 전이었다.

에든버러의 한 구역에는 평균적으로 한 집에 25명이 살고 있었다. 그런 가정들 중 3분의 1 이상은 대개 면적이 14제곱미터에 못 미치는 단칸방에 살았다.[4] 많은 집이 비좁은 안뜰을 에워싸는 형식으로 다닥다닥 붙어 있었다. 에든버러 주민들을 보호하기 위해 건설된 12세기의 도시 성벽 때문에 구시가지는 바깥으로 팽창하기가 어려웠다. 그 결과 집들은 위로 뻗어 올라가서 위험천만한 높이까지 치솟았다. 당시에는 건축 규제가 엄격하지 않았다. 위태위태해 보이는 건물들은 10층도 쉽게 넘어서곤 했으며, 각 층은 아래층 위로 불쑥 튀어나오곤 해서, 흔들거리는 건물의 꼭대기 층은 아래쪽의 햇빛을 완전히 가리곤 했다. 맨 아래층에는 가장 가난한 이들이 살았다. 문 바로 앞으로 사람의 배설물이 흘러넘치는 개방 하수도와 가축에게 둘러싸인 채였다.

이런 구역의 범죄율은 인구 증가율에 비례하여 치솟았다.[5] 리스터가 도착한 해에만 15,000명이 넘는 사람들이 다양한 범죄로 경찰서에 끌려왔다. 도둑질과 〈굴뚝에 연기라도 피우게 도와주세요〉라는 구걸부터 온갖 범죄가 횡행했다. 체포된 범법자 중에는 신체 폭력과 공공장소에서의 만취로 붙들려 온 사람이 수천 명이었다. 처벌은 적법한 절차 없이 임의로 이루어지곤 했다. 단순히 훈방 조치로 풀려나는 사람들도 있는 반면, 투옥되거나 채찍형을 받거나 처형되는 이들도 있었다. 12세 미만의 아이들도 많은 비율을 차지했는데, 그들 중 상당수는 나중에 〈빈민 학교〉로 보내졌다. 극빈 가정 아이들에게 무상 교육을 하는 자선 기관들을 지칭했다.

구시가지에는 진물이 흐르는 궤양처럼 곳곳에 슬럼가가 있었다. 깨끗한 물과 화장실 같은 편의 시설이 없었기에, 한 에든버러 주민의 말에 따르면 〈쓰레기와 오물을 그냥 거리에 내버려야 했던 시절에 풍기는 악취 때문에 참을 수 없이 혐오감이 밀려드는〉 분위기가 가득한 곳이었다.[6] 좁은 공간에 사람들이 꽉꽉 들어참으로써 생기는 불결함과 지저분함 때문에 이런 곳은 장티푸스, 결핵, 재귀열 같은 악성 감염병의 완벽한 온상이 되었다.

에든버러는 겉으로는 이렇게 낡아 빠져 보였지만, 그 밑에서는 검은 에너지가 고동치고 있었다. 리스터가 기차역에 내릴 무렵, 그 도시는 수술 분야에서 세계 최고의 자리에 올라 있었다. 물론 추문과 살인 사건으로 얼룩져 있긴 했다. 25년 전만 해도 악명 높은 윌리엄 버크와 윌리엄 헤어가 다음 희생자를 찾아서 에든버러 거리를 슬그머니 돌아다니고 있었다. 그들은 10개월 사이에 16명을 목 졸라 살해한 뒤 그 신선한 시신을 도시에서 개인 해부 학교를 운영하는 외과의 로버트 녹스에게 팔았다. 녹스는 그들의 비밀스러운 행위를 못 본 척했다. (버크와 헤어는 해부실에 온 한 참관자가 희생자를 알아봄으로써 결국 체포되었다. 처형되는 것이 두려워진 헤어는 감형을 받고자 공범자에게 불리한 증언을 했다. 협조한 덕에 그는 용서를 받았고, 버크 혼자 교수대에 매달렸다. 운명이 시적인 취향을 지니고 있음을 보여 주듯이, 그 살인자의 시신은 수백 명이 지켜보는 가운데 공개 해부되었다. 피부는 아주 세심하게 벗겨져서, 포켓북을 비롯하여 다양한 장신구를 만드는 데 쓰였다. 피에 굶주린 대중은 그것들을 사기 위해 앞다투어

몰려들었다.)

버크와 헤어가 그런 잔혹한 범죄를 저지른 것은 19세기 초에 영국 전역의 해부 학교에 신선한 시신을 공급하는 것이 꽤 수지가 맞는 사업이었기 때문이다. 당시에 합법적으로 구할 수 있는 해부용 시신은 교수형 당한 살인자의 것뿐이었다. 그런데 민간 의학교가 우후죽순 생기면서 시신 자체를 구하기가 어려워졌다. 그래서 에든버러에서는 시신 약탈자가 돌아다녔다. 〈부활시키는 자 *resurrectionist*〉라고 불리기도 했다. 그들은 스코틀랜드의 얼어붙은 날씨 덕분에 자연적인 부패 과정이 느려지는 시기인 추운 겨울에 어둠 속에서 일했다. 나무 삽과 쇠갈고리를 써서 무덤의 머리쪽에 작은 구멍을 판 다음, 관 뚜껑을 쪼개고 시신을 끌어 올렸다. 하룻밤에 많으면 6구까지 훔치기도 했고, 시신 거래 사업을 독점하기 위해 소규모 무리를 지어서 서로 싸우기도 했다.

문제가 너무 심각해지자 에든버러 안팎의 묘지에 묻힌 시신을 보호하기 위해 과격한 조치들이 취해졌다. 유족들은 사랑했던 이의 시신을 지키고자 무덤을 쇠 격자로 덮었다. 또 돌을 얼기설기 쌓아서 벽을 두르기도 했다. 무덤에 접근하다가는 담이 무너지면서 요란한 소리가 날 수밖에 없었다. 묘지기들은 용수철 총과 원시적인 지뢰를 설치하여 묘지를 지켰다. 지역 주민들은 〈묘지 수호 모임〉을 조직하여 해부 학교에서 쓸 수 없을 만치 시신이 분해될 때까지 새 무덤을 몇 주 동안 지켰다. 자식을 잃은 슬픔에 빠진 아버지가 〈치명적인 장치가 든 상자를 관에 함께 묻고서 관 위쪽 네 구석과 전선으로 연결한〉 사례도 있었다.[7] 관이 땅속으로 내려갈 때, 그는 이 초보적인 화기에 화약을 던져 넣어서, 〈이 숨겨진 장치를 처형 준비 상태로 만들었다〉.

1853년 가난한 자의 무연고 시신을 해부할 수 있도록 합법화한 법이 통과되면서 영국 전역에서 시신 약탈자들의 사악한 활동이 사라졌다. 이제 의사들은 시신을 대량으로 공급받을 수 있었다. 하지만 리스터의 새 상급자들 — 에든버러 대학교에서 가르치면서 곧 그를 환영할 사람들 — 은 그 사라진 시대의 산물들이었다. 고인이 된 로버트 리스턴도 올드 리키에서 가르치던 시절에, 은유적으로 말하면 손을 더럽혔다. 시신 거래가 한창일 때, 그는 시신 약탈자 무리를 동료들이 고용한 약탈자 무리의 영역으로 보내곤 했고, 그래서 경쟁하는 해부학자들 사이에 돌이킬 수 없는 불화를 일으켰다.

여기서 우리는 불편한 진실을 마주하게 된다. 그전의 수십 년 동안 시신 약탈자들과 그들이 해부학자들에게 제공한 수천 구의 시신들이 없었다면, 에든버러가 외과를 선도한다는 세계가 부러워하는 명성을 얻을 수 없었으리라는 것이다. 그리고 그런 명성이 없었다면, 리스터가 대륙의 의료 기관들을 둘러보는 순회 여행을 떠나기 전에 굳이 사임 교수를 만나러 그곳으로 갈 이유도 없었을 것이다.

사실 리스터는 왕립 병원의 호전적인 업무 환경을 좀 더 잘 알았더라면 스코틀랜드에 머물 생각을 재고했을지도 모른다. 에든버러에 가기로 결정했음을 부친에게 설명하는 편지에 그는 이렇게 썼다. 〈런던에서처럼 질시하는 경쟁자들과 싸우지 않을 것이고, 사기꾼들과 불명예스럽게 다투거나 협력하지 않을 거예요……. 사실 원래 남들과 다투거나 티격태격하는 짓을 피하는 성향이라서, 다툴 수 있을지도 의심스럽지만요.〉[8] 그러나 생애의 이 시점에서 남들과 충돌하는 일에 전혀 익숙하지 않았던 수줍음 많고 내성적인 젊은이 조지프 리스터는 바야흐로 사자의 굴로 들어가는 중이었다.

사실 사임이야말로 왕립 병원에서 일어나는 많은 갈등의 중심축이었다. 그는 종종 자기 재능의 어두운 측면을 드러내곤 했다. 그는 성질이 불같았고, 원한을 평생토록 간직하는 부자연스러운 성향이 있었다. 산과 의사 제임스 Y. 심프슨이 한 소책자에서 자신이 고안한 삽침 지혈법이라는 방법을 써서 수술 때 출혈을 억제하라고 외과의들에게 제안하자, 사임은 쿵쿵거리며 수술실로 들어오더니 칼을 꺼내어 군중 앞에서 그 소책자를 난도질했다. 「신사 여러분, 삽침 지혈법은 이 정도 가치밖에 없습니다.」[9]

정적들이 화해를 시도할 때에도, 사임의 기질과 자부심이 방해가 되곤 했다. 이런 일도 있었다. 동료 제임스 밀러는 삽침 지혈법의 주창자인 심프슨의 가까운 친구였기에 사임과 다년간 다투고 있었다. 그러던 어느 날 밀러는 이제 화해할 때가 되었다고 생각했다. 밀러는 병에 걸렸고, 자신이 머지않아 죽을 것임을 알았다. 그래서 1864년 사임의 집을 방문했다. 안으로 들어가니, 그 성깔 있는 외과의가 활활 타오르는 벽난로 앞에 뒷짐을 지고 서 있었다. 밀러는 사임에게 마지막 작별 인사를 하러 왔다고 말하면서 화해의 악수를 하자고 손을 내밀었다. 사임은 그 허약해진 남자를 냉정하게 바라보더니, 손을 내밀지 않은 채 대꾸했다. 「허, 그러니까 사과하러 온 거군요? 그러죠! 용서해 드리지.」[10] 밀러는 오랜 정적으로부터 다른 말은 전혀 듣지 못한 채 떠났다.

사임의 좌충우돌하는 성격은 그의 경력에 지장을 줄 때도 있었고 도움을 줄 때도 있었다. 그는 외과의가 된 이래로 줄곧 리스턴과 함께 일하다가, 결국 갈라섰다. 사소한 견해 차이가 친척 사이의 경쟁심과 결부되면서 점점 커져 간 결과인 듯했다. 한 예로, 리스턴은 압박대를 뭐하러 쓰냐고 코웃음을 치면서 왼팔로 눌러서 지혈하는 쪽을 선호한 반면, 체구가 더 작은 사임은 그런 원시적인 방법에 공공연히 반대를 표명했다. 둘 사이의 적대감은 1829년 리스턴이 일하고 있던 에든버러 왕립 병원의 외과의 자리에 사임이 지원하면서 정점에 이르렀다. 사임은 탈락했다. 두 사람의 분쟁으로 병동이 난장판이 되고 환자들이 불편해질까 봐 병원 관리자들이 우려했기 때문이다.

사임은 낙심하면서 보내는 일로 시간과 에너지를 낭비하지 않았다. 그해 여름에 그는 체임버스가의 버려진 저택인 민토 하우스를 구입했다.[11] 수리하여 개인 병원을 열 계획이었다. 딱히 부유하다고 할 수 없었던 사람치고는 대담한 계획이었다. 사임은 그곳을 침대 24개가 놓인 공공 병원으로 전환하기로 했다. 계획에 필요한 자금을 모으기 위해, 그는 지원해 줄 만한 부자들에게 후원자 명부를 돌렸다. 명부가 리스턴에게까지 오자, 그는 이렇게 적었다. 〈사기와 헛소리이니 지원하지 마시오.〉[12]

리스턴이 껄끄럽게 굴긴 했지만, 민토 하우스는 대성공을 거두었다. 3년 동안 사임은 그곳에서 8,000명이 넘는 환자들을 진료하고 1,000건이 넘는 수술을 했다. 팔꿈치나 무릎을 자르고, 〈굳은 유방〉을 절제하는 등 큰 수술도 포함되었다. 1833년 에든버러 대학교의 임상 외과의 자리가 비자, 사임은 새로 설립하여 개인 병원을 운영한 경험도 있으니까 자신이 딱 맞는 후보라고 여겼다. 리스턴도 그 자리에 지원했다. 하지만 이번에는 젊은 친척이 이겼다.

6년 뒤 리스턴은 사임에게 먼저 손을 내밀었다. 그는 런던으로 옮겨서 UCL에 상응하는 자리를 맡은 상태였다. 그리고 얼마 뒤에 의대생인 조지프 리스터가 참관할 역사적인 에테르 수술을 하게 된다. 리스턴은 화해하고 싶다고 말하면서 사임에게 〈우리의 불만과 궤양에 붕대를 감는 것이 아니라 딱지가 내려앉아서 낫기를 바라는지 알려 주게〉라고 의학 전문 용어를 써서 물었다.[13] 그는 〈내가 자네가 믿는 것만큼 그리 나쁜 사람은 아니라네〉라고 덧붙였다. 사임은 그 화해의 말을 받아들였고, 둘의 관계는 회복되었다.

사임이 에든버러에 확고히 자리를 잡았다는 점에는 의심의 여지가 없었다. 그곳의 자그마한 외과 공동체는 반목, 질시, 소문으로 가득했다. 모든 외과의가 어느 시점에서든 간에 서로 맞붙는 듯했다. 때때로 에든버러는 런던보다 훨씬 더 과격해질 수 있었다. 의학 논쟁을 벌이던 외과의가 결투까지 벌인 사례도 있었다.[14]

■

리스터는 도착한 직후에 에든버러의 신시가지인 사우스프레 더릭가에 임시 숙소를 마련했다. 때는 9월이었고, 날씨는 온화하 긴 해도 한결같이 침울한 분위기를 풍겼다. 거의 매일같이 하늘 에는 부푼 비구름이 무겁게 떠서 도시에 그늘을 드리웠고, 피할 수 없을 듯한 축축한 느낌을 일으켰다. 그는 한 달만 머물렀다가 더 화창한 목초지가 펼쳐진 유럽 대륙으로 떠날 생각이었다. 짐 을 풀고 나자, 그는 사임에게 소개장을 전했고, 사임은 그를 환영 하면서 도시의 외과 공동체로 끌어들였다.

사임은 왕립 병원에서 세 병동을 관리했다. 리스터는 병원을 보고서 경이롭다고 느꼈다. 병상이 228개로 런던의 유니버시티 칼리지 병원보다 2배 이상 많았다. 19세기 기준으로 볼 때 거대 했다.[15] 1729년 처음 세워졌을 때에는 침상이 겨우 4개에 불과했 다. 1741년에 하이스쿨야즈(훗날의 인퍼머리가)에 새 건물이 세 워졌다. 병원은 1832년과 1853년에 다시 확장되었다. 이윽고 왕 립 병원은 드러먼드가와 하이스쿨야즈 사이의 지역 전체를 차지 하게 되었다. 왕립 병원은 축구장 길이의 약 5분의 3에 달했고, 양쪽 끝에서 직각으로 6미터씩 뻗어 나간 형태의 건물이었다. 바 닥도 넓었을 뿐 아니라, 3층 건물에는 2개의 주방, 조제실, 하인 방, 식당, 〈광인용 방 12실〉도 있었다. 건물 중앙을 따라 대동맥처 럼 〈거리 의자〉도 지나갈 수 있을 만큼 널찍한 계단통이 나 있어 서 골절, 탈구, 위험한 상처를 입은 이들을 별 어려움 없이 부축하여 병동으로 갈 수 있었다. 환자들은 대부분 1층과 2층에 수용되었고, 수술 뒤에 회복이 필요한 환자들은 3층으로 갔다. 신선한 공기를 더 잘 접할 수 있는 곳이었다. 다락방은 대형 수술실이었다. 매주 200명의 외과 학생들이 빼곡히 모여서 수술을 지켜보는 곳이었다.

리스턴과 포터의 사망 이후로 유니버시티 칼리지 병원에서 외과 병상의 수가 줄어드는 바람에 에릭슨 밑에서 성장할 기회가 막힌 리스터에게는 그토록 갈망하던 임상 경험을 쌓을 좋은 기회가 생긴 셈이었다. 도착한 직후에 그는 부친에게 이렇게 썼다. 〈낮이 두 배 더 길다면 그만큼 풍부한 직업 경험을, 내 평생을 걸 가치가 있다고 믿는 직업 경험을 쌓을 수 있을 텐데요. 외과를 전공하고 싶다면 말이에요.〉[16] 리스터의 에든버러 체류는 계속 길어지고 있었다.

리스터는 곧 사임의 오른팔이 되었다. 왕립 병원에서 점점 더 많은 책임을 떠맡았고 복잡한 수술을 도왔다. 누나인 메리에게 보낸 편지에 리스터는 그 나이 든 외과의가 전날 새벽 5시에 깨워서 응급 수술을 도와 달라고 했다고 썼다. 〈사임 씨는 내가 즐거워할 거라고 생각했어.〉 리스터는 스코틀랜드에 한 달만 있겠다는 계획이 바뀌었다고 누이에게 이야기했다.

지금 나는 그 어떤 책, 아니 사실상 어느 누구에게서도 배울 수 없는 것을 배울 기회를 접하고 있어. 고위가의 작은 병원에서는 접할 수 있는 경험이 몹시 한정되어 있었는데, 지금은 매일같이 중요한 새로운 경험들을 하고 있어. 그래서 지금은 아주 만족하고 있어. 별일 없다면 겨울 내내 여기서 지낼 거야. 그렇게 하면 대륙을 방문하는 기간이 아주 짧아지겠지만 말이야.[17]

며칠 뒤에 사임은 자신의 피보호자를 위해 〈정원 외 실습의 supernumerary clerk〉 자리를 만들었다.[18] 수련의 자리는 이미 차 있었기 때문이다. 정식 외과의 자격을 갖추고 영국 왕립 외과의 협회 회원이기도 한 리스터가 학생에게 더 적합한 그 자리를 받아들였다는 사실은 사임이 그에게 어떤 영향을 미치고 있었는지를 잘 보여 준다. 마찬가지로 사임은 다른 학생들보다 더 지위가 높은 자리를 따로 만들 만큼 리스터에게 깊은 인상을 받았다.

사임은 리스터의 경력에 깊이 흥미를 느꼈고, 왕립 병원의 안팎에서 그에게 점점 의지하게 되었다. 그는 리스터에게 출판을 위해 자신의 임상 강의를 기록하는 중요한 일도 맡겼다. 그렇게 작성된 첫 논문은 『월간 의학회지』에 실렸는데, 뼈 종양의 세포 구조를 비롯하여 리스터의 현미경 관찰 자료도 일부 들어갔다. 이어서 두 편의 논문이 곧 뒤따랐다. 한 편은 사임이 큰 종기를 수술한 사례를 다룬 것이었고, 다른 한 편은 통증과 붓기를 막기 위해 달군 쇠로 지짐술을 한 사례를 다룬 것이었다. 이 두 논문에도 리스터가 독창적으로 기여한 부분이 포함되어 있었다.

사임은 영감의 원천이 되었다. 리스터는 집에 보낸 편지에 이렇게 떠벌였다. 〈수술을 사랑하는 것이 그 일에 적합하다는 증거라면, 내게 외과의가 딱 맞는다는 것이 확실해요. 이 피가 튀고 살을 가르는 치료술 학과에서 매일 얼마나 즐거운 경험을 하고 있는지 상상도 못 할 거예요.〉[19] 사임에게 너무나 푹 빠져 있었기에, 리스터는 자신이 왜 그를 찬미하고 있는지를 부친에게 정당화해야 했다. 부친은 반쯤은 농담으로 반쯤은 진담으로, 아들에게 한 사람의 영향력에 너무 깊이 빠지는 것을 경계하는 글귀를 적은 편지를 보냈다. 〈어떤 주인에게도 충성을 맹세하지 말라 *Nullius jurare in verba magistri*.〉[20]

부친은 초조해했지만, 리스터는 사임을 도우면서 엄청난 시간을 보내는 것을 옹호했다. 〈수술에서의 그의 많은 독창적인 견해가 확산되도록 돕는다는 점이 기뻐요……. 강의 내용이 출판되지 않았다면, 그의 지혜 중 상당수는 그가 끝낼 때마다 사라졌을 게 분명해요.〉[21] 게다가 그는 부친에게 어떤 주인에게도 충성을 맹세하지 말라는 경고에 이론상으로는 동의하지만, 사임을 아주 가치 있는 〈교사 *magister*〉라고 여긴다고 했다.

리스터가 나이 든 외과의에게 푹 빠져 있다는 사실을 알아차린 사람이 조지프 잭슨만은 아니었다. 리스터가 그 성깔 있는 스코틀랜드인과 아주 죽이 잘 맞는다는 소식은 런던에도 전달되었다. 리스터의 친구이자 그의 학생이었던 조지 뷰캐넌은 이렇게 놀리는 편지를 보냈다. 〈왜인가요! 묘사된 것을 보면 가장 지독한 상태에서 영원한 행복을 느끼고 있는 것이 분명하네요……. 그의 임상 사례를 보고하는 논문들에서 사임의 입양아인 듯한 당신의 이름을 보았습니다.〉[22] 뷰캐넌은 나름의 경고를 덧붙였다. 〈외과에서 일하려면 사임과 동등해지세요. 하지만 너무나 뻔히 보이는

그의 자기중심주의는 따라 하지 말기를 기도합니다!〉

남들의 걱정에도 불구하고, 리스터는 사임의 지도를 받으면서 승승장구했다. 왕립 병원에서 그는 런던에서 접한 것보다 훨씬 더 다양한 사례를 접했다. 당시의 여느 외과의들처럼, 그도 실패를 겪었고, 그럴 때면 환자가 죽었다. 그러나 매우 흡족한 순간도 있었다. 칼에 목을 찔린 뒤 왕립 병원에 들어온 젊은이의 사례가 그랬다. 당시에는 목숨을 잃는 것이 정상이었을 부상이었다.

청년은 운이 좋은 동시에 나쁘기도 했다. 우선 칼이 목동맥을 비껴갔다. 목동맥이 잘렸다면 즉시 목숨을 잃었을 것이다. 반면에 피가 숨길에 들어차면서 서서히 공기 공급을 차단하고 있었다. 한 목격자는 이렇게 말했다. 〈두 사람의 목숨이 (……) 다친 동맥으로부터 서서히, 꾸준히 새어 나오는 피에 달려 있었다.〉 청년이 죽는다면, 공격자도 교수형에 처해질 것이 분명했으니까.[23]

사임과 리스터는 결코 시간을 낭비하지 않았다. 청년은 계단 위로 빠르게 들려서 왕립 병원의 다락방으로 향했다. 그곳에서는 두 사람이 수술 준비를 하고 있었다. 어떤 일이 벌어지고 있는지 금방 병원 전체로 소식이 전해졌고, 수술실은 곧 외과의들과 학생들로 채워졌다. 그들은 펼쳐질 드라마를 보기 위해 서로 밀쳐댔다. 환자가 꼬르륵거리면서 자신의 피에 숨이 막혀 가고 있는 와중에, 그들은 객석에서 곧 닥칠 죽음을 지켜보느라 열중했다. 한 참관자는 모두의 얼굴에 〈호기심이 가득 밴 불안과 두려움이 담겨 있었다〉라고 썼다.[24]

사임은 리스터에 비해 침착하고 냉정해 보였으며, 피범벅이 된 환자를 받음으로써 자신이 엄청난 책임을 지고 있음을 날카롭게 의식하고 있는 것이 분명했다. 사임이 칼을 집어서 죽 내리자, 젊은이의 목을 따라 길게 붉은 선이 그어졌다. 곧 열린 부위를 중심으로 깊게 피 웅덩이가 형성되기 시작했다. 사임은 개의치 않고 다친 동맥 쪽으로 빠르게 베어 나갔다. 사임은 훗날 이렇게 썼다. 〈손의 위치가 조금만 어긋났어도 목동맥에서 즉시 치명적인 출혈이 일어났을 것이고, 바늘의 방향이 조금만 잘못되었어도 목정맥에서 억누를 수 없는 출혈이 일어났을 것이라는 점을 떠올리면, 지금도 소름이 돋는다.〉[25]

시간이 째깍거리며 지나가고 있었다. 관중은 몸을 앞으로 기울였지만, 〈상처에서 솟구치는 피와, 외과의와 조수의 빠르게 움직이는 손가락〉밖에 볼 수 없었다. 환자의 얼굴은 〈유령처럼 하얗게〉 변해 갔다. 리스터의 얼굴은 〈마치 달리기 경주를 하고 있는 것처럼〉 땀에 흠뻑 젖었다.[26]

두 외과의는 계속 손을 놀렸다. 사임은 절개한 부위 속으로 손가락을 밀어 넣어서 비단실을 꿴 뭉툭한 바늘로 다친 동맥을 묶기 시작했다. 그때 갑자기 청년의 목에서 피가 왈칵 뿜어지면서 나무 수술대를 흠뻑 적시고 리스터의 발로 떨어졌다. 관객들은 환자가 곧 죽겠구나 하는 생각에 헉하고 숨을 들이켰다. 하지만 리스터가 상처 부위를 벌리고 피를 닦아 내는 가운데, 사임은 미끄러운 동맥을 묶는 일을 계속했다. 긴장된 몇 분이 지난 뒤, 사임과 리스터는 관중이 절개 부위를 살펴볼 수 있도록 뒤로 물러났다. 출혈은 멈춰 있었다.

수술실은 잠시 동안 침묵에 휩싸였다. 이어서 군중들로부터 환호성과 함께 두 외과의를 찬미하는 만세 소리가 터져 나왔다.

1854년 1월, 리스터는 사임의 수련의가 되었다. 그가 이미 어느 정도 충족시키고 있던 역할이었다. 이 공식 지위를 지님으로써, 그는 이제 12명의 수술 조수를 관리하게 되었다. 유니버시티 칼리지 병원에서보다 3배 이상 많았다. 이 수는 곧 23명까지 늘어나게 된다. 사임은 〈수련의〉는 그저 직함일 뿐, 일할 때는 동등한 관계임을 명확히 했다. 사임은 일반적인 환자의 치료에는 개입하지 않겠다고 약속하면서, 리스터에게 입원해 있는 환자들 가운데 골라서 치료할 수 있는 예외적인 특권을 제공했다. 다른 그 어떤 병원의 그 어떤 수련의도 기대할 수 없는 특권이었다. 하지만 리스터는 아직 스코틀랜드에서는 외과의 면허를 따지 않았기 때문에, 왕립 병원에서 수술이 이루어질 때는 주도하는 쪽이 아니라 사임을 돕는 일밖에 할 수 없었다.

리스터는 곧 함께 일하는 이들로부터 존경과 동경의 대상이 되었다.[27] UCL에 있을 때 그를 특징짓는 행동이었던 엄숙함과 예의 바른 언동은 자기 밑에 있는 젊고 때로 거친 동료들과 함께 생활하면서 많이 사라진 듯했다. 더 나아가 리스터는 그들을 위해 몇 차례 후한 저녁 파티를 열기도 했고, 동네의 한 돌팔이 의사가 붙인 광고지를 찢는 일에 함께하기도 했다. 그 의기양양한 무리는 뜯어 온 광고지를 무슨 의식이라도 치르는 것처럼 병원 마당에서 불태웠다.

수술 조수와 실습의는 사임을 〈마스터Master〉, 리스터를 〈치프Chief〉라고 불렀다. 평생을 리스터에게 따라다닐 애칭이었다. 직원 중에서 특히 이 멋진 외과의에게 반한 이도 있었다. 왕립 병원을 휘어잡고 있는 간호부장이자 수간호사인 재닛 포터 부인이 그러했다.

리스터가 임용된 시절에 간호는 특별한 기술이나 훈련을 요구하는 직업이 아니었고, 그다지 존중도 받지 못했다. 교양 있고 부유한 여성들은 남성의 몸을 가까이에서 접하거나 보호자 없이 남성과 홀로 있는 직업을 감히 가지려 하지 않았다. 훗날 간호 분야를 혁신시킬 여성인 플로렌스 나이팅게일은 자신을 유명하게 할 청결 규범을 아직 다 개발하지 못한 상태였다. 게다가 19세기 후반기에 간호사를 훈련시킬 기구 역할을 할 국제 적십자가 창설되려면 아직 9년이나 더 있어야 했다.

누구나 쉽게 간호사가 될 수 있었기에, 리스터와 함께 일하는 간호사 중에는 어중이떠중이가 많았다. 나이팅게일은 왕립 병원을 방문한 적이 있었는데, 그곳이 간호사들의 관리 측면에서는 〈무법천지〉라고 했다. 그녀는 〈매일 밤 술에 취한 야간 근무 간호사들을 들것에 눕히는〉 일이 선임 수련의의 임무인 모양이라고 덧붙였다.[28] 사임 밑에서 일한 첫해에 리스터는 이 달갑지 않은 일도 맡아야 했다. 사실 종종 술에 떡이 되어서 병원 침대에 눕곤 하는 간호사가 한 명 있어서 리스터는 몇 차례 질책을 해야 했다.

리스터의 열광적 추종자가 된 포터 부인은 이 술주정뱅이들의 정반대편에 있었다. 그녀는 엄격하게 외과의들을 통제하고 있었고, 마치 자신이 병원 관리의 책임을 떠맡고 있는 양 행동했다. 리스터가 병원에 들어올 무렵에, 포터 부인은 이미 10년 전부터 확고히 자리를 잡고서 환자들을 관리하고 있었다. 그녀의 방에는 병동을 거쳐 간 의사들의 초상화가 죽 걸려 있었다. 그 기간에 걸쳐서 그녀는 기존 방식의 간호와 새로운 방식의 간호 사이에 다리를 놓는 역할을 했고, 그녀를 아는 이들은 그녀를 찬미하는 한편으로 두려워했다. 훗날 리스터에게 치료를 받은 시인인 W. E. 헨리는 〈그녀의 교활한 회색 눈의 깊이와 악의〉와 〈아첨하고 비난하고 도전하는 스코틀랜드 특유의 넓적한 혀〉가 기억에 남은 듯했다. 사임 밑에서 일하는 모든 이들처럼, 그녀도 의무감이 흘러넘쳤다. 헨리는 이렇게 썼다. 〈의사들은 그녀를 좋아하고, 그녀를 놀리고, 그녀의 실력을 활용하지만, 《치프》가 그녀를 반쯤은 두려워한다고 말한다.〉[29]

새로 온 외과의가 포터 부인과 맞서다가 곤경에 처하곤 하는 사례도 많았다. 한번은 리스터가 병동의 부지깽이로 그녀의 얼음 습포를 작은 조각으로 깨려고 하는 광경을 그녀가 목격했다. 〈그녀는 몹시 화를 내면서 부지깽이와 습포를 확 빼앗더니, 큰 소리로 항의하면서 주방으로 향했다.〉[30]

이렇게 호통을 치곤 했어도, 포터 부인은 리스터가 잘 지낼 수 있도록 어머니처럼 진심으로 배려했다. 그 점이 가장 잘 드러난 일화가 있었다. 1854년 어느 일요일 오후, 바람이 심하게 부는 가운데 리스터는 UCL 급우인 존 베도와 함께 캐츠닉이라고 하는 위험한 산길로 등산을 갔다. 마치 위압적인 요새처럼 에든버러

위로 높이 솟아 있는 솔즈베리 크랙스까지 오르는, 들쑥날쑥한 바위 사이로 난 길이었다.[31] 도심에서 남동쪽으로 700미터쯤 떨어져 있는 그 높이 46미터의 낭떠러지 지대는 약 3억 4천만 년 전 얕은 바다에 쌓여 형성된 석탄기 지층이 빙하 작용으로 깎여 나가고 남은 잔해였다. 리스터는 낭떠러지 높이를 보고 겁이 났지만, 친구가 솔즈베리 크랙스의 가파른 절벽을 타고 올라서 높은 곳에서 에든버러의 장관을 보고 싶다고 하자 마지못해 따라나섰다. 베도는 리스터에게 위대한 사상가들은 다 그렇게 했다고 부추겼다. 소설가인 월터 스콧 경도, 시인인 로버트 번스도 올랐다고 했다. 걷는 일을 무척 좋아한 찰스 다윈도 나중에 솔즈베리 크랙스를 홀로 돌아다니다가 지질학자 제임스 허튼의 깊은 시간이라는 개념을 받아들이게 되었다. 뒤에 그의 진화론에 중요한 역할을 하게 될 개념이었다. 베도로서는 그 낭떠러지 정복이 〈그냥 지나쳐서는 안 될 위업〉이었다.

그래서 둘은 천천히 절벽에 달라붙어서 오르기 시작했다. 걸음을 옮길수록 도시는 점점 멀어져 갔다. 절반쯤 갔을 때, 리스터는 자신이 과연 꼭대기까지 오를 수 있을지 회의감이 들기 시작했다. 결국 그는 앞서가는 친구에게 소리쳤다. 「어지러워. 오늘은 여기까지만 해도 누가 뭐라고 하지 않겠지?」[32] 베도는 친구의 눈에서 두려움을 읽었거나, 자신도 너무 지쳐서 더 이상 갈 수 없었을지 모른다. 그도 돌아가자는 데 동의했다.

돌아서 내려오고 있는데, 베도의 발이 미끄러지면서 커다란 돌이 하나 빠져나왔다. 리스터가 뭔가 떨어지는 소리에 위를 올려다보자, 그의 눈에 친구와 돌이 들이닥치는 광경이 보였다. 리스터가 재빨리 절벽에 바짝 등을 붙이는 순간, 베도는 가까스로 멈추었다. 하지만 커다란 돌은 리스터의 허벅지에 부딪혔다. 베도의 설명에 따르면 돌은 〈비탈을 따라 높거나 낮게 이리저리 튀면서 굴러가다가 돌차기 놀이를 하고 있는 아이들의 한가운데로 아무 탈 없이 지나갔다.〉[33]

베도는 상황이 심각하다는 것을 금방 파악했다. 그는 다친 친구를 놔두고 서둘러 캐츠닉을 내려갔다. 얼마 뒤 네 사람이 들것을 갖고 올라왔다. 그들은 엄숙한 행렬을 이루어서 다친 리스터를 병원까지 들고 갔다. 왕립 병원 입구에서 포터 부인이 안절부절못하고 울먹거리면서 서 있었다. 그녀는 심한 스코틀랜드 억양으로 자신이 아끼는 외과의를 위험한 길로 데려갔다고 베도를 나무랐다. 「으, 도케투르 베디! 도케투르 베디! 왜 그따안 짓을 한 거야요. 그 위허만 소배스를 오르다니 당시네 영국인은 너무 무모혀요.」[34]

리스터는 몇 주 동안 쉬었다. 그래서 에든버러를 떠나는 일이 다시금 지연되었다. 다리가 심하게 멍들긴 했지만, 다행히 뼈는 부러지지 않았다. 베도는 자신들이 거의 죽을 뻔했다는 생각에 떨림이 가시지 않았다. 훗날 그는 리스터가 그곳에서 죽었다면 역사의 경로가 어떻게 바뀌었을지 회고했다. 〈그해 여름에 친구인 리스터가 나 때문에 죽었다면 (……) 전 세계에서 아주 많은 사람, 수백만 명이 목숨을 잃었을 것이다.〉[35]

6장

개구리 다리

어디를 가든 질문들이 나왔다. 하지만 설명은 전혀 없었다.
그저 의심과 의견 차이만이 난무했다.
엄청나게 많은 시신만이 의심의 여지가 없는 현실이었다.[1]
— 이그나즈 제멜바이스

전쟁터에서 대포 소리가 천둥처럼 울려 퍼지고 있었다. 총알이 윙윙 소리를 내면서 날아가 앞을 가로막는 모든 사람의 살을 뚫고 끊어 냈다. 팔다리가 찢겨 나가고, 내장이 터져 나오고, 흘린 피로 풀이 붉게 물들었다. 다친 병사들은 자신의 상처를 보고 울부짖다가 충격을 받아서 죽기도 했다. 전쟁의 공포를 직접 겪어 본 적 없는 많은 젊은이가 그렇듯이, 리처드 제임스 매켄지도 준비가 전혀 안 된 상태에서 전쟁터의 실상을 접했다. 수술 도구와 약간의 클로로포름이 든 가방만 갖고서, 그는 1854년 크림 전쟁이 발발하자 러시아와 맞서 싸우는 72연대에 들어갔다.

당시 33세였던 매켄지는 사임의 조수였는데, 휴직하고서 군의관이 되겠다고 자원했다. 매켄지와 리스터는 같은 시기에 사임 밑에서 일했지만, 능력에 차이가 있었다. 매켄지는 더 나이가 많았고, 여러 해 동안 왕립 병원에서 일해 왔다. 매켄지는 그 병원에서 일하면서 사임의 많은 수술 기법을 배웠다. 발목 관절을 절단하는 유명한 기법도 그중 하나였다. 매켄지가 매우 가까이에서 일했기에 에든버러 대학교의 직원 중 상당수는 언젠가는 그가 사임의 임상 교수직을 물려받을 것이라고 여겼다. 왕립 병원의 병동도 계속 맡게 되므로 3명인 외과 교수직 중에서 가장 선호되는 자리였다. 그런데 군 외과 교수인 조지 밸링거가 스스로 은퇴하겠다고 하자, 매켄지는 더 빨리 승진할 기회가 왔음을 알아차렸다. 그 자리를 차지하는 데 유일한 걸림돌은 전투 경험이었다.

매켄지는 에든버러를 출발한 직후에, 자신이 지닌 의료용품이 너무나 빈약하여 별 도움이 안 될 것임을 깨달았다. 매켄지가 가장 걱정한 것은 총알이나 대포알이 아니라, 전쟁터의 불결한 환경이 싸우고 있는 군인에게 미칠 영향이었다. 그는 집에 보낸 편지에 이렇게 썼다. 〈알다시피, 우리는 여기서 힘겹게 지내고 있어요……. 죽음 때문이 아니라, 엄청나게 많은 질병 때문에요.〉[2] 말라리아, 이질, 천연두, 장티푸스가 막사를 휩쓸면서, 전투를 시작하기도 전에 전력을 갉아먹었다. 매켄지는 군인들이 〈총 한 방 쏴 보지도 못하고, 적을 구경조차 못한 채로 썩어 나가고 있다〉라고 한탄했다.

마침내 9월 20일, 전투를 할 기회가 왔다. 프랑스군과 영국군이 크리미아의 알마강 남쪽에서 러시아군과 맞붙었다. 그 전쟁에서 첫 번째로 벌어진 큰 전투였다. 그날은 연합군이 이겼지만, 사상자 수가 엄청났다. 연합군 쪽은 사상자가 약 2,500명이었고, 러시아군은 그보다 2배 더 많았다. 알마강 전투는 유혈이 낭자했다. 매켄지는 쓰러진 수많은 동료의 몸에서 총알을 빼내고 붕대를 감는 한편으로, 그날 하루에만 27건의 수술을 했다(엉덩이 관절 부위를 절단하는 수술 2건도 포함하여). 수술은 모두 임시로 지어진 의료 텐트에서 했다.

전투에서 팔다리를 잃고서 살아남은 이들에게는 아직 위험이 끝난 것이 아니었다. 총소리가 그친 직후에 아시아 콜레라가 대발생했다. 물을 건너 언덕을 넘고 골짜기를 지나면서 매켄지의 부대로 소리 없이 침투했다. 콜레라는 거침없이 진격했다. 콜레라균이 일으키는 이 병은 대개 감염자의 배설물에 오염된 물에 접촉함으로써 전파된다. 크림 전쟁이 벌어질 당시에 이 병은 유럽 전역으로 퍼지고 있었다. 따라서 콜레라는 군인들의 배 속에 담겨서 전선까지 운반되었을 가능성이 높다. 감염되면 2~5일 동안 잠복기를 거친 뒤, 갑작스럽게 심한 설사와 구토가 시작되고, 체액의 대량 상실이 일어나면서 탈수 증상에 시달린다. 그러면서 몇 시간 이내에 사망할 수 있다. 매켄지는 집에 보낸 편지에 이렇게 썼다. 〈많은 군인이 아침 열병식 때 쓰러져서, 3시간이나 4시간, 5시간 안에 사망해요……. 그런 환자를 치료하려고 해도 아무 소용이 없다는 것은 말하지 않아도 알 거예요.〉[3] 치료를 하지 않으면, 아시아 콜레라는 사망률이 40~60퍼센트에 달한다.

접전이 벌어지는 2년 반 동안, 18,000명이 넘는 군인이 콜레라로 죽게 된다. 크림 전쟁 때 영국군을 휩쓸었던 다른 어떤 감염병보다 더 많은 목숨을 앗아갔다.[4] 가장 먼저 사망한 사람 중에 매켄지도 포함되어 있었다. 에든버러의 이 유망한 외과의는 알마강 전투가 벌어진 지 5일 뒤인 1854년 9월 25일에 콜레라로 사망했다. 다시 한번, 죽음은 다른 이의 앞날을 위해 앞길을 닦는 역할을 했다.

매켄지의 동료 중에는 그의 뒤를 따라 참전한 이들이 많았지만, 리스터의 종교는 폭력적인 행위를 하지 못하게 막고 있었다. 참전해도 외과의로서 부상자를 치료하는 일을 맡게 되겠지만, 참전 자체가 교리에 반했다. 1854년 말에 가까워지면서 왕립 병원에서의 수련의 생활도 끝나 가자, 그는 자신이 직장도 장래 계획도 없다는 사실을 실감하기 시작했다. 몇 달 전에 그는 부친에게 런던에 있는 왕립 자선 병원의 수련의 *junior surgeon** 자리에 지원해 볼까 생각하고 있다고 썼다. 사임을 좋아하긴 했지만, 가족이 그리웠다. 그 뒤로 그는 23년 동안 고향으로 돌아가려는 시도를 여러 차례 하게 된다.

왕립 자선 병원은 1828년 외과의 윌리엄 마스든이 돈이 없어서 치료를 받지 못하는 이들에게 무료로(병원 명칭이 시사하듯이) 치료를 제공하기 위해 설립했다. 영국 전역의 병원들은 가난한 이도 치료했지만, 환자는 병실과 식사 비용을 내야 했다. 게다

* 영국 외과 수련 과정이 길기 때문에 여러 명칭이 쓰인다.

가 병원의 원장이나 후원자로부터 표를 구할 수 있는 사람만이 입원 허가를 받았다. 결코 쉬운 일이 아니었다. 대조적으로 마스든은 〈가난과 질병만이 [입원 허가를 얻는] 표가 되어야 한다〉라고 믿었다.[5] 그는 어느 날 저녁 성 앤드루 성당의 계단에서 본 죽어 가는 소녀의 비참한 상황에 자극을 받아서 왕립 자선 병원을 세우겠다고 결심했다. 마스든은 소녀를 입원시키려 했지만, 소녀가 무일푼이라서 불가능했다. 소녀는 몇 주 뒤 사망했다.

왕립 자선 병원에 임용되면 집에 더 가까이 가게 되는 것만이 아니었다. 경력에도 도움이 될 터였다. 병원에 자리를 구하기란 하늘의 별 따기였다. 런던에서는 더욱 그랬다. 그 자리를 얻을 수 있다면 수지가 맞는 개인 수술도 함으로써 외과의로서의 특권을 누리게 될 뿐 아니라, 장래에 대학교의 교수가 되는 데에도 유리할 터였다. 그러나 사임과 그의 예전 교수인 윌리엄 샤피는 그 자리가 리스터에게 맞을지 그다지 확신하지 못했다. 그들은 그 병원에서 최근에 격렬해지고 있는 정치 논쟁에 제자가 말려들까 봐 걱정해서 지원하지 말라고 말렸다.

그 논쟁은 런던 의학계에 온갖 소문과 뒷말을 낳았다. 왕립 자선 병원의 외과의는 3명이었다. 윌리엄 마스든, 18년 동안 근무한 존 게이, 『랜싯』 창간자의 아들인 토머스 헨리 웨이클리였다. 그해 12월 게이는 자신의 전기에 실린 글 중에 병원을 비판하는 내용이 들어 있다는 사실이 드러나는 바람에 사직해야 했다. 왕립 자선 병원의 이사회는 게이가 그 책에 병원을 비난하는 내용이 실리지 않도록 하는 조치를 거의 취하지 않았다고 보았다. 그 일로 두 파벌이 출현했다. 이사회가 게이를 쫓아낸 것이 정당하다고 믿는 이들과, 문외한들로 이루어진 이사회가 외과의의 경력에 간섭해서는 안 된다고 믿는 이들이 대립했다. 웨이클리는 『랜싯』에 이사회의 결정이 맞다고 소리 높여 옹호했다. 놀랄 일도 아니었다. 그는 게이의 자리로 승진함으로써 직접적인 혜택을 볼 쪽이었다.

샤피는 에든버러의 사임에게 편지를 보냈다. 〈새 외과의는 젊은 웨이클리의 손아귀에 들어가는 꼴이 될 거야. 그리고 머지않아 대중 앞에서 논쟁을 벌이는 일에 끝없이 말려들 게 뻔해. 아니면 사직하게 되든지. 리스터가 웨이클리와 같은 견해를 취할 것이라고는 도저히 상상할 수 없으니까.〉[6] 사임에게는 걱정되는 것이 한 가지 더 있었다. 리스터가 싸움닭인 젊은 웨이클리를 이긴다고 해도, 그러면 웨이클리의 부친이 분노할지 모른다는 점이었다. 그의 부친은 런던 의학계에서 아직 상당한 영향력을 발휘하고 있었다. 샤피는 사임에게 이렇게 썼다. 〈늙은 웨이클리가 어떤 새 인물이 자신의 아들을 제치고 명성을 얻는 꼴을 그냥 두고 볼 리가 없어.〉 샤피와 사임은 리스터에게 우려하는 바를 이야기했고, 결국 리스터는 두 스승의 조언을 따라서 마감 시한까지 지원서를 제출하지 않았다.

그러자 수련의 기간이 끝난 뒤에 리스터가 무엇을 할 것인가라는 문제가 남았다. 그는 유럽을 여행한다는 원래 계획대로 할까 생각했고, 조지프 잭슨은 아들에게 그렇게 하라고 썼다. 〈대륙의 의학교들을 돌아본다는 (……) 적절히 짠 계획을 이제 방해받지 않고 자유롭게 수행할 수 있잖니.〉[7] 그러나 왕립 자선 병원의 자리는 에든버러에서 떠날 마음을 먹게 할 만큼 매혹적이었지만, 유럽 여행은 그렇지 못했다. 그 대신에 리스터는 사임에게 매켄지의 외과 강의를 맡고, 왕립 병원의 보조 외과의assistant surgeon에 지원하겠다고 했다.

리스터는 사임의 수련의로서는 자격이 차고 넘쳤을지 모르지만, 아직 스코틀랜드에서 외과 진료를 할 면허를 따지 못했으므로 그의 보조 외과의가 될 자격이 안 된다는 것도 분명했다. 리스터의 제안은 사임에게도 놀라운 것이었고, 사임은 즉시 그 계획에 찬물을 끼얹었다. 그러나 리스터는 뜻을 쉽사리 꺾는 사람이 아니었다. 그는 자기 입장을 유지했다. 부친에게 보낸 편지에 그는 이렇게 썼다. 〈자신에게 주어진 기회를 이용하지 않는다면, 뭘 하겠어요? 아니, 뭐 좋을 게 있겠어요?〉[8] 그는 자신이 조금 못 미친다고 해도, 그 자리가 자신에게 딱 맞는다고 내심 생각했다. 〈처음에는 기회가 왔을 때 거의 뒤로 물러나려는 태도를 취하긴 했어요. 하지만 지금 하지 않으면 앞으로 외과의로서의 의무를 어떻게 맡겠는가 하는 생각으로 마음을 굳게 먹었어요.〉 이렇게 허세를 부리면서도, 그는 특유의 겸손한 태도를 보였다. 사임이 외과의로서 누려 온 〈성공의 십일조〉를 바라거나 기대할 수도 없다고 씀으로써 퀘이커교도인 부친에게 자신의 열망을 온건하게 피력했다.

결국 사임은 다음 보조 외과의가 되겠다는 리스터의 생각을 받아들였다. 수술의로서의 실력과 지적 호기심 양쪽으로 이미 그에게 깊은 인상을 받았으니 당연했다. 4월 21일, 리스터는 스코틀랜드 왕립 외과의 협회 회원으로 뽑혔다. 그럼으로써 에든버러에서 외과 진료를 할 면허를 얻었다. 그 직후에 그는 사임의 진료실 바로 맞은편인 러틀랜드가 3번지의 멋진 집으로 이사했다. 생계비를 계속 보조하고 있던 부친은 집세가 좀 비싸다고 생각했지만, 〈특징과 가구가 나무랄 데 없이 훌륭하고, 네 직위에 잘 어울리는 집이라는 조건〉이 충족된다면 이사를 가라고 썼다.[9] 리스터가 새 집에 자리를 잡은 뒤에, 병원 이사회는 그의 왕립 병원 임용을 확정지었다. 9월에 그는 환자에게서 첫 진료비를 받았다.[10] 클로로포름으로 마취한 뒤 탈골된 발목을 치료한 환자였다. 조지프 리스터는 이제 본격적으로 경력을 쌓기 시작했다.

■

리스터의 집이 가구 등이 잘 갖추어져 있긴 했지만, 스승의 장엄한 저택에는 한참 못 미쳤다.[11] 밀뱅크 하우스는 도심지에서 걸어서 30분밖에 걸리지 않는 곳에 있었지만, 사임과 그 가족을 방문하러 오는 이들은 시골 별장에 온 듯한 느낌을 받았다. 이 장엄한 주거지에 들어서면, 에든버러의 매연, 검댕, 소음이 즉시 사라졌다. 완만하게 비탈진 언덕들과 계단식으로 들어선 주택들이 한눈에 보이는, 담쟁이로 뒤덮인 이 저택은 사임에게 왕립 병원에서 경험한 일상적인 공포로부터 벗어나 심리적 안정을 제공했다. 그가 1840년대에 집을 구입했을 때는 몇 개의 온실과 포도원도 있었다. 세월이 흐르면서 개인 진료를 통해 부유해짐에 따라서, 그는 무화과 온실, 파인애플 온실, 바나나 온실, 2개의 난초 온실을 더 세우고, 겨울에 온실 유리를 덮을 수 있는 동시에 과일이 자랄 수 있도록 많은 보호벽을 설치했다. 날씨가 험악한 스코틀랜드의 열대 낙원 같았다.

밀뱅크 하우스는 활기찬 곳이었다. 사임은 에든버러의 의료 기관이나 과학 연구소를 방문하러 오는 친구, 동료, 여행자에게 조촐한 저녁 만찬을 제공하기를 좋아했다. 그는 큰 모임을 혐오했고, 한 번에 모이는 손님을 12명 이내로 했다. 리스터도 종종 초대되었고, 가족들은 그를 환영했다.

사임의 집안은 지금 기준으로 보면 대가족이었다. 두 번째 아내인 제미나 번과 세 자녀, 그리고 전처가 낳은 두 딸인 애그니스와 루시가 함께 살았다. 첫 번째 아내인 앤 윌리스는 몇 년 전에 9번째 아이를 낳다가 세상을 떠났다. 첫 결혼에서 낳은 자녀 중 7명과 재혼하여 낳은 아이 중 2명은 여러 질병과 사고로 사망했다. 이런 사별은 죽음 앞에서 의학이 얼마나 무능한지를 상기시키는 역할을 했다.

으레 식사 초대를 받는 것 외에도, 리스터는 사임 가족이 스코틀랜드 서해안의 롱 호수에 있는 처남의 시골집으로 여행 갈 때 함께 가자는 요청도 받았다. 리스터는 수락했는데, 단지 사임에게 환심을 사기 위해서가 아니었다. 그의 시선은 스승의 장녀인 애그니스에게 향해 있었다.

애그니스 사임은 아름다운 동생 루시에 비하면 모든 면에서 평범해 보이는 깡마르고 키 큰 여성이었다. 애그니스는 검고 긴 머리를 뒤로 대충 묶고 있을 때가 많았는데, 그럼으로써 그녀의 우아함이 더 돋보였다. 사랑에 빠진 리스터는 집에 보낸 편지에서 〈소중한 애그니스〉에 관해 쏟아 냈다.[12] 그는 부친에게 비록 사임양의 겉모습이 〈전혀 화려하지 않을〉지라도, 너무나 사랑스러운 성격이라고 했다. 〈다양한 표정 속에 특유의 순진하고 솔직하고 꾸밈없고 겸손한 정신이 있는 그대로 드러나요.〉 리스터는 가장 중요한 점이 〈건강하고 독립적인 지성이 결코 부족하지 않다〉는 것이라고 적었다. 부친에게 물려받은 자질임이 분명했다. 리스터는 새로 찾은 사랑에 몇 가지 장애가 있다고 썼다. 〈드물게, 비록 내게는 전처럼 드물지는 않지만, 그녀의 눈에서 아주 따스한 깊은 감정이 드러나곤 해요.〉

리스터의 모친과 부친은 둘의 결합을 그다지 달가워하지 않았다. 애그니스는 집안이 그렇듯이 스코틀랜드 성공회의 확고한 신자였고, 자신의 종교를 버리고 퀘이커교도가 될 의향이 전혀 없었다. 리스터의 부모는 처음부터 우려를 표했다. 조지프 잭슨은 이렇게 썼다. 〈네 사랑하는 어머니가 네가 우리를 철저히 잊을 만큼 다른 일에 빠지지 말게 하라고 설득하라고 하신다.〉[13] 그의 부친은 애그니스와 결혼할 생각임을 드러낼 만한 낌새를 전혀 보이지 말라고 경고했다. 그러면서 논리가 이길 것임을 확신한다고 덧붙였다(아마 스스로를 다독거리기 위해서였을 것이다). 〈아무렴 자신의 판단이 부조리하다면 즉시 내쳤겠지.〉

부모가 우려하고 있음에도, 리스터는 더 깊이 사랑에 빠졌다.

곧 왕립 병원의 모든 하급자들은 〈치프〉가 사임의 딸을 쫓아다니고 있음을 알아차렸다. 5월 중순의 어느 날 밤 직원 만찬이 끝난 뒤, 한 젊은이가 「빌리킨스와 그의 디나」라는 당시 인기곡의 가사를 고쳐 불렀다. 리스터가 한 정직한 여성을 거부한 뒤 수수께끼처럼 수술칼에 살해된다는 내용이었다. 그 여성이 사임의 딸임을 충분히 짐작할 수 있었다.

사임이 병원을 둘러보다가
바닥에 쓰러져 죽어 있는 조지프 리스터를 보았네
옆구리에 뾰족한 수술칼이 박혀 있었지
그가 죽으면서 흘린 피 옆에 연애편지가 놓여 있었네[14]

사임은 잘린 혈관을 〈12번씩이나〉 묶어서 리스터의 목숨을 구하려고 하지만 헛수고였다. 노래는 유쾌한 경고로 끝을 맺었다.

이제 모든 젊은 외과의는 그 경고를 받아들이지
그리고 미스터 사임에게 불복종함으로써 그런 꼴을 당하는 일도 없어
그리고 모든 젊은 부부는 이 슬픈 이야기를 듣지
조지프, 사임 양, 날카로운 수술칼을 기억해

이 패러디는 애정에서 나온 것이었고, 바꾼 가사는 리스터에게 애그니스에게 구혼할 때 신중하라고 상기시키는 역할을 했다. 그

녀의 부친은 대충 넘길 수 있는 사람이 아니었다.

리스터는 아무리 애써도 애그니스에 대한 생각을 떨칠 수가 없었다. 그러나 확고한 장애물이 하나 있었다. 성공회 신자와 결혼하려면, 퀘이커 신앙을 포기해야 했다. 7년 전만 해도 의대를 그만두고 목사가 될지 여부를 심각하게 고민하던 사람에게는 쉽지 않은 결정이었다. 고려해야 할 것은 종교적인 파장만이 아니었다. 재정적으로도 위태로워질 수 있었다. 조지프 잭슨은 아들에게 연간 경비로 300파운드를 주고 있을 뿐 아니라, 자신의 재산에서 나오는 이자 중 150파운드를 줌으로써 지원을 계속하고 있었다. 하지만 신앙을 버리겠다고 했을 때에도 부친이 계속 지원을 하리라는 보장이 없었다.

결국 리스터는 애그니스에게 구혼을 해도 재정적인 지원을 계속해 줄 수 있는지, 부친에게 솔직하게 물었다. 조지프 잭슨은 종교적 우려는 제쳐두고서, 아들을 향한 애정을 확실하게 표현했다. 〈그 애가 우리 교도가 아니라고 해도 네게 계속 지원하마. 아니라면 네게 돌아갈 유산을 얼마 전에 조정했겠지.〉[15] 그는 아들에게 청혼이 받아들여지면 가구를 구입할 돈을 주겠다고 했고, 사임이 딸에게 〈재산을 나누어 줄〉 것(본질적으로 지참금)이라고 예상하면서 그 문제는 직접 사임과 상의하겠다고 말했다.

그의 부친은 자신도 아내도 리스터가 〈우리 감정을 생각해서 퀘이커 예배에 계속 참석하는〉 것을 원치 않는다고 다시금 말했다.[16] 그는 아들이 다른 신앙을 지닌 사람과 결혼한다면 교리에 따라 정식으로 나가라고 요구를 받을 텐데, 그러기보다는 스스로 떠나는 편이 더 낫다고 말했다. 조지프 잭슨은 그쪽이 모두를 위한 최선의 길이라고 느꼈다. 그러면 리스터가 나중에 퀘이커교로 다시 돌아오겠다고 마음먹었을 때 얼마든지 돌아올 수 있을 터였다.

마음을 정한 리스터는 애그니스에게 청혼을 했고, 애그니스는 받아들였다. 애그니스는 모친과 상의하여 봄에 결혼식을 올리기로 했다. 더 일찍 신혼 생활에 들고 싶어서 안달이 난 리스터는 부친에게 결혼식 날짜가 너무 늦다고 불평했다. 자신에게 맡긴다면 당장 하겠다고 말했다. 조지프 잭슨은 가정을 꾸림으로써 얻는 혜택을 누리고자 안달하는 아들의 모습에 혀를 찼을 것이 분명하다. 그는 아들에게 장담했다. 〈너처럼 나도 일찍 하는 쪽이 더 낫다고 보지만, 날짜 정하는 일을 숙녀의 판단에 맡겨 두어야 할 이유가 있다는 점을 알게 될 거다.〉[17]

결혼 선물들이 들어오기 시작했다.[18] 아일랜드의 핌 가문은 검은 대리석 시계를 보냈고, 동생 아서는 멋진 피로연을 준비했다. 이전까지 그저 홀로 이사 다니기만 했던 리스터는 결혼 생활을 하기에 알맞은 집을 구해야 했다. 애그니스가 가져온 상당한 액수의 지참금과 조지프 잭슨에게서 결혼 선물로 받은 돈을 보태니 꽤 멋진 저택을 구입할 수 있었다.[19] 리스터는 먼젓번 집에서 몇 집 떨어진 곳에 있는 러틀랜드가 11번지에 집을 구했다. 화강암으로 덮인 조지 왕조 시대의 이 3층짜리 저택은 방이 9개였고, 입구 바로 옆에 서재가 있었다. 리스터는 이 서재를 진료실로 개조하여 환자들을 받을 생각이었다. 그는 모친에게 보낸 편지에 2층에 육아실로 쓰인 방이 있는데, 〈온수와 냉수가 나오는 수도꼭지가 달린 세면대까지 잘 갖추어져〉 있다고 적었다.[20]

1856년 4월 23일, 리스터와 애그니스는 사임의 밀뱅크 하우스 거실에서 결혼식을 올렸다. 애그니스의 여동생 루시는 훗날 〈퀘이커 친지들을 전혀 고려하지 않은〉 예식이었고, 성공회 예배까지 있어서 불편했을 것이라고 회고했다.[21] 스코틀랜드 의사이자 수필가인 존 브라운은 식이 끝난 뒤 행복한 부부를 위해 축배를 들었다. 그들의 앞날은 밝았다. 리스터가 에든버러의 떠오르는 별이었기 때문에 특히 그러했다. 축하의 말을 할 때 브라운은 선견지명이 담긴 주장을 했다. 「나는 리스터가 자기 분야에서 최고의 자리에 오를 것이라고 믿습니다.」[22]

다시 왕립 병원으로 돌아가서 일할 때, 그는 런던의 유니버시티 칼리지 병원에서 접했던 것과 동일한 문제들에 계속 직면했다. 환자들은 괴저, 단독, 패혈증, 고름혈증으로 죽어 가고 있었다. 대다수의 병원 외과의들은 좌절하면서 불가피한 것이라고 받아들였지만, 리스터는 세포 수준에서 어떤 일이 일어나는지를 더 제대로 이해하고자, 환자들의 조직 표본을 채취하여 현미경으로 들여다보기 시작했다.

다른 많은 동료처럼, 리스터도 부패가 일어나기에 앞서 심한 염증이 나타나곤 한다는 사실을 알아차렸다. 부패가 시작되면 열이 나곤 했다. 그러니 둘을 연결하는 기본 요소는 열인 듯했다. 염증은 국부적으로 열을 내는 반면, 부패가 시작되면 전신에서 열이 났다. 그러나 1850년대에는 양쪽 다 예방하기가 어려웠다. 상처를 깨끗하게 치료하는 일이 거의 없었기 때문이다.[23] 많은 의사는 〈기특한 고름〉이 치유 과정에 필수적이라고 생각할 정도였다. 게다가 의학계는 염증이 사실상 〈정상적〉인 것인지, 아니면 조치를 취해야 할 병리학적 과정인지를 놓고 논쟁을 벌이고 있었다.[24]

리스터는 염증의 배후에 있는 메커니즘을 더 제대로 밝혀 보자고 마음먹었다. 염증과 병원 감염 괴저를 연결하는 것이 무엇일까? 염증이 일어났어도 왜 어떤 상처는 부패하지 않고 어떤 상처는 부패하는 것일까? 그는 부친에게 보낸 편지에 〈건강한 상태에서 점점 붉어져서 염증이 일어나는 전이 과정을 볼 수 있으려면 염증의 초기 단계를 추적해야 하는데, 아직까지 아무도 연구한 적이 없는 듯해요〉라고 썼다.[25]

병원 외과의들은 매일 염증을 막기 위해 애썼다. 당시에는 상처를 두 가지 방법 중 하나로 치료할 수 있다고 믿었다. 이상적인 상황은 〈1차 아묾 first intention〉으로 치유되는 것이었다. 외과의가 염증과 곪음을 최소화하면서 상처의 양쪽을 봉합하는 것을 가리키는 용어였다. 한마디로 상처가 말끔하게, 당시 용어를 쓰자면 〈사랑스럽게〉 아문다는 의미였다. 아니면 상처는 새로운 육아(肉芽) 조직이나 흉터 조직이 생기면서 〈2차 아묾〉을 통해 아물 수도 있었다. 염증과 곪음을 수반하곤 하는 오래 걸리는 과정이었다. 2차 아묾을 통해 치료된 상처는 감염될, 즉 〈상할〉 가능성이 더 높았다.

외과의가 상처를 관리하는 방법은 다양했는데, 그 방법들은 그들이 염증, 곪음, 열을 이해하고 막기 위해 얼마나 애썼는지를 잘 보여 준다. 상황을 더 복잡하게 만드는 것은 때때로 부패성 감염이 예측할 수 없는 식으로 제멋대로 일어나곤 한다는 사실이었다. 어떤 상처는 의학의 도움을 거의 받지 않고서도 잘 아무는 반면, 어떤 상처는 붕대를 자주 갈고 죽은 조직을 제거해도 치명적인 상황으로 악화되곤 했다. 많은 외과의가 주목한 현상이 하나 있는데, 피부에 상처가 전혀 없이 뼈만 부러졌을 때는 순조롭게 치유가 되곤 한다는 점이었다. 이는 바깥에서 무언가 상처로 들어온다는 가설을 뒷받침했으며, 그래서 상처에 공기가 닿지 않도록 하기 위한 〈가림법 occlusion method〉이 인기를 끌게 되었다.

가림법은 환자를 치료하는 외과의의 선호도에 따라서 다양한 방식으로 할 수 있었다. 첫 번째는 소 창자의 외막으로 만든 이른바 금박공 가죽 goldbeater's skin이나 달라붙는 석고 같은 마른 붕대로 상처를 완전히 감싸는 것이었다. 1차 아묾으로 상처가 치유된다면, 이 방법은 성공적이었다. 그러나 곪음이 일어난다면, 부패성 독소(오늘날의 용어로 말하면 세균)가 붕대 안에서 빠져나갈 수가 없어서 방향을 틀어 환자의 혈액으로 들어가 패혈증이 일어날 터였다. 그런 일이 일어나지 않도록, 일부 외과의는 독소를 방출시켜서 깨끗이 하기 위해 〈반복해서 여는 가림법〉이라는 방법을 써서 붕대를 계속 다시 열곤 했다. 로버트 리스턴은 1840년대에 〈환자를 계속 자극하고, 때로는 그 행위 때문에 환자가 통증, 고름, 소모열에 시달리다가 사망한다〉라고 하면서 그 방법을 비

난했다.[26]

많은 외과의는 가림법이 상처 안에 열을 가둔다고 반대했다. 염증을 막아야 할 때 오히려 염증을 부추긴다는 것이었다. 또 그들은 상처 부위를 완전히 뒤덮지 말아야 한다고 믿었다. 붕대가 〈썩은 고름으로 쌓일 것이고, 피가 섞인 제대로 소화되지 않은 악취 나는 물질로 가득해질 것이며〉 그럼으로써 상처가 더 상할 것이라고 보기 때문이었다. 사임은 방류가 일어날 작은 구멍을 남기고 상처를 꿰매는 쪽을 선호했다. 꿰맨 뒤에는 마른 아마천으로 구멍을 덮고서 나머지 부위는 꽁꽁 싸맸다. 그런 상태로 나흘 정도 놔두었다가, 상처가 아물 때까지 아마천을 이틀마다 갈았다.

몇몇 외과의는 〈물 붕대 *water dressing*〉, 즉 습식 붕대를 선호했다. 상처를 서늘하게 함으로써 염증의 열을 없앤다고 믿었다. 상처에 직접 물을 뿌리려 하는 외과의들도 있었고, 심지어 환자의 온몸을 물에 담그고서 계속 물을 갈기도 했다. 이 방법은 고름이 생성되자마자 우발적으로 제거하기 때문에 가장 성공적이라고 드러나긴 했지만, 비용이 많이 들고 거추장스러웠으며, 물이 뜨거워야 하는지, 미지근해야 하는지, 차가워야 하는지를 놓고 견해 차이가 심했다.

가장 큰 문제는 외과의의 대다수가 상처 감염을 막으려고 애썼지만, 애초에 왜 감염이 일어나는지를 놓고 의견이 분분하다는 점이었다. 공중에 있는 어떤 독소가 원인이라고 믿는 이들도 있었지만, 그 독소가 실제로 어떤 특성을 지녔는지는 저마다 생각이 달랐다. 한편, 감염이 자연 발생 과정을 통해 무에서 새로 생길 수 있다고 생각한 이들도 있었다. 환자가 이미 쇠약해진 상태에서는 더욱 그렇다고 보았다.

얼마 전부터 의료계의 거의 모든 사람들은 병원 환경이 감염률을 높이는 요인이라고 생각하고 있었다. 19세기 들어서 병원이 커짐에 따라 입원하는 환자들의 수와 유형도 늘어났다. 1846년에 마취제가 등장한 이후로는 더욱 그러했다. 마취제 덕분에 외과의들은 그 혁신 이전에는 감히 하지 않았을 수술까지 더 자신 있게 시도했다. 병동에 환자가 아주 많았기에, 병원을 깨끗이 하기가 점점 더 어려워졌다. 중요한 교과서인 『내과, 외과 및 관련 과학들의 연감Year-Book of Medicine, Surgery, and Their Allied Sciences』은 독자들에게 이렇게 조언할 필요성을 느꼈다. 〈괴저성 상처에 쓰였던 붕대와 의료 기구는 가능하다면 재사용하지 말아야 한다. 그리고 붕대, 리넨, 천은 감염된 환자가 누워 있는 병실에서 준비하거나 그곳에 보관하지 말아야 한다. 이런 질병들이 이미 발생한 곳에서는 침대보, 담요, 리넨을 자주 갈아 주는 것도 대단히 유용하다.〉[27]

오늘날 우리가 병원에서 기대하는 수준의 위생은 아예 존재하지 않았고, 리스터가 일하기 시작한 왕립 병원에서는 확실히 그랬다. 그래서 염증과 감염의 특성을 이해할 길을 찾는 것이 전보다 더욱 중요해졌다.

■

결혼 첫해에 애그니스는 신혼집에서 보이는 개구리의 모습에 점점 익숙해져 갔다.[28] 남편은 신혼여행 때 양서류에 푹 빠져들기 시작했다. 유럽으로 4개월간 신혼여행을 떠나기 직전에, 신혼부부는 킨로스에 있는 한 숙부의 집에 들렀다. 에든버러에서 마차로 하루 거리에 있는 곳이었다. 리스터는 현미경을 가져갔다. 그러고는 숙부의 저택 바로 바깥에서 개구리를 몇 마리 잡아와서 임시로 설치한 실험실로 가져왔다. 염증 발생 과정을 더 잘 이해하는 데 도움이 되기를 바라면서 일련의 실험을 시작하기 위해서였다. 여생을 매달리게 될 주제 말이다. 리스터에게는 불행하게도(그리고 개구리들에게는 다행스럽게도) 개구리들은 달아나는 데 성공했다. 하인들이 개구리들을 잡으러 온 집 안을 들쑤시며 다니는 소동이 벌어졌다. 신혼여행에서 돌아온 뒤, 리스터는 실험을 재개했다. 이번에는 러틀랜드가 자택의 1층에 꾸민 자기 실험실에서였다. 그는 부지런한 아내의 도움을 받으면서 지치지 않고 일했다. 애그니스는 때로 그의 사례집에 그가 하는 말을 꼼꼼히 받아 적기도 했다. 사실 연구 외에는 다른 일을 할 시간이 거의 없는 듯했다.

이때까지 리스터는 현미경으로 주로 죽은 조직을 검사했다.[29] 이 표본들은 그가 왕립 병원에서 치료하던 환자들로부터 채취하기도 했고, 때로는 자기 몸에서 직접 채취하기도 했다. 그러나 그에게 진정으로 필요한 것은 다양한 상황에서 혈관이 정확히 어떻게 반응하는지를 이해하기 위한 살아 있는 조직이었다. 이는 상처 치유 과정과 수술 후 감염의 원인을 이해하기 위한 중요한 단계였다. 그는 다시 한번 살아 있는 개구리를 연구하기로 했다. 이번에는 그 주제를 연구할 개구리를 확보하기 위해 도시 중심부의 동쪽인 더딩스턴 호수로 향했다. 그때부터 그는 수세기 동안 외과 분야의 골칫거리였던 수수께끼를 풀기 시작했다.

리스터의 염증 연구는 앞서 UCL 교수 휘턴 존스가 했던 연구를 연장한 것에 해당했다.[30] 존스는 박쥐 날개와 개구리 발의 물갈퀴를 이루는 투명한 조직을 써서 말초 혈관을 현미경으로 관찰했다. 자신을 가르쳤던 그 교수처럼, 리스터도 감염이 시작되기에 앞서 모세 혈관에서 피의 흐름이 느려지는 듯하다는 것을 알아차렸다. 그가 이해하고자 한 것은 염증이 건강한 부속지의 혈관과 혈액 흐름에 어떻게 영향을 미치는가였다. 집 실험실에서 그는 접안렌즈 현미경으로 혈관의 지름을 재면서 개구리 물갈퀴에 다양한 양상으로 상처를 내보며 일련의 실험을 했다. 그는 따뜻한 물에서부터 점점 온도를 올려서 이윽고 끓는점에 이르기까지, 물갈퀴에 다양한 자극을 주기도 했다. 또 클로로포름, 겨자, 파두유, 아세트산이 물갈퀴에 미치는 효과도 실험했다.

그의 실험에서 중요한 점은 중추 신경계가 염증에 관여한다는 사실을 정확히 파악해 가고 있었다는 것이다. 이 점을 더 제대로 이해하기 위해, 리스터는 커다란 개구리를 해부하여 척수를 훼손하지 않은 채 뇌 전체를 들어냈다. (영국에서 과학 조사를 위해 살아 있는 동물을 해부하는 행위는 역사가 꽤 깊었다. 왕립 협회의 창립 회원이자 현미경 연구의 선구자였던 로버트 훅은 1664년 떠돌이 개를 실험대에 묶고서 그 겁에 질린 동물의 가슴을 도려냈다.

가슴 안을 들여다보고 호흡의 메커니즘을 더 잘 이해하기 위해서였다. 실험을 시작하기 전에 훅이 몰랐던 것은 허파가 근육이 아니라는 사실이었다. 그래서 가슴을 도려내고 가로막을 못 쓰게 만드는 바람에, 개의 호흡 능력까지 없앤 꼴이 되었다. 개를 살아 있도록 하기 위해, 훅은 속이 빈 막대를 목을 통해서 기관까지 밀어 넣었다. 그런 뒤 1시간 넘게 풀무를 써서 허파로 공기를 뿜어 넣었다. 그러면서 허파가 팽창하고 수축하는 방식을 꼼꼼하게 조사했다. 그러는 내내 개는 고통스럽지만 칭얼거리거나 울부짖지도 못하고 공포에 질린 채로 그를 바라보고만 있었다. 훅처럼, 리스터도 해부를 자기 분야의 필요악, 자기 연구와 환자의 목숨을 구하는 데 대단히 중요한 것이라고 보았다.)

개구리의 뇌를 떼어 낸 뒤, 그는 〈그전까지 피가 빠르게 흐르고 꽤 온전한 크기였던 동맥이 완전히 쪼그라들어서, 정맥을 제외하고 물갈퀴에 피가 전혀 없는 듯이 보인다〉라고 관찰했다.[31] 이어서 몇 시간에 걸쳐서 척수를 이리저리 만지작거렸고, 때로는 조금씩 잘라 내기도 하면서 개구리가 죽을 때까지 실험을 계속했다. 〈심장이 쇠약해진 결과, 피는 움직임을 멈추었다.〉[32] 그는 뇌나 척수 없이는 개구리의 동맥이 확장되지 않는다고 추론했다.

리스터는 자신의 발견을 에든버러 왕립 외과의 협회에 발표하기로 했다. 그러나 발표할 때가 다가오고 있었지만, 그는 아직 흡족할 만치 그 실험의 결론에 도달하지 못한 상태였다. 스코틀랜드로 젊은 부부를 방문하고 있던 부친은 발표 전날 밤까지도 아들이 발표문의 절반만 겨우 완성했고, 〈3분의 1은 즉석에서 지어

내야 한다〉는 것을 눈치 챘다.[33] 그러나 준비가 덜 되었음에도 논문은 순탄하게 발표되었고, 이어서 『왕립 협회 철학 회보』에 실렸다.

논문에서 리스터는 〈직접 자극을 통한 염증의 양이 1차적인 아묾에 필수적이다〉라고 결론지었다.[34] 다시 말해, 베이거나 골절이 일어났을 때 상처가 아물지 않으면 염증이 생길 것이라고 예상할 수 있으며, 사실상 염증이 몸의 자연적인 치유 과정의 일부라는 것이었다. 반드시 부패에 앞서 상처에 염증이 일어나는 것은 아니었다. 휘턴 존스의 결론과 정반대로 리스터는 개구리 다리의 혈관 상태가 척수와 연수의 통제를 받으며, 따라서 중추 신경계가 염증에 직접적으로 영향을 미칠 수 있다고 주장했다.[35] 쉽게 말하자면, 리스터는 염증이 두 종류라고 믿었다. 국소적 염증과 신경성 염증이었다.

리스터는 결론 부분에서 개구리 실험 관찰 과정을 죽 나열하면서 끓는 물이나 수술 절개로 피부에 생긴 외상 같은 임상적 상황과 연관 지어 설명했다. 이런 초기 연구들은 나중에 그가 상처 치유와 감염이 조직에 미치는 영향을 임상적으로 연구할 때 중요한 역할을 했다.[36] 그는 염증에 두 종류가 있다고 믿었다는 점에서는 틀렸지만, 그 근본적인 연구를 통해서 염증이 조직의 활력 상실에 미치는 효과를 더 잘 이해하게 되었다. 그리하여 이 연구는 손상된 조직에서 왜 부패가 일어날 가능성이 높은지를 그가 이해하는 데 대단히 중요한 기여를 했다.

왕립 외과의 협회에서 강연을 한 뒤에도, 그는 왕립 병원에서

환자를 치료하거나 학생들을 가르치지 않을 때에는 개구리 실험
에 계속 매달렸다. 애그니스의 도움을 받으면서였다. 조지프 잭
슨이 아들에게 이렇게 편지를 보낼 정도였다. 〈불쌍한 개구리를
실험하는 것이 더 필요할 만큼 (……) 어떤 새로운 점들을 발견
했는지 묻고 싶구나.〉[37] 리스터가 세세한 부분까지 철저하고 꼼
꼼하게 주의를 기울이는 바람에 중요한 연구 결과가 제때 발표되
지 못한 사례는 이것만이 아니었다. 그럼에도 결혼한 뒤로 첫 3년
동안 그는 논문 15편을 발표했고, 1858년에만 9편을 내놓았다.
모두 자신의 독창적인 발견에 토대를 두고 있었고, 염증의 기원
과 메커니즘을 생리학적으로 상세히 조사하여 나온 것들이 많았
다. 그럼으로써 그는 선구적인 업적으로 이어질 확고한 토대를
마련했다.

7장
청결과 찬물

외과의는 농부와 비슷하다. 밭에 씨를 뿌린 뒤, 자연력 앞에

자신이 무력하다는 사실을 잘 알고서 무엇을 수확할지 모르지만

꾹 참고 기다리다가, 이윽고 거둬들인다.

자연은 비, 태풍, 우박 폭풍을 가져올 수도 있다.[1]

— 리하르트 폰 폴크만

1859년 7월, 제임스 로리 — 59세의 글래스고 대학교 임상 외과 흠정(欽定) 교수 — 는 마비 발작을 일으키는 바람에 움직이지도 말하지도 못하는 상황에 놓였다. 그는 그 대학교의 저명인사였고, 유명한 의료 선교사이자 탐험가인 데이비드 리빙스턴도 가르쳤다. 외과계의 많은 이들이 탐내는 로리의 자리가 갑자기 비게 되었다.

리스터는 즉시 그 소식을 부친에게 알렸다. 〈건강 상태가 그러하니까 (⋯⋯) 그 자리에 그리 오래 있을 수가 없을 거예요.〉[2] 그

는 그 자리에 지원할 생각을 하고 있다고 했다. 그런 영예로운 자리에 있으면, 에든버러에서는 아직까지 할 수 없었던 수익이 남는 개인 진료를 글래스고에서 할 수 있게 될 터였다. 게다가 리스터는 글래스고 병원에서 일하는 친구들의 도움을 받으면 그 병원에 외과의로도 임용될 수 있을 것이라고 생각했다.[3] 그는 그 자리를 확보한다면 나중에 생길지 모를 〈런던의 자리에 임용될 자격이 더 갖추어질〉 것이라는 확신이 든다는 점이 가장 중요하다고 부친에게 썼다.

그러나 한 가지 문제가 있었다. 글래스고로 옮겨 가면, 지난 6년 동안 친구이자 동료, 장인이었던 사람과의 협력 관계도 끝나게 된다는 것이었다. 그는 부친에게 한탄했다. 〈에든버러를 떠난다면, 특히 아시다시피 내가 너무나 존경하는 분인 장인어른 곁을 떠난다면 몹시 가슴이 아프겠지요.〉[4] 또 리스터는 지난 몇 년에 걸쳐 함께 쌓아 온 스승과의 관계 및 그 수술 방법이 자신에게 어떤 의미가 있는지도 이야기했다. 〈제가 여기 머물면서 병원에서 장인어른을 돕는다면 더 좋아하실 게 분명해요……. 수술 쪽으로는 저만큼 장인어른과 호흡이 잘 맞는 사람이 이곳에는 없으니까요.〉 그렇지만 이 32세의 외과의는 글래스고에서 교수가 될 기회가 눈앞에 놓여 있다는 사실을 외면할 수가 없었다. 그는 사임 및 왕립 병원에 갖는 애착을 떨어내고서 그 자리에 지원했다.

뛰어난 능력을 갖춘 7명이 더 그 자리에 지원했다. 글래스고에서 5명, 에든버러에서 2명이었다. 게다가 영국의 모든 흠정 교수직은 내각의 대신이 임용하므로 상황이 더 복잡했다. 대신이 어느 후보자가 가장 적합한 자격을 갖추고 있는지, 또 그 자리의 구체적인 요구 조건이 무엇인지를 제대로 파악하고 있을 가능성이 적었기 때문이다. 사임은 특유의 간결한 말로 사위에게 인자하게 조언했다. 「정밀성, 극도로 정확한 관찰력, 매우 건강한 판단력을 엄격하게 견지하면서 비범한 손놀림과 실용적인 마음 자세와 결합하게.」[5]

시간은 계속 흘렀지만, 누가 임용될 것인지 아무런 소식도 들리지 않았다. 그러다가 12월에 리스터는 믿을 만한 친구로부터 흠정 교수 자리가 자신에게 돌아올 것이라고 알리는 비밀 편지를 받았다.[6] 그는 몹시 기뻐했지만, 1월에 『글래스고 헤럴드』에 아직 결론이 내려지지 않았다는 기사가 실리는 바람에 기운이 빠지고 말았다. 기사에는 그 도시의 두 국회 의원이 의학계에 공개 회람시킨 편지가 있다고 적혀 있었다. 의원들은 지역 의사들에게 〈어느 후보자가 그 자리에 가장 적합하다고 생각하는지, 명단에 가위표를 해서 알려 달라〉고 했다.[7] 그러자 부패와 연줄이 작용할 것이라는 우려가 쏟아졌다. 글래스고 의사들이 후보자를 고른다면, 리스터 같은 외부 인사들은 불리할 것이 뻔했다.

항의의 목소리는 점점 커졌다. 윌리엄 샤피, 존 에릭 에릭슨, 제임스 사임도 리스터가 가장 걸맞은 후보자라고 편지를 썼다.[8] 그 사설이 나온 지 열흘 뒤, 리스터는 내무 장관으로부터 로리의 자리를 맡아 달라는 공식 전갈을 받았다. 다음 날 그는 몹시 기뻐하는 어조로 부친에게 편지를 보냈다. 〈드디어 반가운 편지가 도착했어요……. 여왕께서 내 임용을 승인하셨대요.〉[9] 리스터는

〈기다린 기간이 길었던 만큼 두 배, 아니 세 배나 더 기쁘다〉라고 적었다. 행복한 결과였기에, 그는 그 결정으로 글래스고가 편협하고 당파적인 곳이라는 평판도 사라지게 되었다고 믿었다. 그는 자기 부부가 새 도시에서 잘해낼 것이라고 믿었다.

글래스고는 에든버러에서 65킬로미터밖에 떨어져 있지 않았다. 두 도시의 중앙에는 유서 깊은 대학교가 자리하고 있었지만, 글래스고의 지적 분위기는 리스터가 사임 곁에서 일하면서 친숙해진 에든버러의 분위기와 전혀 딴판이었다. 글래스고 의학계는 사색적이기보다는 권위적이었고, 모험적이기보다는 보수적이었다.[10] 혁신을 쉽게 받아들이려 하지 않았다. 리스터는 대학교에서 더 인습적인 사고를 고수하는 이들 사이에서 자리를 잡기 위해 고군분투하게 된다.

리스터가 취임식장에 들어섰을 때, 대학교의 저명인사들이 방에 가득했다. 곧 그의 동료가 될 사람들이었다. 그들은 새 임상 외과 교수의 첫 강연을 듣기 위해서 모인 것이었다. 리스터는 걱정하고 있었다. 바로 전날, 그는 라틴어로 논문을 발표해야 한다는 말을 들었다. 의학자라면 자기 학업의 폭을 보여 줄 수 있어야 한다는 믿음에서 나온 전통이라는 것이었다. 당대의 한 학자는 이렇게 썼다. 〈의사나 과학자가 되려면 먼저 인간이자 신사가 되어야 한다.〉[11]

리스터는 그 중요한 강연을 준비하느라 밤늦게까지 애를 써야 했다. 관중 앞에 선 지금, 그는 애그니스의 조언에 따라서 들고 온 라틴어 사전을 초조하게 꽉 움켜쥐고 있었다.[12] 설상가상으로 말을 더듬는 습관까지 다시 튀어나오지 않을까 걱정스러웠다. 전에도 몹시 긴장할 때면 종종 튀어나오곤 했다. 그러나 막상 강연을 시작하자, 그의 입에서는 유창하게 말이 흘러나왔다.[13] 라틴어 단어들이 놀라울 만치 수월하게 입에서 굴러 나왔다. 그가 논문의 다음 단락을 더 읽으려 하자, 총장이 일어나서 그만해도 된다고 말했다. 논문의 첫 몇 단락을 읽는 것으로 요구 조건을 이미 충족시켰으니 되었다는 것이다. 그렇게 그는 첫 시험을 통과했다.

글래스고 대학교가 보수적인 쪽으로 치우쳐 있긴 해도 변화는 일어나고 있었다. 최근에 임용된 교수들에 힘입어서 신입생도 늘어났고, 그 덕분에 좀 낙후되어 있다는 평판도 줄어들고 있었다. 훗날 열역학 제1법칙과 제2법칙을 정립함으로써 켈빈 경이라고 알려지게 될 윌리엄 톰슨은 1846년에 자연철학 교수로 임용되었다. 그는 실험실과 실험을 강조하는 분위기를 조성했다. 2년 뒤, 앨런 톰슨이 해부학 교수로 왔다. 그는 그동안 정체되어 있던 대학교 교과 과정에 현미경 해부학 강의라는 새로운 과목을 추가했다. 이런 변화들에 힘입어서, 대학교에는 의대생들이 꾸준히 늘어나기 시작했다. 리스터가 교수진에 합류했을 때, 등록된 학생은 311명이었다. 20년 전보다 거의 3배나 늘어난 상태였다.[14] 그 중 절반 이상은 리스터의 새 전신 외과 강의를 신청했다. 그 결과 영국에서 가장 많은 학생이 듣는 강의가 되었다.[15]

대학교는 이런 갑작스러운 학생 증가에 대처할 준비가 되어 있지 않았다. 에든버러가 강의실과 교육 설비를 개선하는 쪽으로 많은 예산을 투입한 반면, 글래스고는 그 방면으로 투자를 거의 하지 않았다.[16] 리스터는 해부 표본, 모형, 그림을 이용해야 하는 실용적인 교육 방법을 쓰고자 했는데, 자신에게 배당된 강의실이 너무나 미흡하다는 것을 알았다. 그는 사비를 써서 강의실을 고치기로 결심했다.[17] 강의실 옆에 자신이 모은 특별한 표본들을 보관할 수 있는 〈대기실〉도 마련했다. 책상과 의자도 교체했고, 강의실 전체를 말끔하게 청소하고 페인트칠도 다시 했다. 애그니스도 강의실을 개보수하는 일을 도왔다. 그녀는 5월에 리스터의 모친인 이사벨라에게 이렇게 편지를 썼다. 〈정말 멋져요……. 문 3개를 녹색 베이즈 천으로 감싸고, 참나무 색깔로 도드라지게 도표 틀을 짰어요. 윤기 나는 청동 손잡이도 달았고요, 도표 틀의 한쪽에는 아주 멋진 석판을 붙였고요, 반대쪽에는 멋진 뼈대를 걸었어요. 도표 틀에 명판도 몇 개 걸었고요, 참나무 탁자 위에도 준비물을 놓을 곳을 마련했어요.〉[18] 이 시설 개량은 리스터의 학생들에게 곧바로 영향을 미쳤다.[19] 그들은 강의실에 들어올 때면 모자를 벗고, 자리에 앉은 뒤에는 경건하게 침묵을 지켰다. 새로운 환경을 접하면서 그들은 교육에서도 마찬가지로 새로운 방식을 접하게 될 것이라고 기대했다.

많은 군중 앞에서 말하려니 계속 걱정이 되긴 했지만, 리스터의 첫 강의는 더할 나위 없이 성공적이었다. 그는 16세기 외과의 앙브루아즈 파레의 유명한 말을 인용하면서 말문을 열었다.[20] 〈내가 붕대를 감으면, 신이 치료를 했다.〉 이어서 수술에서 해부학과 생리학의 중요성을 강조하는 쪽으로 나아갔다. 리스터의 이야기는 유용하면서도 흥미진진했다. 그의 조카는 리스터가 UCL의 학생일 때부터 줄곧 조롱거리였던 퀘이커교도 특유의 습관적인 절제된 태도로 매우 신사답게 동종 요법을 공격할 때, 학생들이 딱 맞는 시점에서 웃음을 터뜨리곤 했다고 말했다.

강의의 주요 주제 중 하나는 팔다리가 잘린 사람이 가족이나 사회에 부담이 되지 않고 가능한 한 많은 기능을 회복할 수 있도록, 팔다리를 절단할 때 쓸 수 있는 부위를 남기는 방법에 관한 것이었다. 여기서 리스터는 자신이 스코틀랜드의 한 금욕적인 젊은이의 두 다리를 절단한 뒤 그가 댄스 파티에 가서 춤을 출 수 있었다는 이야기를 들려주었고, 강의실에는 다시 한바탕 웃음이 터졌다.[21] 강의를 마친 뒤, 리스터는 모친에게 편지를 썼다. 〈이제 그런 호의적인 도움을 받는다면 무엇이든 할 수 있다는 느낌이 들어요……. 너무나 신기하게도 강의를 하는 내내 불안한 느낌이 전혀 들지 않았다니까요.〉[22]

학생들은 즉시 새 교수를 따뜻하게 맞이했고, 새 교수는 교육자로서의 자기 역할을 더 편하게 받아들였다. 학생들은 그의 말 더듬는 경향까지 환영했다. 그 때문에 그는 천천히 말해야 했고, 덕분에 학생들은 필기하기가 더 쉬워졌다. 훗날 졸업생 중 한 명은 리스터가 학생들로부터 사실상 숭배를 받았다고 썼다. 에든버러에 있는 사임도 자기 제자가 발전했다는 소식을 들었다. 그는 사위에게 이렇게 편지를 썼다. 〈게임이 자신의 손에 달려 있다고 여겨질 수도 있네.〉 그러면서 뒤늦게 떠올랐는지 이렇게 덧붙였

다. 〈아주 편하게 게임을 즐겼으면 좋겠구나.〉[23]

임용된 직후에 리스터는 왕립 협회 회원으로 선출되었다. 이제 겨우 자기 경력의 초기 단계에 와 있는 리스터에게는 놀라운 영예였다. 앞서 부친도 색지움 렌즈를 개발한 공로를 인정받아 회원이 되었으니 더욱 특별했다. 조지프 잭슨은 자신에 이어 아들이 회원이 되었다는 소식에 뛸 듯이 기뻐했다. 로버트 보일, 아이작 뉴턴, 찰스 다윈 같은 유명 인사들의 긴 명단 아래 리스터의 이름도 적히게 된 것이다. 염증과 피의 응고 분야에서 그가 한 독창적인 연구를 인정한 결과였다. 그는 1860년 왕립 협회를 통해서 일련의 논문들을 발표했다.

리스터는 대학교에서 이 연구에 깊이 매진한 상태로 글래스고 왕립 병원 외과의 자리에 지원했다. 그는 병원에도 자리를 얻는 것이 교사로서 맡은 바 역할을 하는 데 매우 중요하다고 믿었다. 그래야 학생들에게 진짜 살아 있는 환자들을 대상으로 자신의 이론과 방법을 보여 줄 수 있었기 때문이다. 그가 교수가 되기 전에, 의료계의 친구들은 그에게 일단 학교에서 자리를 잡고 나면 왕립 병원에 임용되는 것도 거의 확실하다고 말한 바 있었다. 사실 리스터는 로리의 퇴직과 그에 따라 비게 되는 교수직 이야기를 처음 부친에게 편지로 써서 보낼 때 이 기대감도 드러낸 바 있었다. 그러니 탈락했다는 소식에 리스터가 깜짝 놀란 것도 당연했다.

리스터는 데이비드 스미스에게 이의를 제기했다. 스미스는 제화공이면서 병원 이사회 의장이기도 했다. 당시에는 거액의 기부

금을 내고서 이사 자리를 살 수 있었다. 따라서 의학적 배경이 전혀 없는 스미스 같은 사람들이 병원을 관리하는 일도 드물지 않았다. 왕립 병원 이사회는 25명의 이사로 이루어져 있었다. 의대 교수도 2명 있었지만, 나머지는 성직자, 정치인, 공공기관의 대표 등으로 이루어져 있었다. 한마디로 과학적 선견지명을 지닌 사람을 찾아보기가 어려웠다. 그러니 내부에서 그리고 근본적인 수준에서 수술 관습을 개혁하려고 애쓰는 인물인 리스터가 스미스 같은 인물과 충돌하는 것은 불가피한 일이었다. 스미스 같은 사람들에게 병원의 존재 이유는 딱 하나였다. 환자를 치료하는 일이었다. 반면에 리스터와 제임스 사임 같은 진보적인 이들에게는 병원의 존재 이유가 그것만이 아니었다. 그들에게 병원은 학생들이 실제 사례를 접하면서 배울 수 있는 곳이기도 했다.

리스터는 임상 외과 교수로서 학생들에게 병원의 병실에서 시범을 보여 줄 수 있는지 여부가 대단히 중요하다고 스미스에게 설명했다. 그래야 학생들이 이론과 현실을 통합할 수 있다고 했다. 그 자신이 바로 그런 교육의 산물이었다. 하지만 스미스는 얼토당토않은 생각이라고 했다. 「리스터 씨, 그만, 그만하세요. 그건 에든버러에서나 통용되는 생각이지요.」 그는 좌절한 외과의에게 이렇게 말했다. 「우리 병원은 치료하는 곳입니다. 가르치는 곳이 아니란 말입니다.」[24] 병원 이사들도 대부분 스미스의 말에 동의했고, 그리하여 1860년에 리스터를 탈락시키는 쪽에 표를 던졌다.

글래스고에 있는 왕립 병원의 주된 역할이 치료라는 스미스의

주장은 사실이었다. 1800년에서 1850년 사이에 그 도시의 인구
는 4배로 불어났고, 1850~1925년에도 다시 그만큼 불어나게 된
다. 1820년대에는 스코틀랜드 고지대에서 쫓겨난 사람들이 밀려
들었고, 1840년대에는 아일랜드의 감자 기근을 피해서 수많은
사람이 밀려들었다. 리스터가 올 무렵에, 글래스고는 세계 최대
의 도시 중 한 곳이었고, 런던에 이어서 〈제국의 두 번째 도시〉로
알려져 있었다. 인구 40만 명에 달하는 도시에서 유일한 큰 병원
이었기에, 왕립 병원은 점증하는 의료 수요를 따라가기 위해서
갖은 애를 쓰고 있었다.

　범죄가 난무하고 질병이 들끓는다는 점에서는 런던이나 에든
버러와 다를 바 없었다. 하지만 당시 글래스고는 영국의 대다수
도시들보다 더 심했다. 이 도시에 들른 독일의 철학자이자 언론
인인 프리드리히 엥겔스는 이렇게 썼다. 〈영국이나 다른 곳에서
인간의 타락이 최악의 단계에 이른 곳을 몇 군데 본 적이 있지만,
글래스고의 골목길에 들어설 때까지 문명국가의 어느 한 장소에
서 이토록 엄청난 양의 오물, 범죄, 비참함, 질병이 존재하리라고
는 믿지 않았다고 감히 말할 수 있다.〉[25] 그는 그곳이 〈동물에게
친절한 사람이라면 결코 말을 마구간에 들이지 않을〉 곳이라고
했다.

　글래스고는 중공업, 특히 선박 건조, 기계 공학, 기관차 제조,
금속 가공, 정유 같은 분야들이 급속도로 팽창하는 곳이었고, 그
결과 끔찍한 부상을 입고서 병원에 오는 이들이 많았다. 35세의
윌리엄 더프는 키스 플레이스의 새 정유 공장에서 촛불을 들고서

맨홀을 들여다보다가 얼굴과 상체에 심한 화상을 입었다.[26] 지역 군수 공장에서 일하던 18세의 조지프 닐은 차가 들어 있다고 생각한 주석 플라스크를 난로 위에 놓았다가 같은 일을 당했다.[27] 플라스크 안에 화약 1킬로그램이 들어 있었다는 사실을 알아차렸을 때에는 이미 때가 늦었다. 또 병원에는 머리뼈가 부서지거나, 손이 잘리거나, 높은 곳에서 떨어진 사람들도 종종 나타났다.

산업 재해와 질병 대발생의 빈도가 점점 증가하고 있었다는 점을 생각하면, 데이비드 스미스가 의대생과 그 교수가 아니라 환자를 돌보는 일이 왕립 병원의 주된 의무라고 생각한 것도 납득이 간다. 하지만 리스터 같은 사람이 병실을 교육 환경으로 삼으면 치료에 방해가 될 것이라는 스미스의 견해가 결코 보편적으로 받아들여진 것은 아니었다. 그보다 수십 년 앞서 글래스고 이외의 다른 많은 도시 병원들은 대학과 제휴함으로써 가장 명석한 최고의 의사들을 끌어들일 수 있다는 사실을 알아차렸기 때문이다.

1860년에 영국의 큰 병원들의 의료진은 대부분 자원봉사자였다. 비록 그 지위가 명성을 주긴 했지만 내과의든 외과의든 봉급을 받지 않았다. 외과의의 소득원은 주로 두 가지였다. 개인 진료와 학생들로부터 받는 수업료였다. 그리고 파리를 비롯한 각지의 병원에서 임상 교육이 발전함에 따라서, 영국 학생들도 동일한 수준의 엄밀한 교육을 받을 것이라고 기대하게 되었다. 병원 관리자들은 의료진이 병실에서 학생들을 가르치도록 허용한다면, 더 저명한 내과의와 외과의를 끌어들일 수 있으리라는 것을 알았다. 그런 유인이 없다면, 돈 한 푼 지불하지 않는 병원에 굳이 시간과 전문 지식을 제공할 동기를 거의 느끼지 못할 이들을 말이다. 글래스고 왕립 병원은 리스터가 외과의 자리에 지원할 당시에 그런 견해에 동의하지 않고 있었다. 그 병원이 대학교 가까이에 있다는 사실에 비추어 볼 때 더욱더 불합리한 일이었다. 단순히 교류만 해도 상호 유익한 제휴가 이루어졌을 텐데 그러했다.

몇 달이 지났지만, 리스터는 아직 그 도시의 병원에서 정식으로 환자를 맡지 못하고 있었다. 이렇게 지체되자 학생들도 당혹스러워했다. 병동에서 리스터의 임상 교육을 통해 얻는 혜택을 누리지 못한다는 뜻이었기 때문이다. 학생들은 그를 학생회의 명예 회장으로 추대할 만큼 그의 강의에 푹 빠져 있었다. 겨울 강의가 끝날 무렵, 학생들은 너무나도 존경하는 그 교수를 자신들이 어떻게 평가하고 있는지를 보여 주기 위해 나섰다. 학생들은 그가 조속히 왕립 병원에 임용되기를 바란다는 공동 선언문을 발표했다. 〈신예 교수와 병원 자체를 위해 우리의 바람을 표현하고자 합니다. 교수님의 능력에 걸맞게 왕립 병원 외과의 임용이 조속히 이루어지기를 바랍니다.〉[28] 무려 161명의 학생이 서명을 했다.

리스터는 대학교에서 가르치기 시작한 지 거의 2년이 지난 뒤에야 글래스고 왕립 병원에서 환자들을 맡게 되었다.[29] 그 뒤로도 병원의 관리자 중 몇몇은 계속 항의를 했다. 그들은 진보주의자라는 리스터의 명성이 점점 커져 가는 데 우려를 표했다. 그래도 리스터는 이 전투에서 승리했다. 그러나 아직 전쟁에서는 아니었다.

1861년 리스터는 마침내 그 병원에 들어섰다. 새 외과 병동이 막 지어진 참이었다. 원래 그 병원은 병상이 136개였지만, 이 증축으로 572개로 늘었다.[30] 에든버러 왕립 병원보다는 2배, 리스터가 학생 때 교육을 받던 런던의 병원보다는 4배 더 큰 규모였다. 외과의마다 여성 병실 1곳과 남성 병실 2곳을 맡았고, 남성 병실은 급성 증상과 만성 증상을 치료하는 곳으로 나뉘었다. 지은 지 몇 달밖에 안 되었지만, 외과 병실은 리스터가 일한 병원 중에서 가장 비위생적인 곳임이 곧 드러났다.[31] 한 동료는 이렇게 적었다. 〈새로 지었다고 해서, 감염된 상처라는 만연하는 질병이 침입하지 못하는 것은 아니었다.〉[32]

2차 출혈, 패혈증, 고름혈증, 병원 감염 괴저, 파상풍, 단독 같은 너무나 친숙한 적들은 언제나 병동에 있었다. 상처는 으레 감염되어 곪기 마련이었다. 리스터의 남성 급성 환자 병실은 1층에 있었다. 바로 옆에는 앞서 콜레라가 대유행할 때 죽은 이들의 썩어 가는 시신들이 흘러넘치고 있는 묘지가 있었다. 병실은 묘지와 얇은 벽 하나를 사이에 두고 있을 뿐이었다. 그는 〈관들이 가장 맨 위까지 층층이 쌓여서〉 지표면 몇 센티미터 아래까지 올라왔다고 불평하면서, 〈이 고상한 건물이 너무나 건강하지 못하다는 사실에 모두가 실망했다〉라고 말했다.[33] 또 병원 전체에 손과 수술 도구를 씻는 설비가 거의 없었다. 리스터의 수련의는 이렇게 회고했다. 〈거의 모든 상처가 곪아서 악취를 풍기던 그 시대에는 붕대와 더듬자 작업을 다 끝낸 뒤에야 손과 기구를 깨끗이 닦는 것을 당연시했다.〉[34] 모든 것에 한 꺼풀 때가 묻어 있었다.

1860년대의 병원들이 대개 그러했듯이, 왕립 병원에도 너무 가난해서 개인 의료를 받을 수 없는 환자들이 몰렸다. 교육을 받지 못하고 글을 모르는 이들도 있었다. 많은 의사는 그들을 사회적으로 열등하다고 여겼고, 때로는 비인간적이라고 할 만큼 무심하게 치료를 했다. 반면에 퀘이커교도 출신인 리스터는 병동의 환자들에게 유달리 연민 어린 태도를 보였다. 그는 각 환자를 가리킬 때 〈사례case〉라는 단어를 쓰는 것을 거부하고, 대신에 〈이 가여운 남성〉이나 〈이 선량한 여성〉 같은 표현을 썼다.[35] 또 그는 학생들에게 〈말이나 낌새로 어떤 식으로든 불안감이나 경계심을 일으키지 않도록 전문 용어〉를 쓰라고 권장했다.[36] 오늘날에는 오히려 비윤리적이라고 여겨질 것이 분명하지만, 리스터의 입장에서는 오로지 동정심에서 나온 행동이었다. 그의 한 학생은 리스터가 수술실에 칼이 가득 담긴 통을 가리지 않은 채로 가져온 조수를 훈계하던 일을 회고했다. 리스터는 재빨리 수건을 던져서 통을 가린 뒤, 안타까운 어조로 천천히 말했다. 「어찌 그렇게 이 가여운 여성의 감정을 고려하지 않은 무자비한 행동을 할 수 있나? 가뜩이나 시련을 겪어야 하는데, 예리한 칼날들을 보여 줌으로써 쓸데없이 고통을 가중시킬 필요가 있냐는 말일세.」[37]

리스터는 입원하는 것이 끔찍한 경험이 될 수 있음을 이해하고서 나름의 철칙을 정해서 따랐다. 〈모든 환자는 가장 타락한 환자까지도 마치 왕세자인 것처럼 똑같이 치료와 보살핌을 받아야 한다.〉[38] 더 나아가 그는 입원한 아이들의 마음을 편하게 해주기 위해 온갖 노력을 다했다. 리스터의 수련의 더글러스 거스리는 무릎에 고름집이 나서 병원을 찾은 어린 소녀에 관한 감동적인 이 야기를 전했다.[39] 리스터가 소녀의 상처를 치료하고 붕대를 감고 나자, 소녀는 인형을 그에게 내밀었다. 그가 상냥하게 인형을 받아서 살펴보니 다리가 하나 사라지고 없었다. 소녀는 베개 밑을 더듬더니, 잘린 다리를 꺼냈다. 리스터는 그 모습을 매우 재미있다는 표정으로 지켜보고 있었다. 그는 심각한 표정으로 이 새로운 환자를 살펴보면서 고개를 저었다. 그러다가 거스리에게 바늘과 무명실을 달라고 했다. 그는 꼼꼼하게 인형의 다리를 꿰매 붙인 뒤, 말없이 흐뭇한 표정을 지으면서 인형을 소녀에게 건넸다. 〈둘 다 말 한마디 하지 않았지만, 소녀의 커다란 갈색 눈망울에 무한한 감사의 말이 담겨 있었다.〉 외과의와 아이는 서로를 완벽하게 이해한 듯했다.

고통이 치료의 불가피한 일부였던 시대에는 자신이 받고 있는 치료를 제대로 이해하지 못하고 있는 환자들에게 신뢰를 얻기가 어려울 때가 많았다. 리스터는 환자의 고통을 함께 느낀 것이 분명하지만, 그 때문에 혼란스러워한 것 같지는 않았다. 한번은 〈엘리자베스 M'K〉라고 기록된 40세의 공장 노동자가 손을 다쳐서 글래스고 왕립 병원을 찾았다. 리스터는 수술을 한 뒤, 몇 주에 걸쳐서 그녀의 손가락을 구부리려고 애썼다. 근육과 힘줄의 유연성을 회복시키기 위해서였다. 안타깝게도 여성은 그가 자신의 손가락을 부러뜨리려 한다고 오해하고는 공포에 질려서 병원 밖으로 달아났다. 그녀는 몇 달 뒤에 다시 병원을 찾았는데, 그동안 내내 부목을 대고 있었기에 손이 거의 마비되어 있었다. 무한해 보이는 인내심을 발휘하면서 리스터는 치료를 재개했고, 환자는 마침내 얼마간 손가락을 움직일 수 있게 되었다.

리스터는 위중한 환자들을 수술한 뒤에는 병실까지 따라가서, 들것에서 침상으로 옮길 때 돕겠다고 나서곤 했다. 환자를 편안하게 하기 위해 작은 베개들과 온수가 든 병도 갖추어 주면서, 직원들에게 마취된 환자가 자칫 화상을 입을 수도 있으니 물병을 꼭 천으로 감싸라고 당부하곤 했다. 수술 뒤에 환자의 옷을 입히는 일까지 돕기도 했다. 리스터의 수련의 한 명은 그가 〈환자의 요를 말끔하게 펴고 팽팽하게 하면서 세심하게 갈아 주곤 했다〉라고 썼다.[40] 리스터는 깨어 있는 환자에게는 〈이제 꽤 나으셨죠?〉라고 묻곤 하면서, 다음 환자를 보러 갔다.

개인 진료를 할 때에도 주머니 사정까지 보아 가면서 연민과 애정을 갖고 환자들을 대했다. 그래서 그는 〈상인이 상품을 위해 하는 것처럼 편의를 제공하는 일에 돈을 받아서는 안 된다〉라고 하면서, 치료한 환자나 강의를 듣는 학생에게 청구서를 끊는 일을 거부하곤 했다. 그는 자기 신앙의 목표를 돌아보면서, 외과의에게 가장 큰 보상이 환자에게 도움이 되는 행위를 함으로써 얻는 지식이라고 믿었다. 그는 학생들에게 이렇게 묻곤 했다. 〈우리가 일으키는 출혈이나 고통에 요금을 매길 것인가?〉[41]

그는 병원에서 일에 몰두하지 않을 때에는 다시 집의 실험실에서 실험을 했고, 피의 응고와 염증에 관한 여러 가지 발견을 논문으로 발표했다. 그는 피가 보통 컵에 두면 즉시 굳지만, 가황고무로 만든 관에서는 몇 시간 동안 덜 굳은 상태로 남아 있다는 것을 발견했다. 그는 혈액 응고가 〈일반적인 물질의 영향〉 때문에 일어난다고 결론지었다. 〈아주 짧은 접촉에도 혈액의 고체 성분과 액체 성분 사이의 상호 반응을 유도함으로써 혈액에 변화를 일으킨다. 그러면 혈구가 액체 성분에 엉기는 성향을 나누어 준다.〉[42] 또 그는 토끼의 눈알, 조랑말의 목정맥, 자기 환자들에게서 갓 잘라 낸 조직을 비롯하여 곪은 조직들을 현미경으로 살펴보는 일에도 몰두했다.

리스터는 몇 가지 수술 도구를 고안하여 특허를 받았다.[43] 그가 상처 관리뿐 아니라 수술 방법 측면에서도 혁신을 도모하고 있었음을 보여 주는 사례다. 상처를 꿰매는 바늘, 귀에 들어간 물체를 빼낼 수 있는 작은 갈고리, 인체에서 가장 큰 혈관인 배대동맥을 누르는 데 쓰는 나사형 지혈대도 있었다. 가장 잘 알려진 것은 동굴 집게였다. 가위처럼 고리 형태의 손잡이에 가장 작은 구멍 속 보푸라기까지 끄집어낼 수 있는 가느다란 15센티미터 길이의 날이 달려 있었다.

이런 기구들은 유용하긴 했지만, 병원의 사망률을 낮추는 데에는 별 기여를 하지 못했다. 병실에서 병원병이 발생할 때면 사람들은 우려될 만큼 무더기로 죽어 나갔다. 1863년 8월, 리스터는 닐 캠벨이라는 21세 노동자의 손목을 수술했다.[44] 그는 손을 잘라 내지 않은 채 손목의 병든 뼈를 제거하는 방법을 개발한 바 있었다. 몇 달 뒤 청년은 다시 병원을 찾았다. 손목이 다시 썩고 있었다. 리스터는 다시 수술을 했고, 이번에는 병든 뼈를 더 많이 도려냈다. 수술은 성공했지만, 캠벨은 회복되지 못했다. 수술 직후에 고름혈증이 생겼고, 결국 사망했다. 리스터는 환자들의 부패 증상을 막거나 치료할 수 없다는 사실에 점점 좌절했다. 그는 사례 일지에 줄곧 머릿속을 맴돌고 있는 의문들을 죽 나열했다. 〈오후 11시. 의문. 상처에서 나온 유독한 물질은 어떻게 정맥으로 들어갈까? 베인 정맥의 입구에 생기는 피떡이 곪는 것일까, 아니면 유독한 물질이 미세한 정맥에 흡수되어 큰 정맥으로 운반되는 것일까?〉[45]

■

조지프 리스터는 의사로서는 열심히 일하고 있었지만, 사적으로는 심란한 일을 겪고 있었다. 1864년 3월의 어느 우중충한 날에, 애그니스는 업턴의 시댁으로 향했다. 리스터의 모친인 이사벨라가 다시 심하게 앓기 시작했기 때문이다. 그녀는 아들이 깊이 연구하고 있는 여러 피부 증상 중 하나에 걸려 있었다. 바로 단독이었다. 딸들이 근처에 살고 있긴 했지만 각자 가정을 꾸리고 있어서 모친을 충분히 간병할 수가 없었다. 결혼 첫해에 리스터는 부친에게 애그니스가 임신했을지도 모른다는 편지를 보낸 적이 있지만, 아이는 태어나지 않았다. 그리고 부부는 계속 아이가 없이 살아가게 된다. 그래서 모친을 돌보는 일은 자녀가 없는 그 부부가 맡게 되었다.

한편, 그해 6월에 에든버러 대학교에 교수 자리가 하나 났다. 헌신적인 학생들이 든든히 받쳐 주는 덕에 리스터는 입지가 탄탄

했지만, 병원 이사들과는 여전히 껄끄러운 관계에 있었다. 게다가 일이 너무나 많아서 개인적인 연구를 할 시간이 거의 없어졌다. 매일 왕립 병원에 들러야 할 뿐 아니라, 매일 강의도 해야 했다. 리스터처럼 강의 계획을 꼼꼼하게 짜는 사람에게는 결코 쉬운 일이 아니었다. 더구나 의지할 사임도 곁에 없는 상황이었다. 리스터는 글래스고의 수많은 동료와 달리 결코 현상 유지에 만족하지 못하고, 뜻이 맞는 지성인과 함께 일하던 시절이 너무나 그리웠다. 그래서 에든버러에 자리가 나자 런던으로 돌아갈 기회가 다시 왔다고 생각했다. 그의 조카는 훗날 이렇게 썼다. 〈리스터는 늘 자신이 스코틀랜드에서 철새에 불과한 것이 아닐까 하는 생각을 갖고 있었고 (……) 남쪽으로 옮기는 것이 좋지 않을까 고민할 때면 글래스고보다 에든버러가 징검다리로 더 좋을 것이라고 보았다.〉[46]

다시 한번 리스터는 씁쓸한 패배를 맛봐야 했다. 자신이 탈락하고 경쟁자인 제임스 스펜스가 뽑혔다는 소식이 들린 뒤에야, 사임이 리스터에게 글래스고에 있는 편이 더 낫다고 한 이유를 알아차렸다. 그의 장인은 비록 리스터가 떨어지긴 했지만 에든버러에 지원함으로써 외과계에서 그의 명성이 좀 더 높아졌을 것이라고 믿었다.

패배감에 휩싸여 있을 무렵, 리스터는 모친의 상태가 갑자기 악화되었다는 소식까지 받았다. 위중한 상황이었기에, 그는 서둘러 짐을 꾸려서 모친의 곁을 지키기 위해 업턴으로 내려갔다. 1864년 9월 3일, 이사벨라 리스터는 단독과의 싸움에서 지고 말았다. 리스터가 자기 병원의 병실에서 그토록 끈질기게 매달렸던 바로 그 병으로 말이다.

■

아내가 세상을 떠난 뒤의 공허감을 메우기 위해, 조지프 잭슨은 자녀들과 더 자주 편지를 주고받기 시작했다. 그는 아들에게 이렇게 썼다. 〈매주 네게서 편지가 온 것을 보고, 그 편지를 읽을 수 있다는 생각에 네 가여운 아비는 흡족해지는구나.〉[47] 리스터는 부친에게 매주 편지를 쓰겠다고 약속했고, 그 약속을 충실히 지켰다.[48] 이런 편지들 중 하나에서 조지프 잭슨은 아들에게 나이를 상기시켰다. 리스터는 이렇게 대답했다. 〈말씀하셨듯이, 지금 저도 중년에 이르렀어요……. 70세의 절반이나 나이를 먹었다고 생각하니 이상해요! 게다가 세상이 이런 식으로 흘러간다면 남아 있는 절반은 지금보다 훨씬 더 빨리 흘러가겠지요. 우리를 결국에는 올바른 목표 지점까지 데려가 준다면, 얼마나 빠르든 상관없겠지만요.〉[49]

리스터가 병원병의 발병이 최소로 줄어들기를 바라면서 왕립 병원의 위생 환경을 개선하려고 시도한 것은 바로 이 무렵이었다. 병원에서 〈청결〉은 그냥 수술실의 바닥을 닦아 내고 창문을 여는 것을 의미할 때가 많았고, 왕립 병원도 예외가 아니었다. 리스터는 병실을 더 깨끗하게 할 수 있다면, 환자들이 죽어 가는 것을 멈출 수도 있지 않을까 생각했다.

그래서 그는 1860년대에 〈청결과 찬물〉 학설이라고 알려진 것을 받아들이기 시작했다. 은의 변색과 나쁜 공기 때문에 일어나는 감염 사이에 유사성이 있다고 보는 학설이었다. 이 학설의 지지자들은 찬물에 숟가락을 담그면, 황화물 피막의 형성이 지체된다는 것을 떠올렸다. 그들은 같은 논리로, 물을 끓였다가 식힌 뒤에 수술 도구와 상처 부위를 씻으면 수술 뒤 감염을 막을 수 있을 것이라고 생각했다. 특히 찬물을 강조한 것은 염증과 신열을 일으킨다고 여기는 열기를 상쇄시키기 위해서였다.

하지만 리스터가 청결에 초점을 맞춘 것은 병원병의 대발생이 병실의 유독한 공기 때문이라는 믿음과 여전히 관련이 있었다. 다른 이들은 이미 이 이론에 의문을 제기하기 시작한 상태였다. 1795~1860년 동안 세 의사가 산욕열 — 패혈증과 마찬가지로 국소 염증과 전신 염증을 동반했다 — 이 미아즈마가 아니라, 의사에게서 환자로 옮겨지는 병원성 물질 때문이라고 주장했다.[50] 이들은 병원을 엄격히 청결하게 한다면 병을 예방할 수 있을 것이라고 믿었다.

셋 중에서 가장 먼저 이 주장을 펼친 사람은 알렉산더 고든이라는 스코틀랜드인이었다. 그가 애버딘에서 일하고 있던 1789년 12월에 그 병이 대발생하여 오래 이어졌다. 3년 동안 고든은 산욕열에 걸린 여성 77명을 치료했는데, 그중 25명이 치료를 받다가 사망했다.[51] 그는 1795년에 내놓은 보고서에서 〈깊이 생각한 결과 산욕열 유행의 원인이 공기의 해로운 성분, 즉 미아즈마가 아니라〉 의료진 자체라고 주장했다.[52] 의료진이 산욕열에 걸린 사람을 진료한 뒤에 새 환자에게 그 열을 전파한다는 것이었다. 고든은 산욕열의 원인이 의사 자신에게 있는 무엇이라고 확신했다. 〈출산할 때 산파가 누구였는지, 어느 간호사가 곁에 있었는지를 알면, 어떤 여성들이 그 병에 감염될지를 예측할〉수 있다고까지 주장했다. 거의 모든 사례에서 그의 예측은 맞았다. 이 증거를 토대로 고든은 죽은 감염자의 옷과 침구를 불태우고, 환자를 돌본 간호사와 산파는 〈꼼꼼하게 몸을 씻고, 옷을 적절히 훈증한 뒤에 다시 입어야 한다〉라고 조언했다.

이 연관성을 주장한 두 번째 인물은 미국 수필가 올리버 웬델 홈스였다.[53] 그는 의사이기도 했고, 나중에 하버드 대학교 해부학 교수가 되었다. 1843년 그는 『산욕열의 전염성 The Contagiousness of Puerperal Fever』이라는 소책자를 발간했다. 그는 고든의 연구에 깊이 의존하여 논지를 펼침으로써, 고든이 그 주장을 펼친 지 50년 뒤에 그의 개념이 부활할 토대를 마련했다. 안타깝게도 홈스는 동시대 사람들에게 그 개념을 각인시키는 데 실패했고, 1850년대에 두 저명한 산과 의사들로부터 공격을 받았다. 그들은 자신들이 맞서 싸우고 있는 그 질병 자체를 자신들이 옮긴다는 주장을 개인적인 모욕으로 받아들였다.

그 뒤에 등장한 사람은 헝가리 의사인 이그나즈 제멜바이스였다.[54] 그는 홈스가 미국에서 그 책을 쓰고 있던 바로 그 시기에 빈에서 산욕열을 어떻게 막을 것인가 하는 문제를 해결했다. 제멜바이스는 그 도시의 종합 병원에서 보조 의사로 일하다가, 두 산과 병실 사이에 한 가지 차이점이 있다는 것을 알아차렸다. 한쪽은 환자를 의대생들이 돌보았고, 다른 한쪽은 산파들과 그 제자들이 돌보았다. 양쪽 병실에서 환자에게 제공되는 시설은 동일했는데, 의대생들이 돌보는 환자의 사망률이 훨씬 더 높았다. 무려 3배였다. 이 차이를 주목한 의학계 인사들은 남학생들이 여성인 산파들보다 환자를 더 거칠게 다루기 때문이라고 여겼다. 산모의 생명력을 떨어뜨림으로써 산욕열에 더 취약하게 만든다는 것이었다. 제멜바이스가 보기에는 설득력이 없었다.

1847년 그의 동료 한 명이 사후 부검을 하다가 손을 베인 뒤 사망했다. 제멜바이스는 친구를 죽인 병이 산욕열과 똑같다는 것을 알아차리고서 깜짝 놀랐다. 시신 안치소에서 일하는 의사가 출산을 도우러 올 때 병실에 〈시신 입자〉가 붙어 오고, 그것이 감염률이 급증하는 원인이 아닐까? 아무튼 제멜바이스는 이 젊은이들 중 상당수가 부검을 한 뒤에 곧바로 병원으로 와서 산모들을 돌본다는 것을 알아차렸다.

그는 산욕열이 미아즈마가 아니라 시신의 〈감염성 물질〉을 통해서 생긴다고 믿고서, 병원에 염소 처리를 한 물을 담은 통을 설치했다. 해부실에서 병실로 가는 사람들은 살아 있는 환자를 돌보기 전에 손을 씻도록 했다. 그러자 의대생들이 돌보는 병실의 사망률이 급감했다. 1847년 4월에는 사망률이 18.3퍼센트였다.[55] 의무적으로 손을 씻게 한 다음 달인 6월에는 사망률이 2.2퍼센트로 떨어졌고, 7월에는 1.2퍼센트, 8월에는 1.9퍼센트를 유지했다.

제멜바이스는 많은 목숨을 구했다. 그러나 그는 산욕열 발병이 시신 접촉을 통해 일어나는 오염과 관련이 있다는 자신의 믿음이 옳다고 의사들을 설득하는 일에는 그다지 성공하지 못했다. 그의 방법을 시험 삼아 해보자는 의향을 보인 이들도 일처리를 너무나 엉성하게 한 탓에 그리 좋은 결과를 얻지 못했다. 그는 그 주제를 다룬 책을 냈는데 부정적인 서평이 쏟아졌다. 그러자 그는 비판자들에게 폭언을 퍼부었다. 동료들은 그의 그런 행동을 너무나 괴팍하고 당혹스럽다고 여겼고, 결국 그는 정신 병원에 갇히고 말았다. 그곳에서 그는 산욕열과 손 닦기를 거부한 의사들에게 분개하다가 생을 마감했다.

사실 제멜바이스의 방법과 이론은 의학계에 거의 아무런 영향을 미치지 못했다.[56] 리스터는 그 갇힌 의사가 일했던 부다페스트 병원을 방문한 적이 있었는데, 나중에 이렇게 회고했다. 〈내가 갔을 때 제멜바이스라는 이름을 말하는 사람은 아무도 없었다. 마치 전 세계 다른 곳에서뿐 아니라 자신이 살던 도시에서조차 완전히 잊힌 듯했다.〉[57]

리스터가 아무리 애를 써도, 그가 있는 병원의 사망률은 전혀 줄어들지 않았다. 병실의 위생 환경을 개선해도 마찬가지였다. 환자들은 계속 죽어 나갔고, 그가 할 수 있는 방법은 거의 없어 보였다. 일주일 사이에 환자 5명이 고름혈증으로 사망하고, 다른 환자들은 대부분 병원 감염 괴저로 앓고 있을 때도 있었다.[58] 리스터의 수련의는 그가 신을 향한 불만에 사로잡히기 시작했다고 말했다. 〈해결할 문제의 본질을 명확히 알기 위해서 쉬지 않고 몰두했다.〉[59] 리스터의 격노는 강의실에까지 흘러넘쳤다. 그는 학생들에게 자신이 어떤 문제로 고심하고 있는지를 토로했다. 「부상을 입어도 피부가 찢기지 않은 상태라면, 환자는 예외 없이 치유되고 심각한 병에 걸리지도 않는 것을 흔히 볼 수 있습니다. 반면에 가장 심각한 유형의 질병은 아무리 사소한 부상이라고 해도 피부에 상처가 나면 언제나 따라오기 십상입니다. 대체 왜 그럴까요? 이 문제를 설명할 수 있는 사람은 불멸의 명성을 얻을 것입니다.」[60]

1864년 말, 리스터가 왕립 병원에서 환자들의 죽음을 막기 위해 애쓰고 있을 때, 동료이자 화학 교수인 토머스 앤더슨이 그를 지치게 만들고 있는 의학적 난제를 해결하는 데 도움이 될 만한 정보를 제공했다.[61] 루이 파스퇴르라는 프랑스의 미생물학자이자 화학자의 발효와 부패에 관한 최신 연구 결과였다.

8장
모두 다 죽다

자신의 목숨만큼 인간에게 중요한 과학적 연구 주제는 없다.

자신이 살아가고 행동하는 과정들에 관한 지식만큼,

일상적인 사건들에 끊임없이 요구되는 지식은 없다.[1]

— 조지 헨리 루이스

런던 가이 병원의 외과의가 조수에게 한 환자의 상태가 어떤지 물었다. 그러자 조수는 그 환자가 사망했다고 알렸다. 그런 소식에 이미 너무나 익숙했던 터라, 외과의는 이렇게 대꾸했다. 「그래? 아주 잘됐군!」 그는 옆 병실로 이동하면서 다른 환자의 상태를 물었다. 이번에도 같은 대답이 나왔다. 「사망했습니다.」 외과의는 잠시 걸음을 멈추었다. 그는 절망하여 소리쳤다. 「설마, 모두 다 죽은 건 아니겠지?」 그러자 조수가 대꾸했다. 「선생님, 모두 다 사망했습니다.」[2]

영국 전역에서 이런 장면이 펼쳐지고 있었다. 병원 내 사망률은 1860년대에 사상 최고 수준에 도달해 있었다. 병동을 청소하려는 노력은 병원병의 발병률에 거의 영향을 미치지 못했다. 게다가 지난 몇 년 사이에 질병 이론들을 놓고 의학계에서 점점 의견 충돌이 격화되고 있었다.

특히 콜레라는 미아즈마 패러다임으로 설명하기가 점점 어려워지고 있었다. 수십 년 사이에 벌써 세 차례나 콜레라가 대발생하여 영국과 웨일스에서만 거의 10만 명의 목숨을 앗아갔다.[3] 콜레라는 유럽 전역을 휩쓸면서 의학적, 정치적, 인도주의적으로 무시할 수 없는 위기를 불러일으키고 있었다. 비접촉전염론자들은 콜레라가 오염된 도시 지역에서 종종 대발생하곤 한다는 사실을 지적할 수는 있었지만, 인도 아대륙에서부터 교역로를 따라 어떻게 전파되었는지를 설명하지 못했고, 악취가 가장 적게 나는 겨울에 대발생하기도 하는 이유를 도무지 설명할 수 없었다.[4]

앞서 1840년대 말에, 브리스틀의 내과의 윌리엄 버드는 콜레라가 〈한 독특한 종의 살아 있는 생물〉이 들어 있는 오염된 하수를 통해서 퍼진다고 주장한 바 있었다. 〈그것을 삼키면, 창자에서 자가 증식한다.〉[5] 버드는 『영국 의학회지』에 발표한 논문에 〈특정한 감염병의 독소가 자연 발생적으로 출현한다〉라거나 미아즈마를 통해 공중으로 전파된다는 〈증거는 전혀 없었다〉라고 썼다.[6] 그는 콜레라가 발생하면 소독제를 쓰는 것이 가장 낫다고 조언했다. 〈환자의 몸에서 나오는 모든 것들, 몸의 유출물은 가능하다면 염화아연 용액이 든 통에 받아야 한다.〉[7]

콜레라가 자연 발생하고 공기를 통해 전파된다는 이론에 의문을 제기한 사람이 버드만은 아니었다. 외과의 존 스노도 1854년 런던 소호의 자택 주변에서 콜레라가 대발생했을 때 그 문제를 조사하기 시작했다. 스노는 발병한 곳을 지도에 표시하기 시작했고, 병에 걸린 사람들이 대부분 브로드가(지금의 브로드웍가)와 케임브리지가(지금의 렉싱턴가) 교차로의 남서쪽 모퉁이에 있는 우물에서 물을 길어 먹었다는 사실을 알아차렸다. 처음에 우물과 무관해 보였던 환자들도 나중에 관련이 있다는 것이 드러났다. 우물에서 꽤 멀리 떨어진 곳에 살던 59세 여성 환자가 그랬다. 스노는 그 환자의 아들을 만나서, 모친이 그 우물의 물맛이 좋다면서 브로드가를 가끔 가곤 했다는 말을 들을 수 있었다. 그녀는 그 물을 마신 지 이틀이 지나지 않아서 사망했다.

버드처럼 스노도 콜레라가 공기에 섞인 유독한 기체나 미아즈마를 통해서가 아니라 오염된 물을 통해 전파된다고 결론을 내렸다. 그는 그 감염병 지도를 발표하면서 자신의 이론을 뒷받침했다. 지역 당국은 몹시 회의적인 반응을 보였지만, 스노는 기어코 당국을 설득하여 브로드가 우물 펌프의 손잡이를 떼어 냈다. 그러자 콜레라 유행이 금방 수그러들었다.

이런 사례들은 질병이 오물에서 발생하여 유해한 기체, 즉 미아즈마를 통해서 전파된다는 의료계의 주된 믿음에 의문을 제기하기 시작했다. 1858년 런던의 템스강에서 약 1.5킬로미터 이내의 모든 지역이 아무리 해도 가시지 않는 지독한 악취에 휩싸이면서 더 많은 증거가 쏟아졌다. 여름의 찌는 듯한 열기에 악취는 더욱 극심해졌다. 사람들은 강과 접촉하지 않으려고 멀리 피해

다녔다. 〈대악취The Great Stink〉는 강둑에 쌓인 사람 배설물에서 나왔다. 런던의 인구가 늘어날수록 배설물이 처리되지 못하고 점점 쌓이면서 벌어진 일이었다. 전자기 연구로 유명한 과학자 마이클 패러데이는 〈표면에서 더러운 것들이 눈에 보일 정도로 아주 짙게 구름처럼 피어올랐다〉라고 적었다.[8] 그는 어느 날 오후 배를 타고 강을 내려가다가, 〈불투명한 옅은 갈색〉 물줄기가 흘러다니는 것을 보았다. 악취가 너무 심했기에 의회 의원들은 창문을 두꺼운 천으로 다 가린 뒤에야 일을 계속할 수 있었다. 『더 타임스』는 정부 관리의 말을 인용했다. 〈이 문제를 조사하기 위해 도서관의 아주 깊숙한 곳까지 들어간 이들은 손수건으로 코를 틀어막은 채 즉시 빠져나와야 했다.〉[9]

런던 주민들은 물에서 나오는 〈유독한 악취물〉(즉 미아즈마) 때문에 런던에 병이 대발생할 것이라고 여겼다. 유독한 증기를 들이마시는 바람에 사공 한 명이 이미 사망했다는 소문까지 돌았다. 목숨을 잃을까 겁이 나서 런던 밖으로 피신한 사람도 부지기수였다. 런던에 새 하수 시설을 구축할 예산을 따기 위해 여러 해 동안 애쓰고 있던 위생 개혁가들은 의회 의원들이 자신이 죽을까봐 마침내 나선다면 참으로 볼 만할 것이라고 생각했다. 하지만 기이하게도 그해 여름에는 감염병이 전혀 발생하지 않았다.

이런 사건들이 얼마간 영향을 미치면서, 1850~1860년대에는 미아즈마 이론에서 접촉감염론 쪽으로 넘어가는 이들이 눈에 띄게 늘었다. 그러나 설득당하지 않은 의사들도 아직 많았다. 스노의 조사도 콜레라가 어떻게 전파되는지 설득력 있는 메커니즘을 제시한 것은 아니었다. 그의 결론은 콜레라와 오염된 식수 사이에 상관관계가 있다는 것이었다. 그러나 다른 접촉감염론자들처럼, 스노도 물을 통해 전파된 것이 무엇인지를 명쾌하게 제시하지 않았다. 극미 동물이었을까? 독성 화학 물질이었을까? 후자라면, 템스강처럼 물이 엄청나게 많은 곳에서는 미미해질 만치 희석되지 않을까? 게다가 스노는 접촉감염론이 모든 질병을 흡족하게 설명하지 못한다고 인정하면서, 단독 같은 부패 작용을 일으키는 질병이 자연 발생할 가능성도 계속 열어 두었다.

그리하여 감염병과 유행병을 더 잘 설명할 이론을 찾아야 한다는 목소리가 점점 커지고 있었다.

아주 오랫동안 병원 감염 문제를 붙들고 있어도 도무지 해결될 기미가 보이지 않았기에, 리스터는 자신이 과연 해결책을 찾을 수 있을지 의심스러워졌다. 하지만 앤더슨 교수로부터 파스퇴르의 발효 연구 이야기를 듣고 나자, 그는 다시 낙관주의가 샘솟는 것을 느꼈다. 리스터는 즉시 유기물의 분해를 다룬 파스퇴르의 논문들을 찾아보았고, 애그니스의 도움을 받아 자택 실험실에서 그 프랑스 과학자가 했던 실험을 재현하기 시작했다. 처음으로 해답에 가까이 다가가고 있다는 것이 느껴졌다.

리스터가 직접 해보고 있던 그 실험은 9년 전에 한 지역 양조업자가 파스퇴르를 찾아오면서 시작되었다. 비고 씨는 비트 뿌리 즙으로 술을 빚어 왔는데, 발효될 때 시큼하게 변질되는 통이 너무 많았다. 당시 파스퇴르는 릴 대학교 자연과학대 학장이었다.

그는 여러 해 전에 결정의 모양, 분자 구조, 편광 효과가 서로 관련이 있음을 보여 줌으로써 뛰어난 화학자라는 명성을 얻었다. 곧 그는 살아 있는 생물만이 광학적 활성을 띠는 비대칭 화합물을 생산할 수 있다는 견해를 정립했고, 이후 분자 비대칭 연구는 생명의 기원에 관한 비밀을 푸는 열쇠가 된다.

그런데 비고는 왜 화학자에게 자문을 구했을까? 당시에는 발효가 생물학적 과정이 아니라 화학적 과정이라고 생각했기 때문이다. 많은 과학자는 당이 알코올로 바뀌는 과정에서 효모가 촉매 역할을 한다고 인정하면서도, 대다수는 효모가 복잡한 화학 물질이라고 믿었다. 비고는 아들이 그 대학교에서 파스퇴르에게 배우고 있었기에 파스퇴르의 연구를 알고 있었다. 그러니 그로서는 화학자에게 도움을 청하는 것이 당연해 보였다.

사실, 파스퇴르도 술통의 술이 상하는 이유를 조사하고픈 나름의 이유가 있었다. 예전에 그는 아밀알코올의 특성에 관심을 갖고 있었다. 그는 아밀알코올이 〈두 이성질체로 이루어진 복잡한 액체〉임을 알아차렸다.[10] 〈한쪽은 편광계에서 빛을 회전시키는 반면, 다른 한쪽은 광학적 활성을 전혀 보이지 않는다.〉 더 나아가 전자는 파스퇴르가 살아 있는 생물에게서만 생성될 수 있다고 본 바로 그 비대칭적인 특징들을 지니고 있었다. 비트 뿌리 즙에는 이 비활성과 활성 아밀알코올이 섞여 있었다. 따라서 파스퇴르는 다른 조건에서 두 이성질체를 연구할 기회를 얻은 셈이었다.

파스퇴르는 양조장을 매일같이 방문했다.[11] 이윽고 지하 저장고는 임시 실험실로 바뀌었다. 비고처럼 그도 어떤 통에서는 술이 잘 익는 반면, 어떤 통에서는 거의 썩은 냄새가 풍긴다는 것을 알아차렸다. 그런데 통을 살펴보니 안쪽이 수수께끼 같은 막으로 덮여 있었다. 뭔가 궁금해져서 파스퇴르는 각 통에서 표본을 채취하여 현미경으로 살펴보았다. 놀랍게도, 표본에 따라서 효모의 모양이 달랐다. 상하지 않은 통의 효모는 둥글었다. 상한 통의 효모는 길쭉했고, 더 작은 막대 모양의 구조물도 함께 있었다. 바로 세균이었다.[12] 또 상한 통의 술을 생화학적으로 분석하니, 적절하지 않은 조건에서는 수소가 비트 뿌리의 질산염에 달라붙어서 젖산을 생성하고, 그 젖산이 상한 냄새를 풍기고 신맛을 낸다는 것이 드러났다.

중요한 점은 광학적 활성을 띠는 아밀알코올이 효모의 활동으로 생긴다는 사실을 파스퇴르가 보여 줄 수 있었다는 것이다. 그전에 몇몇 과학자들은 그 알코올이 당에서 생긴다고 주장했다. 파스퇴르는 편광기로 측정했을 때 아밀알코올이 무생물인 당에서 기원했다고 볼 수 없을 만큼 심한 비대칭성을 띤다는 점을 보여 주었다. 그리고 파스퇴르는 생물만이 비대칭성을 낳을 수 있다고 믿었기에, 발효가 생물학적 과정이고 술이 만들어지도록 돕는 효모가 생물이라는 결론을 내릴 수밖에 없었다.

파스퇴르의 반대자들은 효모가 젖산이나 부티르산을 생산하는 당 발효에 필요 없을뿐더러 썩어 가는 고기에서 효모 생물을 볼 수도 없다고 지적했다. 그러나 술을 상하게 만드는 것은 효모가 아니었다. 술을 상하게 만드는 것은 세균(막대 모양의 미생물)

이었다. 비슷한 맥락에서, 파스퇴르는 상한 우유와 버터에서도 같은 일이 일어난다는 것을 보여 주었다. 하지만 상하게 만드는 미생물은 각각 달랐다. 그가 현미경으로 관찰하는 미생물마다 나름의 특성을 지니고 있는 듯했다.

파스퇴르의 결론은 대담했다. 효모가 생물이므로 비트 뿌리 즙에 작용한다는 말은 19세기 중반 주류 화학계의 정통 견해에 반했다. 기존 패러다임의 수호자들은 발효되는 물질에 미생물이 들어 있다는 말을 기꺼이 받아들이긴 해도, 그런 미생물이 발효 과정에서 자연 발생한다고 보기 때문에 받아들일 뿐이었다. 하지만 파스퇴르는 그런 미생물이 먼지 알갱이에 붙어서 공중으로 운반되고, 번식을 통해 생겨난다고 믿었다. 무에서 출현하는 것이 아니었다.

파스퇴르는 발효 가능한 물질을 끓여서 들어 있을 수 있는 미생물을 다 없앴다. 그런 뒤 그 물질을 두 종류의 플라스크에 담았다. 한쪽은 위가 열려 있는 보통 모양의 플라스크였다. 다른 한쪽은 목을 길게 S자 모양으로 늘여서 먼지 같은 입자들이 안으로 들어올 수 없게 만든 플라스크였다. 그는 이 두 플라스크의 입구를 열어 놓아서 똑같이 공기에 노출시켰다. 얼마간 시간이 흐르자, 첫 번째 플라스크에는 미생물이 우글거리기 시작한 반면, 고니 목을 지닌 플라스크는 오염되지 않은 상태로 유지되었다. 이런 실험을 통해서, 파스퇴르는 마침내 미생물이 자연 발생하지 않는다는 것을 입증했다. 자연 발생한다면 구부러진 목을 지닌 플라스크에서도 오염이 일어났을 것이다. 그의 실험은 현대 생물

학의 주춧돌 중 하나를 놓았다. 생물은 오로지 생물로부터 생겨
난다는 것이다. 소르본 대학교에서 자신이 발견한 내용을 발표할
때 파스퇴르는 이렇게 말했다. 「이 단순한 실험에 치명적인 타격
을 받아서 자연 발생이라는 교리는 결코 회복되지 못할 것입니
다.」[13] 머지않아 이런 다양한 미생물들을 가리키는 〈균germ〉이라
는 용어가 등장했다.

그 즉시 파스퇴르는 과학계의 대다수에게 존경받는 진지한 화
학자에서 자신이 〈무한히 작은 세계〉라고 부른 것을 주창하는 독
불장군으로 여겨지게 되었다.[14] 곧 그의 연구는 세계가 구축되고
돌아가는 방식에 관한 유서 깊은 견해를 뒤엎으려 한다고 공격을
받았다. 학술지 『라 프레스』에는 이 프랑스 과학자를 비난하는
글이 실렸다. 〈파스퇴르 씨, 내가 보기에 당신이 인용한 실험들이
당신에게 불리한 증거가 될 것 같군요……. 당신이 우리에게 받
아들이라고 하는 세계는 정말로 너무나 허황되네요.〉[15]

파스퇴르는 전혀 굴하지 않고 발효와 부패의 관계를 파헤치기
시작했다. 그는 1863년에 이렇게 썼다. 〈내 개념은 응용 가능성
이 무궁무진하다. 나는 부패성 질병이라는 엄청난 수수께끼에 달
려들 준비가 되어 있다. 늘 염두에 두고 있던 문제다.〉[16] 파스퇴르
가 감염병이라는 주제에 그토록 몰두한 데에는 나름의 이유가 있
었다. 1859~1865년에 그의 딸들 중 3명이 장티푸스로 사망했기
때문이다.

파스퇴르는 발효처럼 부패도 먼지를 통해 공중으로 운반되는

미생물이 증식해서 일어난다고 믿었다. 〈생명은 모든 단계에서 죽음을 지휘한다.〉[17] 그러나 대처해야 할 문제가 그것만은 아니었다. 파스퇴르는 의사가 아니었기에 그 방면으로 연구를 진척시키지 못하는 것을 한탄했다. 〈감염병 하나를 골라서 직접 실험에 몰두하는 데 필요한 전문 지식을 갖추고 있다면 얼마나 좋을까.〉[18] 다행히도 그의 연구는 이미 의학계에서 몇몇 소수 인사들의 주목을 끌기 시작한 상태였다. 빅토리아 여왕의 외과의인 토머스 스펜서 웰스도 그중 한 명이었다.

웰스는 리스터가 주목하기 한 해 전인 1863년에 영국 의사 협회에서 연설할 때 파스퇴르의 발효와 부패 연구를 언급한 바 있었다. 그때 웰스는 파스퇴르의 유기물 분해 연구가 부패성 감염의 원인을 파악하는 데 기여할 것이라고 주장했다. 〈파스퇴르가 말한 공기에 균이 있다는 지식을 적용함으로써 (……) 일부 균이 상처의 분비물, 즉 고름에서 가장 적절한 양분을 찾아낸다는 것과 그 양분을 흡수하여 독으로 전환함으로써 쉽게 변질시킬 수 있다는 것을 이해하기란 어렵지 않습니다.〉[19] 안타깝게도 웰스는 그 학술 대회에서 자신이 바라던 충격을 가하는 데 실패했다.[20] 웰스는 동료들에게 균이 존재한다는 것을 설득시키지 못했고, 파스퇴르의 논문을 읽은 다른 이들과 마찬가지로 부패의 균 이론을 실제로 적용하려는 시도를 전혀 하지 않았다.

그 뒤를 이어받은 사람이 리스터였다. 처음에 리스터는 파스퇴르의 연구 중에서 자신이 이미 지닌 견해를 확인하는 부분에 초점을 맞추었다. 위험이 사실상 환자 주변의 공기에 있다는 견해였다. 즉 웰스처럼 리스터도 처음에는 파스퇴르의 연구에서 병원 감염의 원천이 공기 자체가 아니라 공기에 든 미생물이라는 개념을 폄하했다. 처음에 그는 공기의 오염과 상처의 감염이 어떤 한 생물의 침입으로 일어날 수 있다고는 생각했다. 하지만 공중에 병원성의 수준이 각기 다른 엄청난 수의 균이 있다고까지는 생각하지 못했고, 균이 다양한 방식으로 다양한 매개체를 통해 전파될 수 있다는 점도 이해하지 못했다.

그러다가 리스터는 상처가 공기의 균과 접촉하는 것을 막을 수 없다는 중요한 깨달음을 얻었다. 그래서 그는 감염이 자리를 잡기 전에 상처 자체에 있는 미생물을 없애는 방법을 찾는 쪽으로 주의를 돌렸다. 파스퇴르는 많은 실험을 통해서 3가지 방법으로 균을 없앨 수 있음을 보여 주었다. 열, 여과, 소독제를 통해서였다. 리스터는 처음 2가지는 제외시켰다. 상처를 치료할 때 쓸 수가 없었기 때문이다. 그는 상처를 더 악화시키지 않으면서 균을 죽이는 효과가 가장 큰 살균제를 찾는 데 집중했다. 〈파스퇴르의 논문을 읽었을 때, 나는 스스로에게 말했다. 두피에 아무런 손상도 입히지 않는 독을 써서 서캐가 가득한 아이의 머리에서 머릿니를 없앨 수 있는 것처럼, 상처 조직의 부드러운 부위에 해를 끼치지 않으면서 세균을 없앨 유독한 물질을 환자의 상처에 바를 수 있다고 믿는다.〉[21]

외과의는 그전부터 상처에 소독제를 뿌려 왔다. 문제는 패혈증을 일으키는 것이 무엇인지를 놓고 의사들 사이에 의견이 분분했고, 일반적으로 소독제는 감염이 이미 일어난 뒤에 곪음을 억제하기 위해 쓰인다는 것이었다. 이 무렵에 『랜싯』에는 이런 기사가 실렸다. 〈예전에는 염증을 막고 (……) 치료하는 것이 진료의 큰 부분을 차지했다. 지금은 염증을 예전만큼 두려워하지 않는다. 지금의 외과의에게는 혈액 중독이 선배 의사들에게 염증이 그랬던 것만큼 끔찍한 문제이자, 염증보다 훨씬 더 크고 더 실질적인 악이다.)[22] 유감스럽게도, 혈액 중독이 염증보다 훨씬 더 위험한 것은 분명하지만, 이 기사는 근본적으로 틀렸다.[23] 염증은 곪음을 수반하며, 곪음은 혈액 중독과 패혈증의 한 증상일 때가 많기 때문이다. 염증 자체는 병이 아니며, 때로 더 불길한 것이 다가옴을 알리는 역할을 한다. 이런 구분이 이루어지기 이전의 외과의들은 굳이 감염이 일어나기 전에 소독제를 쓸 이유가 없었다. 의료계의 상당수가 염증과 고름이 치유 과정의 일부라고 믿던 시대였으니 더욱 그러했다. 정상적인 상처 치유에는 양호하고 깨끗하고 적당량의 기특한 고름이 필요하지만, 지나치거나 오염된 고름은 부패가 일어날 위험한 환경을 제공한다고 여겨졌다.

소독 물질 중에는 아예 효과가 없거나 조직을 손상시킴으로써 상처를 감염에 더 취약하게 만드는 것도 많다는 사실 때문에 상황은 더 복잡했다. 포도주와 키니네에서 요오드와 테레빈유에 이르기까지 감염된 상처를 치료하는 데 다양한 물질이 쓰여 왔지만, 일단 악취를 내뿜으면서 곪기 시작한 상처에 일관성 있게 효과를 보이는 것은 전혀 없었다. 질산 같은 부식성 물질은 부패성 감염을 막는 데는 효과적일 수 있지만, 때로 실질적인 효과가 없을 만치 너무 많이 희석해서 쓰곤 했다.

1865년의 처음 몇 달 동안, 리스터는 많은 소독액을 시험하면서 자신이 병원 감염의 원인이라고 이해한 미생물을 없애는 데 가장 좋은 것을 찾으려 애썼다. 대부분은 결과가 좋지 않았다. 염증과 고름이 이미 자리를 잡은 뒤에야 쓰였기 때문일 수도 있다. 리스터는 이런 용액들을 예방적으로 사용함으로써 그 효과를 검사하고 싶었다. 그는 먼저 당시에 가장 널리 쓰이던 물질 중 하나인 콘디액Condy's fluid을 시험했다. 콘디액은 과망간산칼륨으로서, 초기 사진사들이 섬광제로도 썼다. 리스터는 수술한 직후, 즉 감염이 일어날 기회가 생기기 전에 환자에게 콘디액을 발라서 실험을 했다. 그의 수술 조수인 아치볼드 맬럭은 훗날 이렇게 썼다. 〈리스터 씨는 한 손으로 팔다리를 들고서 꿰매었던 모든 실밥을 잘라 내어 벌어진 피부판 사이에 희석한 뜨거운 콘디액이 담긴 주전자를 기울여서 씻어 냈다. 그런 뒤 잘린 부위를 아마기름을 먹인 습포로 덮었다.〉[24] 그 화합물이 소독제처럼 작용할 수 있는 강력한 산화제이긴 했지만, 상처는 결국 곪기 시작했다. 리스터는 원하는 결과를 얻지 못했고, 그 실험을 포기했다.

그러던 어느 날, 리스터는 전에 칼라일에서 하수도 작업을 하는 기술자들이 썩어 가는 쓰레기의 냄새와 오염된 물을 대는 근처 목초지에서 나는 냄새를 없애기 위해 석탄산을 썼다는 기사를 떠올렸다. 그들은 맨체스터 왕립 연구소의 명예 화학 교수인 프레더릭 크레이스 캘버트의 권고에 따라서 그렇게 했다.[25] 캘버트는 파리에서 공부할 때 그 화합물의 기적 같은 특성을 처음 접했다. 기술자들이 뿌린 석탄산은 그 목초지에서 풀을 뜯는 가축들에게 우역(牛疫)을 일으키곤 하던 기생성 원생생물들을 죽이는 뜻밖의 혜택도 제공했다. 리스터는 〈도시의 오수에 석탄산을 뿌림으로써 나온 놀라운 효과에 충격을 받았다〉고 썼다.[26] 석탄산이 그가 찾던 살균제일 수 있을까?

페놀이라고도 하는 석탄산은 콜타르에서 얻는다. 1834년에 처음 발견되었는데, 크레오소트라는 덜 정제된 형태로 철도 침목과 배의 목재를 보존하는 소독제로 쓰였다.[27] 영국의 외과에는 알려지지 않은 물질이었다. 하지만 석탄산은 식품 보존제, 때로는 구충제, 때로는 탈취제 등 무차별적으로 쓰이곤 했다.

리스터는 늘 온갖 것을 지니고 있는 토머스 앤더슨에게서 석탄산을 좀 얻어서, 현미경으로 그 특성을 관찰했다. 그는 곧 환자를 대상으로 효과를 검사하려면 그 화합물이 많이 필요하리라는 것을 깨달았다. 앤더슨은 그가 맨체스터의 캘버트와 직접 접촉하도록 주선했다. 캘버트는 가열하면 액화하는 하얀 결정 형태로 석탄산을 소규모로 제조하는 일을 막 시작한 참이었다. 캘버트는 오래전부터 콜타르를 의료계에서 써야 한다고 주장해 왔다. 특히 상처를 덮고 해부용 시신을 보존하는 용도로 쓰자고 했다. 그랬기에 그는 흔쾌히 리스터에게 석탄산을 보냈다.

얼마 지나지 않아 리스터가 환자에게 석탄산을 시험할 수 있는 기회가 왔다. 1865년 3월, 그는 왕립 병원에서 환자의 손목에서 카리에스(썩어 가는 뼈)를 도려내는 수술을 했다. 도려낸 뒤에 그는 상처를 석탄산으로 꼼꼼하게 씻었다. 모든 오염 물질이 깨끗이 씻겨 나가기를 바라면서. 그런데 몹시 실망스럽게도 감염이 일어났다. 리스터는 실험이 실패했다고 인정해야 했다. 몇 주 뒤 다시 기회가 왔다. 닐 켈리라는 21세의 남성이 한쪽 다리가 부러져서 왕립 병원에 실려 왔다. 리스터는 다시 한번 캘버트의 석탄산을 상처 난 다리에 발랐다. 그런데 상처는 곧 곪기 시작했다. 그래도 리스터는 아직 석탄산이 열쇠라고 믿었고, 실패를 자신의 탓으로 돌렸다. 〈성공하지 못했는데, 지금 내 생각으로는 관리를 제대로 하지 못했기 때문인 듯하다.〉[28]

환자에게 석탄산을 계속 시험해 보려면 더 나은 체계적인 방법이 필요했다. 그냥 되는 대로 시험할 수는 없었다. 사례마다 달라지는 변수가 너무나 많았기에 석탄산의 진정한 효과를 이해하는 데 방해가 되었던 것이다. 그래서 그는 당분간 수술 환자는 제외시키기로 했다. 그리고 단순 골절은 피부가 찢기지 않기 때문에 상처가 없어서 미생물이 어디로도 들어갈 수 없다고 추론했다.[29] 그는 석탄산을 복합 골절에만 한정하여 적용해 보기로 했다. 즉 부러진 뼈가 피부를 찢고 나오는 골절이었다. 이런 유형의 골절은 감염률이 매우 높았고, 따라서 절단하는 일이 잦았다.[30] 윤리적 측면에서 볼 때, 복합 골절에 석탄산을 시험하는 것은 바람직했다. 소독제가 듣지 않는다면, 다리를 절단할 수 있었다. 즉 어떻게 하든 그렇게 될 가능성이 높은 사례였다. 그러나 석탄산이 듣는다면, 환자의 팔다리는 온전히 남아 있게 될 터였다.

리스터는 이 접근법을 조심스럽게 낙관했다. 그저 복합 골절 환자가 병원에 오기를 기다리기만 하면 되었다.

■

글래스고의 부산한 거리에는 동이 틀 때부터 마차들이 덜거덕 거리며 돌아다니기 시작해서 주민 대부분이 잠자리에 들 때까지 계속 이어졌다. 높이 솟은 역마차들은 울퉁불퉁한 길을 위태롭게 달려갔고, 승객이 가득 탄 승합 마차는 혼잡한 도로를 덜걱거리 면서 돌아다녔다. 전세 마차는 당당하게 달렸고, 상인의 마차는 짐을 높이 잔뜩 쌓은 채 시장에 물건을 공급하기 위해 혼잡한 곳을 미친 듯이 지나다녔다. 때로 검은 천을 두른 영구차가 뒤따르는 조문객들과 함께 혼잡한 거리를 엄숙하게 느릿느릿 지나가기도 했지만, 대개 부산하게 움직이는 수많은 마차와 사람이 도로를 가득 메웠다. 한 학자는 당시의 글래스고 같은 인구 과밀인 도시에는 〈만들어진 모든 마차의 모든 바퀴에서 나는 모든 소음이 하나로 뒤섞이고 갈려서 거칠고 신음하는 듯이 웅웅거렸다〉라고 썼다.[31] 도시에 새로 들어오는 사람은 먼저 일상적인 혼잡과 불협화음의 공격을 받기 마련이었다.

1865년 8월 초의 어느 습한 날, 11세인 제임스 그린리스는 이혼돈 속으로 발을 디뎠다. 그는 지금까지 수없이 거리를 건너다녔지만, 한순간 한눈을 팔고 말았다. 길을 건너기 위해 발을 내딛는 순간 이륜 짐마차가 와서 부딪혔다. 소년은 바닥에 내동댕이쳐지고 왼쪽 다리가 금속 테두리를 두른 바퀴에 깔려서 으스러졌다. 마차를 몰던 사람은 경악해서 서둘러 마차를 세우고 뛰어내렸다. 주변에서 사람들이 우르르 몰려들었다. 그린리스는 누운 채 엉엉 울면서 비명을 질러 댔다. 마차의 무게 때문에 정강이뼈가 부러졌고, 부러진 끝이 정강이를 뚫고 나와 피가 솟구치고 있었다. 빨리 병원으로 가야만 다리를 구할 희망이라도 가질 수 있을 터였다.

그런 상태로 왕립 병원까지 가기란 쉽지 않았다. 사람들은 먼저 무거운 짐마차를 들어 올린 뒤, 임시로 만든 들것에 조심스럽게 소년을 올려서 도시를 가로질렀다. 소년이 병원에 도착한 것은 3시간이 지난 뒤였다. 입원할 때쯤 그린리스는 피를 많이 흘렸고 위중한 상태였다.

그날 오후에 근무하던 외과의 중 한 명이었던 리스터는 소년이 병원에 오자마자 그 소식을 들었다. 그는 차분히 상황을 파악했다. 뼈는 말끔하게 부러진 것이 아니었다. 더욱 우려되는 점은 다리에 찢긴 부위가 운반되는 동안 흙과 먼지로 오염되었다는 것이다. 절단해야 할 수도 있었다. 리스터는 이 소년보다 훨씬 덜한 복합 골절로도 사망한 환자들이 많다는 사실을 잘 알고 있었다. 그의 장인인 제임스 사임이라면 아마 즉시 절단 수술을 했을 것이다. 그러나 리스터는 그린리스가 아주 어리다는 점을 생각했다. 다리를 잃는다면 소년은 앞으로 일자리를 구할 기회가 몹시 줄어들 것이고, 평생을 하층민으로 살아가게 될 것이 거의 확실했다. 걸을 수가 없다면 생계를 어떻게 꾸려 갈까?

그렇긴 해도 현실을 외면하기 어려웠다. 절단 수술이 늦어질수록 그린리스의 목숨이 그만큼 더 위험해진다는 것도 분명했다. 지체하다가 병원 감염이라도 일어나면, 그 뒤에 다리를 자른다고 해도 가차 없이 진행되는 패혈증을 막지 못할 수 있었다. 한편으로 리스터는 여전히 석탄산이 감염을 막아 줄 수 있다고도 믿었다. 그렇다면 그린리스의 다리를 — 그리고 그의 목숨을 — 구할 수 있을 터였다. 지금이 바로 그가 기다리고 있던 기회였다. 리스터는 재빨리 결정을 내렸다. 그는 살균제를 쓸 기회를 취하기로 했다.

그는 신속하게 소년의 코에 클로로포름을 갖다 댔다. 소년은 이미 고통에 못 이겨서 헛소리를 하고 있었다. 찢긴 상처는 몇 시간째 그대로 노출된 상태였다. 따라서 상처 부위로 이미 들어간 미생물이 증식할 기회를 갖기 전에, 피범벅이 된 부위를 깨끗이 씻어야 했다. 리스터는 수련의 맥피의 도움을 받아서 석탄산으로 상처 부위를 깨끗이 닦기 시작했다. 그런 뒤 용액이 분비되는 피와 림프에 씻겨 나가지 못하게 상처를 퍼티*로 잘 감쌌다. 마지막으로 석탄산의 증발을 막기 위해서 붕대 위에 주석 판을 덮었다.

리스터는 사흘 동안 몇 시간마다 주석 판을 들어 올리고 붕대 위에 석탄산을 더 부으면서 그린리스의 회복 상황을 지켜보았다. 소년은 지독한 사고를 겪었음에도 쾌활했고, 리스터는 소년의 식욕이 정상임을 알아차렸다. 더 중요한 점은 매일 소년의 다리를 살펴볼 때 붕대에서 고약한 냄새가 전혀 풍기지 않았다는 사실이었다. 상처가 말끔히 치유되고 있었다.

나흘째에 리스터는 붕대를 풀었다. 그는 상처 주위의 피부가 약간 불그스름했지만 전혀 곪지 않았다고 사례집에 적었다. 고름

---

* 산화주석이나 탄산칼슘을 건성유로 반죽한 물질.

이 없다는 사실은 좋은 징후였다. 그러나 리스터는 붉은 기에 신경이 쓰였다. 석탄산이 피부에 자극을 일으킴으로써 리스터가 그토록 피하고자 애쓰는 바로 그 염증을 일으키고 있는 것이 틀림없었다. 석탄산이 지닌 소독제 능력을 줄이지 않으면서 이 부작용을 억제할 방법이 있을까?

리스터는 그 뒤로 닷새에 걸쳐서 석탄산을 물로 희석하면서 뿌려 보았다. 그렇게 해도 이 소독제가 일으키는 자극은 줄어드는 기미가 거의 보이지 않았다. 그래서 리스터는 올리브유로 희석하여 써보았다. 그러자 석탄산의 소독 효과는 유지되면서 상처를 진정시키는 효과도 나타났다. 곧 그린리스의 다리에서 붉은 기운이 사라졌고, 상처가 아물기 시작했다. 새로운 용액이 효과를 발휘한 것이다.

마차에 다리뼈가 부서진 지 6주하고 이틀이 지난 뒤, 제임스 그린리스는 멀쩡히 왕립 병원을 걸어서 나갔다.

자신이 그토록 찾던 살균제가 석탄산이라고 확신한 리스터는 그 뒤로 몇 달 동안 왕립 병원에서 비슷한 방법을 써서 환자들을 치료했다. 말에 걷어차여서 오른쪽 정강이뼈가 부러진 32세의 일꾼도 있었고, 높이 1.2미터의 쇠사슬에 묶여 있던 600킬로그램짜리 쇠 상자가 떨어지면서 다리가 짓이겨진 22세의 공장 노동자도 치료했다. 더 감동적인 사례는 공장에서 증기로 움직이는 기계에 팔이 끼어서 다친 10세 소년이었다. 소년이 소리를 지르면서 도움을 요청했지만 2분 동안 아무도 도우러 오지 않았다고 리스터는 기록했다. 그동안 기계는 계속 움직이면서 〈아래팔의 자뼈 쪽을 가르고 뼈의 한가운데를 부러뜨렸고, 노뼈를 뒤로 구부렸다〉.[32] 소년이 왕립 병원에 실려 왔을 때, 부러진 뼈의 위쪽 끝이 피부를 뚫고 나와 있었고 두 줄의 근육이 5~7센티미터 삐져나와서 흔들거리고 있었다. 리스터는 소년의 팔, 그리고 목숨도 구할 수 있었다.

모든 일이 순탄하게 진행된 것은 아니었다. 이 시기에 리스터는 실패도 두 번 겪었다. 한 명은 승객이 가득 탄 승합 마차에 다리가 깔린 7세 남자아이였다. 아이는 리스터가 휴가를 떠나면서 수련의인 맥피에게 맡겼는데, 그만 병원 감염 괴저에 걸리고 말았다. 맥피가 리스터처럼 세심하게 상처를 관리하지 않았던 것이다.[33] 소년은 살아남았지만 다리 하나를 잃었다. 또 한 명은 부상을 입은 지 몇 주 뒤에 갑자기 사망했다. 리스터는 이렇게 기록했다. 〈며칠 뒤 심한 출혈이 일어나서, 피가 침대를 흠뻑 적시고 바닥에까지 떨어지고 있었다.〉[34] 의료진은 그 뒤에야 상황을 알아차렸다. 알고 보니 부러진 다리뼈의 날카로운 조각이 허벅지의 오금 동맥을 꿰뚫었던 것이다. 그 57세의 노동자는 출혈로 사망했다.

1865년에 병원에서 그의 치료를 받은 복합 골절 환자 10명 중에서 8명이 석탄산의 도움으로 회복되었다.[35] 맥피의 치료를 받다가 절단 수술을 받은 환자를 제외한다면, 리스터의 실패율은 9퍼센트였다. 그 절단 환자까지 포함시키면, 실패율은 18퍼센트였다. 리스터가 볼 때, 성공이었다.

으레 그렇듯이 리스터는 가능한 한 철저히 살펴보는 것이 중요하다고 느꼈고, 성공 사례를 발표하기 전에 다른 유형의 부상 환자에게도 석탄산이 효과가 있는지를 알아보고 싶었다. 그 방법이 수술 환자에게도 먹히는지를 알아보는 것이 궁극적인 시험대가 될 터였다. 그가 통증 없는 수술이라는 새 시대를 알린 로버트 리스턴의 역사적인 에테르 수술을 본 지 20년이 지난 뒤였다. 그 수술 이후로 외과의들은 몸속의 아무리 깊숙한 곳이라도 대담하게 베고 들어갈 태세가 되어 있었다. 수술이 더욱 대담해지게 되면서, 수술 후 감염이 일어날 가능성도 더욱더 커졌다. 리스터가 이 위협을 줄이거나 없앨 수 있다면, 외과의는 환자의 상처에 패혈증이 생길 걱정을 하지 않으면서 더욱 복잡한 수술도 할 수 있게 될 것이고, 그리하여 수술의 성격이 영구히 바뀔 터였다.

그는 먼저 고름집에 주목했다. 특히 척수 결핵의 합병증으로 생기는 고름집을 표적으로 삼기로 했다. 허리근 고름집이라고 하는 이것은 복강 뒤쪽의 긴 근육 중 하나에 고름이 다량 모이면서 생긴다. 대개 아주 커져서 사타구니까지 부풀어 오르기 시작한다. 그러면 살을 째서 빼내야 한다. 형성되는 곳을 고려할 때, 허리근 고름집은 감염되기는 쉬운 반면, 수술로 제거하는 일은 극도로 위험했다.

그 뒤로 몇 달에 걸쳐서, 리스터는 절개한 피부 주위를 석탄산으로 살균하고 그린리스에게 썼던 것과 비슷한 퍼티로 감싸는 기법을 개발했다.[36] 그는 끓인 아마기름에 평범한 백악(탄산칼슘)과 석탄산 용액을 섞어서 퍼티를 만들었다. 그는 상처에 석탄산

기름에 담가 두었던 린트 천을 댄 뒤, 이 퍼티로 덮었다. 린트 천을 통해 배어 나온 피는 굳으면서 딱지를 형성했다. 그는 퍼티를 매일 갈았지만, 기름을 먹인 린트 천은 그대로 놔두었다. 나중에 린트 천을 떼어 내면 흉터만이 남아 있었다. 그는 부친에게 보낸 편지에 이렇게 자랑했다. 〈이런 식으로 고름집이 치료되는 과정은 곪음에 관한 이론과 너무나 딱 들어맞아요. 게다가 이제는 누구나 쓸 수 있을 만치 치료가 너무나 간단하고 쉬워졌다는 점이 아주 마음에 들어요.〉[37]

석탄산 치료법을 아직 다듬고 있던 1866년 7월, 리스터는 UCL의 전신 외과의 자리가 비었다는 것을 알았다. 글래스고에서 잘 지내고 있긴 해도, 그는 여전히 모교로 돌아가고 싶어 했다. 그러면 이제 80대에 이른 부친과 더 가까이에서 지낼 수도 있었다. 그 자리에 더욱 끌린 이유는 그 자리를 얻음으로써 유니버시티 칼리지 병원의 외과의로도 평생 일할 수 있게 된다는 점 때문이었다. 자신이 의사의 길을 걷기 시작한 바로 그곳이었다.

리스터는 UCL 총장과 병원 원장을 겸직하고 있는 브로엄 경에게 자신이 입후보하니 지원해 달라고 요청하는 편지를 썼다. 그는 「복합 골절의 새로운 치료법」이라는 인쇄물을 편지에 동봉했다. 인쇄물에서 리스터는 부패의 세균 이론을 지지했다. 리스터가 친구, 가족, 동료라는 테두리 바깥으로 자신의 살균 원리를 발표한 것은 이때가 처음이었다. 브로엄 경에게 지지를 호소한 직후에, 리스터는 자신이 탈락했다는 통보를 받았다.

리스터는 낙심했지만, 곧 다시 연구에 몰두했다. 탈락 통보를 받은 지 얼마 뒤에 리스터는 부친에게 보낸 편지에 이렇게 썼다. 〈최근에 제가 유니버시티 칼리지에 있었다면 할 수 없었을 일들을 이따금 생각하곤 했어요. 비록 눈에 좀 덜 띄긴 해도, 이곳에서 훨씬 더 쓸모 있는 일을 한다고 할 수 있겠지요.〉[38]

리스터는 석탄산 실험으로 다시 돌아가서, 찢긴 상처와 타박상에까지 석탄산 치료를 확대했다.[39] 한번은 어느 남자 환자의 팔에서 커다란 종양을 제거한 적이 있었다. 종양이 너무나 깊이 박혀 있었기에, 그는 자신의 살균법을 적용하지 않았다면 상처가 틀림없이 곪았을 것이라고 믿었다. 환자는 목숨과 팔을 잃지 않은 채 몇 주 뒤 퇴원했다.

해마다 자신의 방법이 듣는다는 증거들이 계속 나옴에 따라서, 리스터는 그 방법이 지닌 의미를 자각하기 시작했다. 어느 날 부친에게 보낸 편지에 그는 이렇게 썼다. 〈지금은 종양 같은 것을 제거하는 수술을 할 때, 전과 전혀 다른 느낌을 받아요. 사실, 수술이 전혀 다른 무언가가 되고 있어요.〉[40] 그는 자신의 방법이 효과가 있음을 전 세계에 납득시킬 수 있다면, 외과에 무궁무진한 가능성이 열린다는 것을 깨닫기 시작했다.

그래서 글래스고 왕립 병원에서 석탄산 실험을 시작한 지 2년 뒤인 1867년 3월 16일, 리스터는 『랜싯』에 자신의 발견 내용을 발표했다. 「복합 골절, 고름집 등의 새로운 치료법과 곪음의 증상 관찰에 관하여」라는 제목이었다. 5편으로 된 논문 중 첫 번째였다. 나머지 4편은 그 뒤로 몇 달에 걸쳐서 연재되었다. 논문에서 리스터는 부패가 공기에 든 균 때문에 생긴다는 루이 파스퇴르의 논란 분분한 견해에 토대를 둔 소독 체계를 구축했다고 설명했다. 그는 〈공기에 떠 있는 미세한 입자들, 현미경을 통해 오래전에 밝혀졌으며 부패에 그저 우연히 동반될 뿐이라고 여겨지던 다양한 하등 생명체인 세균〉이 파스퇴르를 통해서 〈핵심 원인〉임이 밝혀졌다고 썼다.[41] 따라서 〈이 부패균을 죽일 수 있는 물질로 상처를 감쌀〉 필요가 있었다. 리스터는 자신의 체계가 균이 상처로 들어가지 못하게 막고, 이미 침입한 균을 죽이는 석탄산의 살균 특성을 이용하는 것이라고 했다.[42]

그의 논문은 파스퇴르의 과학적 원리에 충실하다는 점을 명확히 밝히긴 했지만, 이론적이기보다는 교육적이었다. 논문마다 대개 환자 상처의 부패를 막거나 억제하기 위해 애쓴 사례들의 역사가 상세히 기술되어 있었다. 자신의 방법을 그대로 따라 할 수 있도록 자세히 보여 줌으로써, 독자들에게 자신의 어깨 위에 섰을 때 어떤 놀라운 장관이 펼쳐질지 느껴 보라고 초대하는 의도가 담겨 있었다. 이 논문들을 통해서 그는 특정한 유형의 붕대를 거부하는 이유와 남들이 실패한 영역에서 다른 접근법을 시도한 이유를 설명함으로써 자신의 체계가 어떤 과정을 거쳐서 진화했는지도 보여 주었다. 리스터가 자신의 실험에 적용했던 대담한 과학적 방법은 아주 쉬워서 누구나 알 수 있었다.

또 리스터가 훌륭한 이타적인 목적하에 자신의 소독법을 발견하고 알리고 있다는 점도 명백히 드러났다. 퀘이커 집안에서 자라면서 함양된 이타심이 뚜렷이 드러나는 어조로 그는 이렇게 썼다. 〈이 방법이 가져다줄 혜택이 너무나 놀랍기에, 이를 확산시킬

수 있도록 최선을 다하는 것이 내 의무라고 느낀다.)[43] 글래스고
왕립 병원에서 그가 맡고 있는 두 병동을 찾은 사람이라면 누구
나 그런 혜택의 실질적 증거를 발견할 수 있었다. 그 병실들은 신
선한 공기를 제대로 접할 수 없어서 예전에는 병원에서 가장 건
강하지 못한 곳에 속했지만, 환자에게 소독제 치료를 한 이래로
감염자 수가 크게 줄었다고 적었다. 리스터의 체계가 도입된 이
래로 그 병동에서 고름혈증, 괴저, 단독에 걸린 환자는 단 한 명
도 나오지 않았다.

리스터는 무수한 목숨을 구할 열쇠라고 확신한 소독법을 널리
알리기 위한 첫걸음을 디뎠다. 하지만 그가 얼마나 흡족함을 느
꼈든 간에, 집 근처에서 그 기분에 찬물을 끼얹는 일이 곧 벌어지
게 된다.

9장
폭풍

의료 논쟁은 (……) 과학 발전의 불가피한 부산물이다.
대기를 정화하는 폭풍과 같다. 그저 그러려니 해야 한다.[1]
— 장바티스트 부요

 1867년 여름, 이사벨라 핌은 전세 마차에서 내려서 조지 왕조 시대의 2층 저택 앞 계단에 발을 딛는 순간, 온 세상의 무게가 자신의 어깨를 짓누르는 느낌을 받았다. 그녀는 여름의 숨 막힐 듯한 열기 속에서 약 650킬로미터를 여행하고 돌아온 참이었다. 몇 주 전 이사벨라 — 식구들은 〈B.〉라는 애칭으로 불렀다 — 는 가슴에 딱딱한 덩어리가 생겼다는 것을 알았다. 최악의 일이 벌어질까 걱정된 그녀는 에든버러를 경유하여 글래스고까지 기차를 타고 가서, 자신이 아는 최고의 외과의에게 진찰을 받기로 했다. 바로 동생인 조지프 리스터였다.
 안타깝게도 당시 대부분의 여성은 유방에서 덩어리를 발견한 뒤에 아주 오랫동안 기다려야만 도움을 받을 수 있었다. 유방암은 처음에는 거의 통증이 없다. 반면에 수술은 극도로 고통스러운 치료법이었고, 수술을 받았다고 해도 사망할 가능성이 높았다. 암의 진행을 막으려면 유방에서 암 조직을 전부 제거해야 하는데, 대다수의 외과의는 그 정도로 철저하게 하지 않았기 때문이다. 런던에서 가장 유명한 외과의 중 한 명인 제임스 패짓은 병든 부위를 제거했는데도 암이 재발하곤 한다고 한탄했다. 〈이상이 생긴 부위를 다 제거했다고 해도 무언가가 남아 있거나 얼마 뒤에 새로 생겨나서 병이 재발한다. 그러면 어떤 형태로든 간에 먼젓번보다 대개 더 악성을 띠며 언제나 죽음에 이르는 경향이 있다.〉[2]

수술한 뒤에 암 조직이 남아 있을 위험은 마취제가 나오기 전인 19세기 초에는 더욱 높았다. 수술이 몹시 고통스러우므로 가능한 한 빨리 해내야 했기 때문이다. 60세의 루시 서스턴은 딸에게 보낸 편지에서 유방 절제술을 받을 때 자신이 겪은 끔찍한 고통을 묘사했다. 외과의는 다가오더니, 손을 펴서 그녀에게 칼을 보여 주었다.

그러더니 깊이 길게 죽 베는 거야. 먼저 내 유방의 한쪽 옆을 베고, 다음에 반대쪽을 갈랐어. 견딜 수 없이 아팠고, 아침에 먹은 걸 게워 냈지. 이어서 정신이 가물가물해졌어. 이제는 가슴만이 아니라 온몸이 아팠어. 온몸 전체에서 극심한 통증이 느껴지고 구석구석 아프지 않은 곳이 없었어. 살이 마구마구 떨어져 나가는 느낌이었어⋯⋯. 원래는 수술이 어떻게 진행되는지 볼 생각이었지. 그런데 돌이켜보니, 손목까지 온통 피범벅이 되어 있는 의사의 오른손만 언뜻언뜻 보인 것 같아. 그가 나중에 말해 줬는데 글쎄, 한번은 동맥에서 뿜어진 피가 눈에 들어가서 앞이 안 보였다는 거야. 거의 1시간 반 동안 그의 손 아래 있었어. 유방을 다 잘라 내고, 겨드랑이 밑의 샘도 도려내고, 동맥을 묶고, 고인 피를 빨아내고, 상처를 꿰고, 달라붙는 석고를 붙이고, 붕대로 감을 때까지.[3]

서스턴은 그 수술에서 살아남아서 20년을 더 살았지만, 그렇지 못한 사람들도 많았다.

마취제가 등장하자 환자의 고통 때문에 외과의가 칼 든 손을 멈칫하는 일이 더 이상 없어지면서, 유방을 수술하는 칼은 점점 더 깊이 몸속으로 파고들어 갔다. 그 결과 사망률이 더욱 높아졌다. 이유는 여러 가지였다. 1854년 파리 대학교의 선임 외과의인 알프레드 아르망 벨포는 동료 외과의들에게 유방암을 치료할 때는 더 공격적으로 모든 암 조직을 잘라 내라고 촉구했다. 그는 유방뿐 아니라 가슴 아래쪽 근육까지 제거하라고 주장했다. 이 방법은 근치 유방 절제술이라고 불리게 된다. 물론 그렇게 하면, 환자가 감염에 더욱 취약해졌다.

이사벨라도 비슷하게 이러지도 저러지도 못하는 상황에 직면해 있었다. 런던에 있는 성 바르톨로뮤 병원의 외과의는 이미 수술을 거부했고, 에든버러에 잠시 들렀을 때 제임스 사임도 유방 절제술을 하지 말라고 권했다. 종양이 커서, 수술이 효과가 있으려면 조직을 폭넓게 제거해야 하기 때문이었다. 사임은 이사벨라가 수술에서 살아남는다고 해도 가슴에 생긴 상처가 부패하여 죽을 것이라고 우려했다. 사임은 자기 환자들에게 리스터의 소독법을 성공적으로 적용해 왔지만, 석탄산을 쓰든 안 쓰든 그 정도 크기의 상처는 관리하기가 어려울 것이라고 걱정했다. 얼마나 남았을지 모르겠지만, 그냥 남은 생을 사는 편이 더 낫다는 것이었다.

하지만 이사벨라는 아직 희망을 버리지 않았다. 그녀는 리스터가 지금까지 많은 종양을 제거했다는 것을 알고 있었다. 더 최근에는 석탄산을 써서 수술 후 감염 위험을 줄였다는 말을 리스터에게서 들은 적이 있었다. 리스터는 편지에 이렇게 썼다. 〈B.는 나를 철저히 믿는 모양이다.〉[4]

리스터는 이사벨라를 진찰한 뒤, 자신의 첫 유방 절제술이 될 수술을 하겠다고 마음먹었다. 그럼으로써 그는 자기 분야에서 존경받는 두 인물의 의학적 견해에 맞서게 되었다. 그러나 사랑하는 누이의 몸에서 암이 더 깊이 퍼지는 것을 막을 수 있는 기회가 조금이라도 있다면, 그는 시도를 해야 했다. 그는 부친에게 이렇게 썼다. 〈수술이 어떠할지 생각하면, 남의 손에 맡기고 싶지 않아요.〉[5] 사실 수술을 하겠다고 나설 사람도 전혀 없었다.

먼저 그는 대학교의 해부실을 찾았다. 그곳에서 시신을 대상으로 유방 절제술을 연습했다. 그러나 수술을 하겠다고 마음을 단단히 먹기 직전, 그는 에든버러의 사임을 찾아가서 조언을 받기로 결심했다. 그토록 존경받는 인물이 처음에 수술을 하지 말라고 조언했다는 사실이 마음에 걸렸던 모양이다. 사임은 사위와 오랫동안 대화를 나눈 끝에, 사위의 손을 들어주었다. 「수술이 기회를 제공하지 않을 것이라고는 아무도 말할 수 없겠지.」[6] 두 사람은 리스터의 석탄산 연구에 관해 논의를 했다. 사임은 이사벨라에게 석탄산을 쓰면 위험이 크게 줄어들지 않겠냐고 말했다. 리스터는 나중에 사임과의 만남을 이렇게 썼다. 〈비록 표현은 거의 하지 않으셨지만 장인께서 진심으로 다정하게 깊이 찬성하시는 것을 느꼈고, 훨씬 홀가분한 마음으로 에든버러를 떠났다.〉[7]

마음의 부담을 조금 던 채로 글래스고로 돌아온 그는 이사벨라의 수술 준비를 했다. 수술 예정일 전날, 그는 집에 있는 부친에게 편지를 보냈다. 〈아마 이 편지가 도착하기 전에 사랑하는 B.의 수술이 끝났을 거예요. 수술하기로 결정했다면 하루라도 더 미룬다는 것은 결코 바람직하지 않았어요. 그래서 어제저녁에 마침내 날을 잡았어요……. 내일 1시 반에 수술할 예정이에요.〉[8] 이사벨라의 수술은 왕립 병원에서 하지 않기로 했다. 병원 감염이 일어날 위험을 더 높이는 것밖에 되지 않았기 때문이다. 그 대신에 리스터는 자택에서 식탁을 수술대로 삼아서 유방 절제술을 하기로 결정했다. 당시 개인 진료를 받을 수 있는 사람들은 으레 그렇게 했다.

1867년 6월 16일, 이사벨라 리스터 픔은 임시 수술실로 들어섰다. 동생은 조수 3명과 함께 서 있었다. 미리 석탄산에 푹 담가 두었던 수술 도구들은 그녀가 보고서 심란해하지 않도록 천으로 덮어 놓았다. 그녀는 전날 저녁에 식사를 했던 식탁 위에 누웠고,

클로로포름을 맡고서 곧 깊은 잠에 빠졌다. 리스터와 세 외과의는 석탄산 용액에 손을 담갔다. 그런 뒤 이사벨라의 몸에서 수술할 부위를 깨끗이 닦았다. 리스터는 손에 칼을 쥐고서 앞으로 나섰다. 그는 신중하게 양쪽 가슴 근육을 가르고, 겨드랑이를 쨌다. 유방 조직, 근육, 림프샘을 제거한 뒤, 그는 상처를 감싸는 일에 몰입했다.

리스터는 석탄산과 아마기름을 섞은 소독액에 미리 적셔 둔 거즈 8겹으로 가슴을 덮었다.[9] 그는 실험을 통해서 다공성 물질이 소독 붕대에는 이상적이지 않다는 것을 알아냈다. 피와 분비물에 석탄산이 씻겨 나갈 수 있기 때문이었다. 그는 투과성이 덜한 얇은 무명천 — 마찬가지로 석탄산 용액에 담가 두었다 — 을 거즈의 맨 바깥층 아래로 밀어 넣었다. 상처에서 나오는 분비물은 스며 나오게 하고, 탄산염이 빠져나오는 것은 막기 위해서였다. 이 붕대를 몸의 앞뒤에 다 붙였다. 거즈는 어깨뼈 봉우리(어깨뼈 위쪽에 도드라진 부위)에서 팔꿈치 바로 밑까지 닿았고, 옆으로는 등뼈에서 팔까지 뻗어 있었다. 또 리스터는 옆구리와 아래팔 사이에도 거즈를 한 뭉텅이 끼웠다. 팔이 몸에 닿지 않도록 하기 위해서였다. 이사벨라에게 불편한 위치였지만, 그는 분비물이 방해 없이 흘러나올 수 있도록 팔이 상처 가까이 가지 않게 하는 것이 특히 중요하다고 믿었다. 이렇게 미라처럼 꽁꽁 싸매진 뒤, 이사벨라는 회복을 위해 손님방으로 옮겨졌다.

조수인 헥터 캐머런은 소중한 가족을 대상으로 그런 대담한 수술을 하느라 리스터가 정신적·감정적으로 얼마나 진을 뺐는지를 설명했다.[10] 수술이 끝나자, 리스터는 안도감에 휩싸였다. 「다 끝내니 정말 기쁘군……. 설령 내 누이가 아니었다고 해도 이 수술을 했을 거야. 하지만 두 번 다시 하고 싶지는 않군.」[11]

리스터가 수술 전후에 꼼꼼하게 석탄산을 적신 덕분에 이사벨라의 상처는 전혀 곪지 않고 아물었다. 그의 노력에 힘입어서 이사벨라는 3년을 더 살다가 암이 재발하는 바람에 세상을 떠났다. 이번에는 간암이었다. 전과 달리, 리스터가 할 수 있는 일은 전혀 없었다. 하지만 그의 소독 체계는 유방 수술의 미래에 새로운 희망을 안겨 주었다. 머지않아 외과의는 예후만을 토대로 유방 절제술을 하겠다는 결정을 내릴 수 있게 된다. 수술 후 패혈증에 걸릴 위험 같은 것은 염두에 두지 않고서다.

이사벨라의 유방 절제술에 성공하고, 또 왕립 병원에서도 계속 치료에 성공했기에, 자신감을 얻은 리스터는 영국 의사 협회에 석탄산 연구에 관한 논문을 보냈다. 1867년 8월 9일, 그는 「수술에서의 소독 원리에 관하여」라는 제목의 그 논문을 낭독했다.[12] 그보다 몇 주 전에 5편으로 된 그의 논문 중 마지막 편이 『랜싯』에 실린 바 있었다. 그때까지 의학계에서 그의 연구에 대한 부정적인 반응은 전혀 나오지 않고 있었다. 사실 지금까지는 긍정적인 반응이 압도적일 만치 많았다. 사임은 『랜싯』에 복합 골절 환자와 수술 환자에게 석탄산을 써서 치료에 성공한 사례 7건을 발표함으로써 리스터를 지원했다.[13] 리스터가 영국 의사 협회에서 강연을 한 직후에, 『랜싯』은 사설에서 조심스럽게 낙관론을 피력했다. 〈복합 골절에 석탄산이 효과가 있다는 리스터 교수의 결론이 옳다고 확인된다면 (……) 우리가 사실상 그의 발견이라고 부르는 것의 중요성은 아무리 강조해도 지나치지 않을 것이다.〉[14]

그러나 폭풍이 생겨나고 있었다. 반박하는 목소리들이 나오기 시작했는데, 리스터의 소독법을 반대하는 첫 번째 주장은 실제 그 방법이 듣느냐 여부와 거의 무관한 것이었다. 가장 큰 논란거리가 된 듯한 쟁점은 그를 비판하는 이들 중 상당수가 리스터 자신이 석탄산의 소독 특성을 발견했다고 주장한다고 착각했기 때문에 나온 것이었다. 그들은 유럽 대륙의 외과의들이 여러 해 전부터 그 화학 물질을 써왔다고 주장했다. 9월 21일, 『에든버러 데일리 리뷰』에 〈키루기쿠스Chirurgicus〉라는 이름으로 독자 편지가 왔다. 편지의 저자는 수술에 석탄산을 쓴다는 리스터의 최근 논문이 〈우리, 특히 프랑스와 독일의 동료들의 명예를 깎아내리려는 것〉이 아닐까 걱정스럽다고 썼다. 〈석탄산을 수술에 처음 쓴 것이 리스터 교수라고 주장하기 때문〉이라고 했다.[15] 키루기쿠스는 더 나아가 프랑스 내과의이자 약제사인 쥘 르메르가 리스터가 쓰기 훨씬 전에 석탄산에 관한 글을 썼다고 적었다. 〈내 앞에 (……) 파리의 의사 르메르가 쓴 (……) 그 주제를 다룬 두꺼운 책이 놓여 있습니다. 그것도 1865년에 나온 재판입니다.〉 저자는 르메르가 석탄산이 〈수술에서 곪음을 억제하고, 복합 골절과 상처를 감싸는 데에도 유용〉하다는 것을 밝혔다고 주장했다.

가명을 썼어도, 키루기쿠스가 클로로포름을 발견한 영향력 있는 의사 제임스 Y. 심프슨이라는 것은 모두가 알았다. 이 저명한 산과 의사가 의학계의 여러 인사들에게 그 편지를 복사하여 열심히 보냈기 때문이다. 『랜싯』의 편집장 제임스 G. 웨이클리도 그 편지를 받았다. 일주일 뒤 그 편지는 『랜싯』에 실렸고, 웨이클리의 이런 주석이 붙어 있었다. 〈리스터 교수에게는 그 화학 물질을 이 나라에 널리 알렸다는 영예가 붙는 것으로 족하다.〉[16] 이런 말을 통해서, 그 세계적인 의학지는 마치 리스터의 업적이 그저 대륙에서 하는 행위를 영국에서 재현한 것에 불과하다는 듯한 인상을 풍겼다. 실제 리스터는 과학 이론을 토대로 상처 관리에 관한 혁신적인 접근법을 주창하고 있었음에도 말이다.

심프슨에게는 리스터의 소독법이 지닌 의미를 최소로 줄이고 싶어 할 나름의 동기가 있었다. 리스터의 방법이 효과가 있다면, 곪지 않도록 하면서 치유를 촉진시키는 것을 목적으로 한 심프슨 자신의 삽침 지혈법과 직접적으로 충돌할 것이기 때문이다. (사임이 에든버러 왕립 병원의 수술실에서 관중 앞에서 심프슨의 소책자를 난도질하며 비난한 바로 그 방법이었다.) 삽침 지혈법은 수술 때 피부나 근육 조직 밑의 큰 혈관의 잘린 끝을 금속 침으로 찔러서 지혈을 함으로써, 수술한 뒤에 오염을 일으키는 근원이 되곤 했던 혈관 묶음술을 쓸 필요를 없애는 방법이었다. 리스터는 1859년에 발표한 논문에서 삽침 지혈법을 이미 거부한 바 있었고, 심프슨은 그 모욕을 그냥 참고 있을 수가 없었다. 심프슨은 리스터에게 삽침 지혈법을 다룬 자신의 소책자를 보내면서 〈모든 큰 상처에서 죽어서 썩어 가는 동맥 조직을 (……) 공들여서 꼼꼼하게 끼워 넣는 (……) 기이하면서 납득이 가지 않는〉 묶음술을 외과의들이 쓰고 있다고 비판하는 편지를 동봉한 바 있었다.[17] 그는 자신의 방법을 외과의들이 거의 채택하지 않았다는 사실에 몹시 마음이 상했다. 심프슨의 전기를 쓴 한 작가는 그가 삽침지혈법에 맞서는 모든 것을 질시했다고 썼다. 〈그는 삽침 지혈법이 더 우수하다는 것이 확정되었다고 믿었는데, 그런 데에도 절단 부위를 묶는 방법이 계속 쓰이는 꼴을 도저히 그냥 두어서는 안 된다고 생각했다.〉[18]

리스터는 고집불통인 심프슨과 다시 한번 충돌하고 있음을 알아차렸다. 『에든버러 데일리 리뷰』를 통해 첫 공격을 받은 지 몇 주 뒤, 『랜싯』에다 키루기쿠스에게 답신을 보냈다. 그는 르메르의 책을 읽지 않았다고 인정하면서도 그 사실이 〈거의 놀랄 일도 아니〉라고 주장했다. 그 프랑스 외과의의 책은 〈우리 분야의 주목을 끌지 못한 듯〉하기 때문이라는 것이었다.[19] 더 나아가 리스터는 글래스고를 찾아서 자신의 소독법을 직접 본 사람이라면 그 독창성에 의문을 제기하지 않을 것이라는 말로 자신의 체계를 옹호했다. 〈새로운 점은 석탄산을 수술에 썼다는 것(나는 결코 그런 주장을 한 적이 없다)이 아니라, 외부 세균의 교란으로부터 치료 과정을 보호한다는 관점에서 그 물질을 쓰는 방법이다.〉 리스터는 조롱하는 말로 끝을 맺었다. 〈그런 아무 짝에도 쓸모없는 트집 잡기를 믿는다면, 나나 귀하 등등이 유용한 치료법을 채택하는 것을 방해할 것이다.〉

리스터는 다음에 나올 반박에 대비하기 위해서 르메르의 책을 수소문했다. 그 700쪽 분량의 책은 글래스고 어디에도 없었기에,

그는 에든버러까지 가서 대학교 도서관에서 찾아냈다. 겨우 며칠 전에 들어온 책이었다.[20] 심프슨 자신이 갖다 놓았을 가능성이 있었지만, 리스터는 결코 그 말을 꺼내지 않았다. 책을 읽으면서 리스터는 르메르가 상상할 수 있는 거의 모든 병에 석탄산을 권했음을 알아차렸다. 가장 중요한 점은 사용법이나 사용 지침을 전혀 제시하지 않았다는 것이다. 그리고 르메르가 공기를 살균하고 상처를 치료하는 데 석탄산이 효과가 있다고 쓴 것은 분명하지만, 상처의 분비물에서 나오는 냄새를 줄이는 수단으로써도 권했다. 즉 그는 고름이 부패의 결과임을 믿지 않았던 것이다. 책을 읽은 뒤, 리스터는 부친에게 르메르의 주장에 회의적이라고 편지를 썼다. 〈그가 자기 실험의 결과를 대체로 장밋빛 환상을 갖고 바라보고 있다고 믿을 만한 이유를 찾았어요.〉[21] 그 프랑스 외과의가 〈산을 극도로 희석한 용액〉을 썼기 때문이었다.

10월 19일, 리스터는 키루기쿠스에게 재차 반박하는 글을 발표했다. 그는 자신이 석탄산을 수술에 처음 적용한 사람이라는 주장을 결코 한 적이 없다고 다시 강조하면서 이렇게 썼다. 〈여기서 석탄산을 씀으로써 얻은 성공은 석탄산이 지닌 어떤 특수한 가치에 달려 있기보다는, 부패의 해로운 영향을 막음으로써 효과적으로 보호할 때 상처 부위가 발휘하는 경이로운 회복 능력 덕분이었다.〉[22] 이 말은 석탄산이 자신의 고무적인 결과를 빚어내는 핵심 요인이 아니라는 뜻이었을까? 아마 리스터는 화제를 르메르에게서 자신의 핵심 치료법 쪽으로 돌리려고 시도하다가 〈흔히 쓰이는 다른 소독제들로도 실험을 했다〉라면서 그렇게 쓴

듯하다. 〈같은 원칙에 따라서 썼다면, 거의 같은 결과를 얻었을 가능성이 높다고 진심으로 확신한다.〉

그는 답장을 투고하면서 몇 년 전에 석탄산으로 하수 처리를 했던 바로 그 도시인 칼라일에 사는 필립 헤어라는 의대생에게서 받은 편지를 동봉했다. 리스터는 그 젊은이가 〈단순한 석탄산 이용과 내가 권한 치료법을 구별하는 데 전혀 어려움이 없었다〉라고 주장했다.[23] 헤어는 앞서 겨울에 파리에서 공부했는데 리스터의 소독법에 해당하는 치료법이 쓰이는 것을 전혀 본 적이 없다고 증언했다. 귀국한 뒤, 헤어는 에든버러에도 리스터의 치료법이 성공적으로 쓰이고 있는 것을 목격했고, 리스터에게 자신의 진술을 보증할 수 있는 동료 졸업생 8명의 이름과 주소를 제공할 테니 기뻐하시라고 적었다.

심프슨은 도전받는 것을 좋아하지 않았고, 리스터의 답신은 그의 분노를 더욱 자극했다.[24] 그 산과 의사는 가명을 버리고 실명으로 『랜싯』에 리스터의 주장을 반박하는 글을 썼다. 그는 〈아무 짝에도 쓸모없는 트집 잡기〉라고 한 리스터의 표현을 비꼬는 말로 시작함으로써, 자신이 『에든버러 데일리 리뷰』에 실린 편지의 저자임을 거의 실토하고 말았다. 이번에도 심프슨은 르메르의 책을 인용하면서 리스터가 괘씸하게도 기존 의학 문헌을 무시한다고 비난했다. 그는 더 나아가 애버딘 대학 병원의 윌리엄 피리가 유방 종양 제거 수술 환자를 비롯하여 자기 수술 환자들의 3분의 2에 삽침 지혈법을 써서 곪음을 막았으며, 리스터의 소독법이 효과가 있든 없든 간에 삽침 지혈법이 고름을 막는 데 더 낫다고 주장했다. 자신의 주장을 명확히 이해한 사람이 과연 있을지 의심스러웠는지 그는 이렇게 덧붙였다. 〈여기서 리스터 씨가 제시한 모든 이론과 그가 쓰는 방법을 먼저 내놓은 저자들이 있다는 점이 분명하다는 사실을 짧게 지적하고자 한다.〉

리스터는 그 미끼를 물지 않았다. 그는 『랜싯』에 짧은 답신을 보냈다. 〈어느 누구에게도 부당하지 않게 솔직하게 이 문제를 논의해 왔으므로, [심프슨의] 주장에 더 이상 아무 말도 하지 않으련다.〉[25] 그 대신에 그는 앞으로 몇 달에 걸쳐 나올 논문들을 통해서 자기 체계의 장점들을 입증할 것이고, 의학계가 스스로 심프슨의 비판이 정당한지를 판단하게 할 것이라고 썼다. 리스터는 자신이 얼마나 유창하게 옹호하느냐가 아니라, 과학적 증거를 통해서 자신의 체계가 평가되어야 한다고 믿었다.

우연히도, 심프슨이 삽침 지혈법을 옹호하기 위해 언급했던 바로 그 파리 교수는 리스터의 마지막 답신이 실린 바로 그 날짜의 『랜싯』에 논문을 발표했다. 특히 그는 화상 치료에 석탄산이 효과가 좋다고 칭찬하면서, 리스터의 소독법이 다른 병들을 치료하는 데에도 마찬가지로 유용할 것이라고 예측했다. 〈이런 위험하고도 고통스러운 부상을 치료하는 데 큰 축복이 될 것이다.〉[26] 그 논문에 삽침 지혈법은 단 한 번도 언급되지 않았다. 심프슨은 얼마 동안 침묵에 빠져들었다.

리스터는 공개적으로는 엄숙하게 침묵하고 있었지만, 속으로는 공격에 마음이 상한 상태였다. 부친에게 보낸 편지에 그는 이렇게 썼다. 〈이런 의학지의 편집자들이 제가 쓰는 논문 하나하나가 일어날 수 있는 최고의 결과를 담고 있다는 사실을 전혀 알아차리지 못한다는 생각이 늘 들어요. 그러고 보면 제가 하는 일이 소리 없이 질병의 지식과 치료를 개선하는 효과를 일으킨다고 할 수 있겠네요.〉[27] 그는 한탄하듯이 이렇게 덧붙였다. 〈명성은 죽은 토양에서 자라는 식물이 결코 아니죠.〉 리스터의 조카는 삼촌이 심프슨의 공격에 분개하고 상심했다고 말했다. 스코틀랜드 도시가 동료들 사이의 다툼이 훨씬 적으므로 런던보다 자신에게 더 어울린다고 생각했던 그 조용하고 내성적인 외과의는 자신의 앞날이 몹시 힘겨울 것임을 깨닫기 시작했다. 몇몇 의대생의 증언에 기대는 것이 아니라, 외과의들이 자신의 소독법을 진지하게 받아들이도록 도모할 필요가 있었다.

많은 반대자가 리스터의 소독법은 곪은 상처에 연고를 바르고서 최선의 결과가 나오기를 바라는 전통적인 방식과 다를 바 없다고 치부했다. 외과의들이 수십 년 동안 포도주, 키니네, 콘디액을 써 온 것과 같다는 것이었다. 리버풀의 프레더릭 W. 리케츠라는 젊은 내과의는 삽침 지혈법이 〈단순하고 효과적이고 우아한〉 반면, 리스터의 방법은 〈낡고 거추장스럽다〉라면서 심프슨을 편들었다.[28] 1867년 은퇴할 때까지 왕립 병원에서 리스터와 함께 근무했던 의사인 제임스 모턴도 석탄산이 〈흔히 쓰이는 다른 소독제들보다 분명히 더 낫지도 않고, 거의 동등하지도 않다〉라고 결론지었다.[29] 리케츠처럼 그도 리스터의 방법이 낡았다고 생각했고, 치료 〈체계〉라고 부르는 것에 이의를 제기했다. 그 대신에 모턴은 그 방법을 〈방부식 붕대〉라고 불러야 한다고 했다.[30] 즉 이미 있는 많은 치료 재료 중 하나일 뿐이라고 했다. 그리고 리스터가 자신의 결과를 자랑하기 위해 〈너무 성급하게 펜을 놀렸다〉고 생각했다.

기존 세대의 외과의들은 설령 리스터의 소독 치료법을 시도하려는 의향을 보인다고 해도, 그 체계의 핵심을 이루는 부패의 균 이론까지는 받아들이지 않으려 했다. 외과의들이 감염의 원인을 계속 오해하고 있다면, 그의 치료법을 제대로 적용할 가능성이 적었다. 이 논쟁이 한창일 때, 리스터는 글래스고 내외과 협회에서 강연을 했다.[31] 그는 소독법을 건전한 원리, 즉 루이 파스퇴르의 원리에 따라 적용해야 한다고 역설했다.

리스터의 동료인 모턴은 방법상의 결함만 지적한 것이 아니었다. 그는 균이 부패를 일으킨다는 전제도 받아들이지 않았다. 모턴은 리스터가 공포를 퍼뜨림으로써 한 몫을 챙기려 한다고 비난했다. 〈여기서 자연은 살인을 도모하는 마녀처럼 간주되고 있다. 즉 자연의 간악한 음모를 막아야 한다는 식이다. 선한 행위를 하도록 조치를 취해야 하며, 더 이상 믿을 수 없다는 것이다.〉[32] 『랜싯』의 편집장도 〈균〉이라는 단어를 거부하고, 대신에 〈공기에 든 부패 요소〉라고 쓰라고 했다.[33] 한창 전성기를 누리고 있는 많은 외과의는 지난 15~20년 동안 자신들이 상처를 보이지 않는 작은 생물에 감염되도록 함으로써 뜻하지 않게 환자들을 죽이고 있었을 수도 있다는 사실을 받아들이기가 어려웠다.

또 리스터의 소독법에는 현실적인 문제들도 있었다. 그의 방법은 지나치게 복잡하다고 여겨졌고, 끊임없이 개선되고 있었다. 설령 균이 원흉임을 받아들인 외과의라고 해도, 약속하는 결과를 얻는 데 필요한 수준으로 정확하게 그의 방법을 따라 할 수가 없다거나 그런 수고를 하지 않겠다고 생각하는 이들이 많았다. 그들은 정확성보다는 속도와 노련함을 중시하는 외과의들로부터 훈련을 받았다. 한 기사에는 이렇게 적혀 있었다. 〈라우즈 씨는 수술실에서 봉합을 하기 전에 종종 상처를 닦아 냈지만, 아무런 도움이 안 된다는 것을 알아차리고 그 짓을 그만두었다.〉[34] 또 홈스 쿳 씨는 〈거추장스럽다고 여겨서 리스터의 방법을 받아들이지 않았다〉라고도 적혀 있었다.[35] 또 한 외과의는 리스터의 소독법이 일단 부패가 일어난 뒤에는 없애는 데 좋지만, 예방 수단으로서는 좋지 않다고 했다. 〈곪음 방지 측면에서는 흡족한 결과가 나온 적이 없었다.〉[36]

저명한 외과의 제임스 패깃도 런던에서 리스터의 소독법을 써서 애매한 결과를 얻었다. 그 방법을 다룬 첫 논문에서는 그 체계를 제대로 적용하지 않았을지 모른다고 인정했다.[37] 그러나 얼마 뒤에 그는 리스터의 체계를 아예 거부했다. 위험하다는 이유에서였다. 특히 석탄산이 상처에 너무 오래 남아 있을 때에는 더욱 그러하다는 것이었다. 패깃은 이번에는 꼼꼼하게 각 단계를 고스란히 따라 했다고 주장했다. 〈리스터 교수가 쓰는 모든 조치만이 아니라, 골절 치료에 일반적으로 쓰일 가능성이 있는 조치들보다 더 많은 조치를 취했음〉에도, 리스터의 소독 치료가 〈분명히 아무런 효과가 없었다〉라고 했다.[38]

의학계의 유명 인사였기에, 패짓의 증언은 저주와 같았다. 런던에서 리스터의 소독 치료법을 가장 심하게 반대하는 분위기가 만연해진 것도 놀랍지 않았다. 리스터에게 반대하는 평결을 잇달아 내린 뒤에, 『랜싯』의 편집장은 런던에서 왜 그의 방법에 반발하는 분위기가 유달리 팽배한지 의문을 제기했다. 〈곪음 증상이 이곳과 글래스고가 다른 것일까?〉[39] 그는 농담하듯이 물었다. 〈아니면 리스터 씨가 계속 지적해 왔듯이 꼼꼼하게 애쓰지 않아서 소독법이 듣지 않는 것일까?〉 남들이 그의 방법을 대충 또는 마지못해 적용하는 한, 그 방법이 진정으로 받아들여지기는 거의 불가능하다는 것이 드러나고 있었다. 리스터에게는 더 주도적인 대책이 필요했다.

10장

유리 정원

새로운 견해는 으레 의심을 받기 마련이고, 대개 거부된다.

다른 어떤 이유가 있어서가 아니라

그저 널리 퍼지지 않았기 때문에 그렇다.[1]

— 존 로크

제임스 사임은 방 저편에서 조수가 유심히 자기를 지켜보고 있다는 것을 알아차렸다. 토머스 애넌데일은 샌드윅가의 진료실에서 환자들을 진료하는 아침 내내 그를 가까이에서 죽 지켜보고 있었다. 그래서 사임은 점점 신경이 곤두서고 있었다. 이 나이 든 외과의에게 지난 두 달은 힘겨웠다. 그는 몸이 불편하다는 것을 느끼고 있었다. 때는 1869년 봄이었고, 사임의 나이는 70세에 가까웠다. 2월에 아내인 제미마가 갑자기 세상을 떠나는 바람에, 그의 가슴과 집은 휑한 상태였다. 마찬가지로 홀아비였던 조지프 잭슨은 그 소식을 듣고서 아들에게 편지를 썼다. 〈네 존경스러운 장인이 부인과 사별했다니 진심으로 가슴이 아프구나. 장인이 집에서 쓸쓸해할 것이 분명해.〉 위안이 되는 아내가 없자, 밀뱅크 하우스는 적막하기 그지없었다.

사임은 친구들과 식구들이 자신을 걱정한다는 것을 잘 알았다. 하지만 오늘 아침에는 애넌데일이 유달리 주시하고 있다고 느꼈다. 1시간 전에 사임은 환자에게 말하는데 입이 살짝 비틀리는 것을 느꼈다. 그리고 처방전을 쓸 때 손도 약간 떨렸다. 그러나 대수롭지 않게 생각했다. 말을 더듬는 것은 일시적인 현상이거나, 그저 나이 때문일 수도 있었다. 하지만 원인이 무엇이든 간에, 무슨 일이 일어날까 싶어서 계속 지켜보는 애넌데일 때문에 점점 거북해졌고, 결국 속 시원히 말하기로 결심했다. 자신이 그 사소한 증상을 알아차리지 못했을 것이라고 그 젊은이가 생각할까 봐, 사임은 큰 소리로 또렷하게 선언했다. 「방금 신경 쪽으로 좀 이상한 느낌이 들었네. 말을 하고 싶은데 할 수가 없는 듯한 느낌이었어.」

그날 사임은 도시를 돌면서 몇 건의 수술을 했다. 그러는 내내 계속 지켜보고 있는 애넌데일의 시선을 느꼈다. 그 젊은 외과의는 수술을 할 때마다 사임의 옆에 바짝 붙어 있었다. 나중에 애넌데일은 이렇게 말했다. 〈움직임 하나하나를 초조하게 지켜보고 있었지만, [수술할 때] 사임 씨의 행동에서 (……) 평소와 다른 모습을 전혀 찾아볼 수 없었다.〉[2] 하지만 그는 뭔가 좀 이상하다는 느낌을 도저히 떨쳐 낼 수가 없었다.

두 사람은 오후 늦게 샌드윅가의 개인 진료소로 돌아왔다. 그들이 오자 진료실에 사임의 아들과 질녀가 기다리고 있었다. 사임은 가족과 이야기하는 동안 애넌데일의 캐묻는 듯한 시선에서 벗어났다. 잠시 즐거운 대화를 나눈 뒤, 사임은 환자가 올까 싶어서 그들을 내보냈다. 진료실 문을 닫을 때, 그는 복도에서 조수가 식구들에게 다가가서 뭔가 수군거리는 모습을 보았다.

몇 분 뒤, 사임은 쿵 소리를 내면서 바닥에 쓰러졌다.

마비 발작이었다. 시간이 흐르자 말하는 능력은 돌아왔지만, 몸의 왼쪽을 제대로 쓸 수 없게 되었다. 상황이 몹시 좋지 않아 보였지만, 주변 사람들은 낙관적이었다. 그는 1년 전에도 뇌졸중을 겪었지만 회복된 바 있었다. 모두가 이번에도 같은 결과가 나올 것이라고 여겼다. 『랜싯』은 그의 뇌졸중이 심각하지 않으며 〈완전히 회복될 것이라는 희망이 충만해 있다〉라는 말로 의학계에 그 소식을 알렸다.[3] 몇 주 뒤 『랜싯』에 다시 사임의 건강 소식이 실렸다. 손의 움직임이 돌아왔으며, 이제 뜰을 산책할 수 있게 되었다는 것이다. 〈외과 분야 전체에 사임 씨가 설령 비범한 솜씨로 수술할 수준까지는 아니라고 해도, 그를 권위자로 만들어 준 엄청난 경험과 노련한 판단으로 외과의 문제들에 명쾌한 견해를 제공할 수 있을 만치 오래도록 안녕하기를 바라는 심정만이 울려 퍼지고 있다.〉[4]

리스터 부부는 에든버러로 와서 회복 중인 사임을 만났다. 애그니스는 동생인 루시와 함께 부친을 간호했고, 사임은 느리긴 하지만 분명히 차도를 보이기 시작했다. 그러나 그 나이 든 외과의는 곧 자신의 한계를 자각했다. 그해 여름, 그는 리스터가 자기 자리를 잇기를 바라면서 에든버러 대학교 임상 외과 교수직을 내려놓았다.[5] 그러자 곧바로 그 대학교의 의대생 127명이 공동으로 리스터에게 그 자리를 이으라고 탄원하는 편지를 보냈다. 〈선생님이 외과에서 이룬 높은 업적과 성취를 볼 때, 사임 선생님이 임상 외과와 대학교에 기여한 품격과 명성을 유지할 수 있는 가장 적합한 분이라고 확신하기에 이렇게 편지를 보냅니다.〉[6] 그들은 리스터가 과학에 기여한 공로와 최근의 석탄산 연구를 찬미했다. 〈선생님의 소독 치료법은 영국 외과의 역사에 한 획을 그은 것이며, 외과에 항구적인 영예가 되고 인류에게 이루 말할 수 없는 혜택을 줄 것입니다.〉 더 이상 설득할 필요가 없었다. 1869년 8월 18일, 리스터는 에든버러 대학교 임상 외과 교수로 선출되었다.

비극적인 상황에서 일어나긴 했지만, 딱 맞게 이루어진 복귀였다. 사임의 한 친구는 리스터에게 〈모두에게 정말로 행복한 일〉이라고 썼다. 〈특히 사임 씨에게 그렇다네. 가장 사랑하는 이를 잃은 데다가 최악의 상황에 처했으니, 살아가기가 정말 힘겨웠을 테니까 말일세.〉[7] 『랜싯』도 그 임용을 환영했다. 비록 그 학술지의 편집진은 리스터의 소독법을 인정하지 않으려고 애썼지만 말이다. 〈우리는 리스터 씨가 적임자라고 강력하게 지지해 왔다……. 설령 그의 소독 치료법과 관련지어 제기되어 온 문제들을 고려해서 기대 수준을 좀 낮추어야 할지라도 외과의 과학적 특성을 증진시킬 인물로서 적합하다.〉[8]

다음 달에 리스터 부부는 에든버러로 돌아왔다. 그들은 애버크

롬비가 17번지에 잠시 머물다가 샬로트 광장 9번가의 고급 저택으로 이사했다. 사임이 밀뱅크로 이사 가기 전에 살던 집이었다. 엄청나게 비싼 집이었지만, 리스터는 충분히 값을 치를 수 있었다. 수련의로 보낸 시절 이후로 먼 길을 돌아서 다시 온 셈이었다.

한편 리스터의 소독 체계를 조롱하는 목소리는 계속 커지고 있었다. 의학계의 많은 이들은 그를 잘해야 어리석고, 심하면 위험할 수 있는 개념을 내세우는 허황된 돌팔이 의사라고 매도하려 애썼다.[9] 런던 유니버시티 칼리지 병원의 외과의 존 마셜은 유방 절제술을 받은 여성의 소변이 녹색을 띠는 것을 보고서 소독법을 반대한다고 했다. 비슷한 기사들이 잇따랐다. 리스터는 이런 주장들에 놀랐다. 그는 앞서 석탄산 중독의 위험을 인식하고 있었고, 그 결과를 직접 목격했기에 몇 년 전부터 이미 의사들에게 석탄산을 희석해 쓰라고 경고했기 때문이다.[10] 그는 그것이 자신의 방법을 부주의하게 쓰는 이들 때문에 나타나는 실패 사례 중 하나에 불과하다고 확신했다.

글래스고의 외과의 도널드 캠벨 블랙은 그를 가장 강하게 비판하는 인물에 속했다. 그는 리스터의 소독법을 〈의학의 최신 장난감〉이라고 불렀다.[11] 그는 리스터가 얻은 결과가 그저 우연의 일치로 나온 것이라고 생각했고, 〈석탄산 열광〉에 휩쓸리지 말라고 경고했다. 그는 리스터 같은 외과의의 〈호화스러운 취미거리〉만큼 〈과학적 의학이나 수술의 진정한 발전에 방해가 되는 것은 없다〉라고 썼다. 게다가 블랙은 글래스고 왕립 병원에서 실제로 개선이 이루어졌는지에 의문을 제기했다. 그가 『메디컬 타임스 앤드 가제트』로부터 받은 통계 자료는 지난 8년 동안 리스터가 있던 병원의 절단 수술과 복합 골절 환자의 사망률에 전혀 변화가 없었음을 시사했다.

1860년부터 1862년까지, 절단 수술을 받은 환자 중 3분의 1이 사망했다. 복합 골절로 찾았다가 절단 수술을 받지 않은 환자 중에서도 4분의 1은 사망했다. 리스터가 병원에 소독 체계를 도입한 1867년과 1868년의 사망률도 비슷했다.[12] 사실 절단 수술을 받은 환자의 사망률은 조금 더 증가했다. 하지만 그 통계는 병원 전체의 총 사망자 수를 나타낸 것이기 때문에 오도하고 있었다. 글래스고 왕립 병원의 모든 외과의가 리스터의 치료법을 받아들인 것도 아니었다. 그의 방법을 받아들인 외과의 중에서도 원하는 결과를 얻는 데 필요한 만큼 정확하고 일관성 있게 그 방법을 적용한 이들은 많지 않았다. 이런 자료 불일치를 규명하려면, 리스터는 같은 병원에 있는 다른 외과의들과 자신의 성공 사례를 구별할 필요가 있었다.

리스터의 결과를 받아들이긴 했어도 사망률 감소의 실제 이유를 놓고 아직 의구심을 품고 있는 이들도 있었다. 몇몇 외과의는 그의 성공이 그의 소독 체계 때문이 아니라, 그 병원의 새 외과 병동의 전반적인 위생 환경 개선 때문이라고 주장했다. 리스터는 이 견해를 반박했다. 〈내가 기술한 내 병동의 건강 상태에 일어난 바로 그 변화가 그런 원인들 때문에 생긴 것이라는 주장은 문제 자체를 제대로 파악하지 못한 것이다.〉[13] 그는 자신이 석탄산을 쓰기 전에, 자신의 병동이 글래스고 왕립 병원에서 가장 건강하지 못한 곳에 속했으며, 〈그 병원에 입원하는 데 따르는 특전〉이라고 불릴 정도였다고 했다. 그는 병원 관리자들, 즉 처음에 그가 글래스고로 왔을 때 왕립 병원에 임용되는 것을 막은 바로 그 사람들이 비난을 받아 마땅하다고 여겼다. 〈나는 관리자들과 계속 싸웠는데, 그들은 글래스고 인구가 점점 느는 데 맞추어서 침대를 추가로 들여서 병원 수용 능력을 늘리기 위해 안달했다.〉[14] 관리자들은 공기가 좀 더 잘 순환되도록 병실의 높은 벽을 없앴지만, 그 일은 그가 석탄산으로 환자를 치료하기 시작한 지 9개월 뒤에야 이루어졌다. 따라서 리스터는 그런 조치로 자기 병동의 사망률 감소를 설명할 수는 없다고 보았다. 또한 환자의 식단을 개선하고 식사량을 늘린 것이 성공의 비결이었다고 말하는 이들도 있었다. 리스터는 식단만으로 고름혈증, 단독, 병원 감염 괴저가 사라질 수 있다고 보는 이들은 〈지적인 의사의 정신을 갖추기가 거의 어려울 것〉이라고 썼다.[15]

글래스고 왕립 병원의 실상에 관한 리스터의 언급을 병원 관리자들이 못 볼 리가 없었다. 그들 중 상당수는 이미 그 개혁적인 외과의를 경멸하고 있었다. 이사회 간사인 헨리 레이몬드는 단박에 반박했다. 『랜싯』 편집장에게 보낸 편지에 레이몬드는 〈병원의 불결함과 조건에 관한〉 리스터의 비난이 〈부당하며 사실에 맞지 않다〉라고 했다.[16] 관리자들은 리스터의 소독법이 최근 몇 년 사이의 병원 사망률 감소에 거의 기여한 바가 없다고 믿었다. 그 대신에 그들은 〈외과뿐 아니라 내과에서도 병원의 건강과 조건이 흡족하게 개선되었으며, 그것이 주로 이사회가 최근 들어서 많은 신경을 쓴 환기 개선, 식단 개선, 뛰어난 간호 인력 덕분〉이라고 했다.

가장 공공연히 노골적으로 비판한 사람은 리즈 병원의 외과의 토머스 누널리였다. 그는 단 한 명의 환자도 석탄산으로 치료하지 못하게 했다는 데 큰 자부심을 가졌다. 1869년 영국 의사 협회에서 강연을 할 때 그는 리스터의 소독법이 〈근거 없는 환상〉에 토대를 두고 있으며, 〈오로지 그것을 믿는 이들의 상상만을 기반으로 한다〉라고 주장했다.[17] 그는 리스터가 옹호하는 균 이론이 터무니없다고 보았다. 「나는 유기적인 균이라는 이 추측이 순진한 오류 수준을 넘어선다고 봅니다.」 그는 회의 참석자들에게 말했다. 제임스 Y. 심프슨도 앉아 있었다. 「상처를 입은 뒤에 그토록 흔하게 나타나는 절망적인 결과들이 단 하나의 원인에서 비롯되고, 그 한 가지에만 대처함으로써 막을 수 있다고 (……) 가르치는 것은 많으면서 때로 복합적인 원인들을 무시하게 만드는 적극적인 위해 행동입니다.」

누널리에게 반박할 때, 리스터는 도저히 혐오감을 숨기지 못했다. 〈자신이 거의 이해하지 못하고 있고 스스로 인정했듯이 결코 시도한 적도 없는 치료법을 교조적으로 반대하는 짓은 근시안의 소치다.〉[18] 자신의 아들이 공격을 받아서 점점 좌절하는 모습을 보이자, 부친은 그를 위로할 방안을 모색했다. 한 편지에 그는 이렇게 썼다. 〈네가 제시하는 개선이 아무리 느리고 불완전하게 이루어질지라도 채택될 것이고, 그들이 어떤 주장을 하든 하찮고

논박될 거야. 살균법이 도입된 것은 사람들에게 엄청난 축복이란
다.〉[19]

리스터가 회의주의자들과 논쟁을 벌이고 있을 때, 집안에서 또
다시 좋지 않은 소식이 도착했다. 에든버러로 이사하기 몇 주 전
에, 그는 동생인 아서로부터 전보를 받았다. 동생은 부친을 뵈러
업턴에 들른 바 있었다. 아서는 〈사랑하는 아빠의 모습이 너무나
달라진 것에 깜짝 놀랐다〉라고 했다.[20] 조지프 잭슨은 침대에서
돌아누울 힘도 없을 만치 쇠약해진 상태였다. 부친은 이제 83세
였으며, 리스터는 부친이 아직 정정했던 지난 몇 년 동안 조금씩
변화가 일어나고 있음을 눈치 채고 있었다. 조지프 잭슨은 몇 달
전에 심한 기침 감기를 앓았고, 최근에 리스터에게 보낸 편지에
서는 발목에 피부 감염이 일어나서 아프다고 적기도 했다. 예전
에 깔끔했던 손 글씨가 점점 알아보기 어려워지고 있다는 사실도
많은 것을 말해 주고 있었다. 80대의 신체 조화 기능이 떨어지기
시작했음을 보여 주는 확실한 징후였다. 뇌졸중 이후의 사임도
그러했다.
　리스터는 짐을 꾸려서 런던으로 향했다. 그는 제때에 딱 맞추
어서 도착했다. 5일 뒤인 1869년 10월 24일, 조지프 잭슨은 임종
했다. 리스터는 몹시 상심했다. 삶과 자신의 장래가 혼란스럽고
불확실하게 느껴질 때마다, 부친은 늘 안내하는 등불이자 이성의
목소리가 되어 주었다. 리스터가 의학자의 길을 포기하고 퀘이커
성직자가 될 생각을 할 때, 부친은 그쪽 방향이 아들에게 맞지 않

는다는 것을 알려 줌으로써 부드럽게 아들을 올바른 길로 되돌렸다. 리스터는 부친의 소중한 조언을 계속 그리워하게 된다.

깊은 슬픔에 잠긴 채 리스터는 매부인 릭먼 고들리에게 편지를 썼다. 그는 지난밤에 어릴 때 집에 있는 이상한 꿈을 꾸었다고 썼다. 꿈속에서 업턴 자택의 자기 침실에서 나와 내려가니 부친이 따스하게 맞아주었다고 했다. 〈어렸을 때처럼 따뜻하게 악수를 하면서 뽀뽀해 주셨어.〉²¹ 몇 마디 말을 주고받은 뒤, 리스터는 부친에게 긴 여행 뒤에 잘 주무셨냐고 물었고, 부친은 아직 잠을 안 잤지만 아주 상쾌하다고 했고, 둘은 기뻐했다. 바로 그때 리스터는 부친이 겨드랑이에 얇은 책을 끼고 있는 것을 보았고, 그 안에 부친의 여행 기록이 담겨 있음을 알아차렸다. 그 순간 리스터는 깨어났고, 그 책을 읽었으면 얼마나 흥미로웠을지 생각했다.

그는 가장 열정적이면서 거의 시적인 소망으로 편지를 끝맺었다. 〈그 평화로운 해변에서 만나기를.〉

부친이 세상을 뜬 지 2주 뒤, 리스터는 에든버러 대학교에서 학생들을 대상으로 취임사를 했다. 그는 참석한 사임에게 경의를 표했다. 「우리의 거장이 여전히 우리 곁에 있다는 것을 우리 모두 축하합시다.」²² 아마 자신의 부친을 생각하면서 한 말일 것이다. 그는 자신이 〈[사임의] 무진장한 지혜와 경험의 보고를 자유롭게 드나들 수 있었기에, 어떤 의미에서는 그가 나를 통해 여러분의 스승이 되는 것〉이라고 말했다.

사임의 몸 상태도 악화되고 있었다. 리스터가 취임사를 한 지

몇 달 뒤, 사임은 말하는 능력을 잃었다. 이어서 음식을 삼킬 능력도 잃었고, 관을 통해 미음을 먹어야 하는 치명적인 상황에 이르렀다. 이번에는 회복되지 못하리라는 것이 명확해졌다. 1870년 6월 26일 〈외과의 나폴레옹〉은 세상을 떠났다.

의료계는 그런 저명한 외과의가 세상을 떠났다는 사실에 슬퍼했다. 『랜싯』은 이렇게 실었다. 〈사임 씨의 사망으로 세상에서 가장 치밀한 사상가이자 아마도 외과 최고의 교사였을 인물이 사라졌다……. 그는 제자들의 삶 속에 영구히 살아 있을 것이고, 외과의로서 인류가 외과술을 필요로 하는 한 계속 기억될 것이다.〉[23] 『영국 의학회지』도 이렇게 썼다. 〈사임 씨를 결코 주저하지 않고 현대 외과의 중 최고의 반열에 올려놓을 수 있다.〉[24]

리스터는 그 누구보다도 그의 죽음을 슬퍼했다. 1년 사이에 부친을 둘이나 잃은 셈이었다. 이제 사임도 세상을 떠났으니, 자문할 수 있는 선배 외과의가 거의 없어졌다. 훗날 리스터의 조카는 사임이 살아 있는 한, 〈스코틀랜드 최고의 외과의〉라는 영예는 사임의 차지였을 것이라고 말했다. 그가 세상을 떠나자, 스코틀랜드는 이제 그 영예를 조지프 리스터에게 넘기려 하게 된다.

■

이때쯤 의학계는 미생물이 병을 일으킨다는 개념을 마지못해 받아들인 듯했다. 리스터의 조수 중 한 명은 예리하게 간파했다. 〈새로우면서 위대한 과학적 발견이 이루어질 때면 기존 방법의 최고 권위자였던 이들 중에 명성을 잃는 사람들이 많이 생기기 마련이다. 그들은 자신의 업적을 무위로 돌린 사람을 용서하기 어렵다.〉[25] 리스터는 나이 든 외과의가 수십 년 동안 믿은 정설을 〈잊게 하기〉는 어렵겠지만, 새로 시작하는 학생들에게 자신의 이론과 방법을 받아들이게 하는 일은 훨씬 쉬울 것이라고 생각했다. 이미 글래스고에서 헌신적인 추종자들을 기른 바 있기에, 에든버러에서도 같은 결과가 나올 것이라고 기대했다.

리스터 강의의 주된 특징은 시연이었다. 그는 감염 이론을 다루면서 사례들의 역사를 보여 주고 실험을 통해 시범을 보이곤 했다. 그는 수많은 권고와 경고, 예시를 제시했다. 모두 자신의 경험에서 우러나온 사례들이었다. 병원에서 학생들에게 강의할 때면 병실에 있는 환자를 수술실로 데려오기까지 했다. 그는 사실들을 죽 나열하는 것이 아니라, 원리를 깨우치게 하는 것을 가르치는 목표로 삼았다. 한 학생은 처음 접하는 주제였음에도 〈제시된 사실들이 너무나 명쾌하고 논리적이었기에, 그 문제를 달리 생각할 여지가 거의 없다〉라고 생각했다.[26] 나중에 저명한 외과의가 되어서 소독법을 옹호하는 일에 나선 윌리엄 왓슨 체인은 에든버러 학생이었을 때 들은 리스터의 전신 외과 강의와 다른 교수가 한 강의의 차이를 언급한 바 있다. 후자는 〈염증과 몸의 반응에 관해 별난 이론들로 가득한 지루하기 그지없는 시간이었고, 전혀 알아들을 수도 없었다〉라고 썼다.[27] 대조적으로 〈리스터가 우리 앞에 펼치는 경이로운 전망에 매료되었고〉, 수업 첫날 〈외과의가 되겠다는 포부에 사로잡혀서〉 강의실을 나섰다고 했다.

리스터의 학생들은 그에게서 많은 것을 기대했고, 그 역시 학생들에게 기대하는 것이 많았다. 그는 경찰관처럼 교실을 관리했다. 당시에는 학생들이 강의실에 들어올 때 자신의 이름이 새겨진 표를 제시했다. 그래서 강사는 누가 결석했는지를 알 수 있었다. 이 방식을 써서 리스터는 습관적으로 빠지는 학생은 수업에 들어오지 못하게 했다. 그는 젊은이들이 자신의 성소에 들어올 때 직접 문 앞에 서서 입장표를 수거했다. 그래서 학생들은 결석한 친구의 것까지 두 개를 내밀 수가 없게 되었다. 리스터는 당시에 흔했던 그런 짓을 혐오했다. 〈거짓말을 하거나 적는 일을 대수롭지 않다고 생각하게 만드는 것들이야말로 가장 해악을 끼친다. 거짓으로 적는 사람은 나중에 그렇게 거짓말을 대수롭지 않게 하게 된다.〉[28] 또 그는 지각한 학생들이 강의를 방해하지 못하게 교실에 들어오는 시간도 깐깐하게 통제했다. 〈정해진 시간 이후에는 누구도 교실로 들어올 수 없도록 출입구를 모두 닫고, 학생들을 오직 하나의 문을 통해서만 오갈 수 있도록 했다.〉[29]

에든버러 대학교의 많은 교수는 제멋대로인 학생들을 통제할 수가 없을 때면 갑자기 불같이 화를 내면서 성질을 부리곤 했다. 그러나 리스터는 동료들이 하지 않는 방식으로 학생들을 통제했다. 그의 강의실은 과학을 숭배하는 마음이 절로 들게 하는 경건한 곳이었다. 그의 학생이었던 한 명은 훗날 이렇게 말했다. 〈그가 있을 때면 핀이 떨어지는 소리까지 들을 수 있었다. 그는 강의 내내 진지하고 열정적인 태도로 마치 주문을 거는 양 이목을 사로잡았다.)[30] 단 한 번 그 주문이 깨진 적이 있었는데, 한 학생이 〈낭랑하게 성직자 같은 어조〉로 리스터의 소독법에 관해 농담을 했을 때였다. 리스터는 눈을 치켜들어서 슬프고 딱하다는 표정으로 학생을 쳐다보았다. 그러자 마치 마법 같은 효과가 나타났다. 농담을 한 그 학생은 1년 뒤에 전신 마비로 사망했다. 〈당시에는 스피로헤타[매독의 원인균]라는 것을 아예 몰랐기에, 우리는 주피터가 신성 모독으로 그를 처벌한 것이라고 농담을 하곤 했다.〉

리스터는 학생들에게뿐 아니라 수술 조수들에게도 똑같이 높은 기준을 설정했다. 어느 날 그는 병실에서 한 환자를 진찰하다가 수술 조수에게 칼을 달라고 했다. 조수가 칼을 건네자, 리스터는 손바닥에 대고 칼날을 꼼꼼히 검사하더니 이가 빠졌다는 것을 알아차렸다. 엄숙하게 천천히 리스터는 방을 가로질러서 칼을 난롯불에 던져 넣었다. 그는 다시 칼을 달라고 했다. 조수가 다시 칼을 건네자, 리스터는 이번에도 난롯불에 던졌다. 조수는 나중에 이렇게 썼다. 〈교수가 자신의 수술칼을 불에 태우는 별난 광경에 환자들은 깜짝 놀랐다. 학생들도 놀라서 눈을 크게 뜨고는 리스터를 보았다가 나를 보았다가 했고, 학생들 너머에 있던 사람들도 무슨 일이 일어나고 있나 하고 호기심이 동해서 모여들었다.〉[31] 리스터는 한 번 더 조수를 돌아보면서 칼을 달라고 했다. 젊은 조수는 겁을 먹어서 덜덜 떨면서 세 번째 칼을 건넸다. 리스터는 이번에는 받아들였다. 리스터는 조수의 얼굴을 뚫어져라 보면서 꾸짖었다. 「자기 자신에게는 쓰지 않을 칼을 어떻게 이 가여운 남자에게 쓰라고 감히 내민단 말인가?」

리스터가 학생들과 조수들을 엄격하게 대한 데에는 나름의 이유가 있었다. 소독 붕대를 써서 성공한 모든 수술과 사례는 자연 발생 교리에 맞서는 증거였다. 생명은 무에서 저절로 생겨나는 것이 아니었다. 그의 학생들은 감염이 일어나지 않을 때 그 증거를 눈으로 볼 수 있었다. 일부 외과의는 『랜싯』에 실린 그의 논문들을 통해서 균 이론을 접했으므로 그 이론이 타당하다고 받아들이기에는 부족하다고 여겼을지 몰라도, 그의 학생들은 병실에서 매번 그가 일하는 모습을 지켜보면서 소독법이 효과가 있음을 직접 접했다. 직접 보면 믿게 된다는 원리에 따라서, 리스터는 제자들을 키우고 있었다. 졸업하여 대학교라는 좁은 공간 너머로 그의 사상을 퍼뜨릴 제자들이었다. 나중에 〈리스터주의자Listerian〉라고 불리게 될 그의 추종자들은 곧 영국 외과 기관과 이념을 주도하게 되면서 소독법의 교리를 존경하는 태도로 널리 퍼뜨리게 된다.

1867년의 소독 치료법 발표는 상처 부패에 관한 자신의 연구가 시작되었음을 알리는 것에 불과했다.[32] 그는 석탄산 실험을 계속했고, 그러면서 방법을 다듬고 개선해 갔다. 어떤 시연을 보고서 그 방법에 푹 빠졌던 학생들은 마지막으로 본 뒤로 교수가 새로운 방법을 개발했다는 사실을 나중에야 알아차리곤 했다. 그 뒤로 학생들은 으레 그런 변화를 예상하게 되었다. 그런 개선 과정을 접하면서, 학생들은 의학에 실험이 얼마나 중요한지 그리고 정확하고 예리한 관찰이 수술의 개선으로 이어질 수 있음을 깨달

왔다.

처음부터 리스터는 수술 도구부터 의사의 손까지 모든 것을 석탄산으로 전면 살균할 것을 주장했다. 이 방법을 계속 쓰자 시간이 흐르면서 자신의 피부가 부식될 정도였다. 하지만 묶음술, 즉 절단 수술 때 혈관을 묶거나 동맥자루에 연결된 혈관을 자른 뒤 묶는 방법은 석탄산을 뿌리기 시작한 이후로도 계속 문제로 남아 있었다. 당시에는 혈관을 꽉 묶은 뒤, 매듭의 한쪽이나 양쪽 끝을 상처에서 튀어나올 만치 충분히 길게 남겨 두는 것이 관습이었다. 그러면 분비물이 실을 통해서 흘러나올 수도 있고, 상처가 아문 뒤에 실을 빼내기도 더 쉬웠기 때문이다. 불행히도 이 방법은 오염될 통로를 제공하는 역할도 했다.

리스터는 감염을 없앨 수 있다면 빼낼 분비물도 없을 것이고, 따라서 묶음실을 상처 바깥으로 늘어뜨릴 필요도 없다고 추론했다. 그에게 필요한 것은 매듭을 쉽게 묶을 수 있고, 상처가 아물 때까지 온전히 남아 있다가 나중에 어떻게든 몸에 흡수되거나 아무런 탈 없이 남아 있을 수 있는 튼튼하면서도 부드러운 물질이었다. 처음에 리스터는 석탄산에 담근 비단실을 썼다. 매끄러워서 조직을 자극할 가능성이 적기 때문이었다. 그는 말의 목을 절개한 뒤 비단실로 대동맥을 묶었다. 6주 뒤, 말은 그 절개와 상관없는 원인으로 갑자기 죽었다. 리스터는 당시 감기에 걸려서 누워 있었기에, 조수인 헥터 캐머런에게 말 목의 왼쪽을 해부한 뒤, 그날 늦게라도 집으로 표본을 가져오라고 했다. 밤 11시 정각에 캐머런은 누워 있는 외과의에게 표본을 들고 왔다. 리스터는 힘겹게 침대에서 일어나서 새벽까지 해부하여 묶은 부위를 분리했다. 예상한 대로였다. 비단실은 남아 있었지만, 섬유 조직으로 뒤덮여 있었다.

곧 리스터가 환자를 대상으로 비단실 묶음술을 시험할 기회가 왔다.[33] 다리에 생긴 동맥자루 때문에 시달리다가 온 여성이었다. 리스터는 석탄산에 담가 두었던 비단실을 써서 부푼 부위로 이어지는 동맥을 묶었다. 수술은 성공했다. 하지만 환자는 10개월 뒤 다른 동맥자루가 파열되는 바람에 사망했다. 리스터는 그 시신을 얻어서 부검을 했다. 비단실은 흡수된 상태였다. 그런데 절개한 곳 근처에서 작은 고름이 고인 것이 보였다. 그는 고름집이 형성되기 시작한 것이 아닐까 생각했다. 비단실이 그가 바라는 장기적인 해결책이 아니라는 것이 분명해졌다. 그래서 리스터는 다른 유기 물질을 찾아냈다. 바로 창자실catgut이었다.

창자실의 영어 단어는 고양이 창자를 의미하지만, 잘못 붙여진 것이다. 창자실은 사실 양이나 염소의 창자로 만든다. 소, 돼지, 말, 노새, 당나귀의 창자로 만드는 사례도 있다. 리스터는 사람에게 사용하기 전에 다시 동물에게 그 실을 시험했다. 이번에는 송아지를 택했다. 그 실험은 조카인 릭먼 존 고들리가 도왔다. 〈그 수술 장면을 생생하게 기억하고 있다……. 절개할 부위의 털을 깎고 깨끗이 하고, 세심하게 주의를 기울여서 소독 치료를 한 다음 석탄산 기름에 담근 헝겊으로 상처를 덮었다. 벽난로 선반에 놓인 할아버지의 부처 석고상이 짐승이 사람을 위해 희생하는 모습을 불가해한 눈으로 바라보면서 생각에 잠겨 있었다.〉[34] 한 달 뒤 송아지는 도살되었고, 리스터의 조수들은 해부하여 정맥을 살펴보았다. 창자실은 주변 조직에 완전히 흡수된 상태였다.

불행히도 창자실을 사람에게 실험하기 시작했을 때, 그는 그 물질이 너무 빨리 흡수되는 바람에 2차 출혈이 일어날 위험이 있음을 알아차렸다. 그는 다양한 석탄산 용액을 실험한 끝에 흡수되어 사라지는 과정을 늦출 수 있었다. 그가 『랜싯』에 그 논문을 발표하자, 편집진은 창자실 묶음술이 〈단순히 수술에 기여하는 차원을 훨씬 넘어서〉 유망하다고 평했다.[35] 죽은 유기 물질이 살아 있는 몸에 어떻게 흡수될 수 있는지를 보여 주었다는 것이다. 창자실은 곧 리스터 소독법의 일부가 되었다. 이 형성기에 그의 체계가 여러 방면으로 진화하고 있음을 보여 주는 대표적인 사례였다.

사실 그는 여생을 창자실 묶음술을 개선하는 데 강박적으로 매달렸다.[36] 에든버러로 옮긴 뒤, 그는 300쪽에 달하는 2절지 크기의 공책에 실험 과정을 꼼꼼하게 기록하기 시작했다. 그가 은퇴할 무렵에는 4권이 되어 있었다. 이 공책에 첫 번째로 적은 내용이 바로 창자실이었다. 1870년 1월 27일이었다. 1899년에야 그 연구를 결론지었다고 적혀 있다.

리스터의 방법이 진화를 거듭하자, 회의주의자들은 이런 끊임없는 수정이 그의 원래 체계가 효과가 없었음을 인정하는 증거라고 주장했다. 그들은 이런 개선이 과학 발전이 이루어지는 자연스러운 과정임을 알아차리지 못했다. 제임스 Y. 심프슨은 논쟁에 다시 끼어들어서, 전국의 병원들이 시달리고 있는 문제에 거의 숙명론적인 접근법을 제시했다. 그는 교차 오염을 막을 수 없다면, 병원을 주기적으로 허물고 다시 지어야 한다고 주장했다. 리스터의 옛 스승이었던 존 에릭 에릭슨조차도 같은 견해를 취했다. 〈일단 병원에 치료 불가능한 고름혈증이 발생하면, 그 어떤 위생 수단을 써도 감염을 막기가 불가능하다. 오래된 치즈에서 이미 발생한 구더기들을 없애지 못하는 것과 다를 바 없다.〉[37] 에릭슨이 볼 때 해결책은 하나뿐이었는데, 그것은 옛 제자의 소독법이 아니었다. 그는 〈감염된 건물을 통째로 허물자〉고 주장했다.

그러나 리스터는 온갖 반대에도 불구하고 자기 연구의 혁신적인 성격을 인정하는 사람들과 함께 맞서 싸우고 있었다. 처음에 그의 소독법은 영국에서보다 유럽 대륙에서 더 지지를 받았다.[38] 그래서 1870년 리스터는 프랑스와 독일 양쪽에서 프로이센-프랑스 전쟁에서 싸우다 다친 병사들을 치료할 지침을 마련해 달라는 요청까지 받았다. 그 뒤에 독일 의사 리하르트 폰 폴크만은 할레에 있는 병원 — 전쟁 부상병들로 가득하고 감염이 너무나 심하게 일어나서 폐쇄 직전에 놓여 있던 — 에서 리스터의 방법을 적용하여 경이로운 결과를 얻고 나서 리스터의 열성 지지자가 되었다. 그 뒤로 유럽의 다른 외과의들도 리스터의 체계를 받아들였고, M. H. 삭스토르프라는 덴마크 의사는 리스터에게 성공했다는 편지를 보내기도 했다. 이런 증언들을 토대로, 리스터는 자신의 소독법에 가장 비판적이었던 런던의 외과의들에게 쏟아붙였다. 〈이런 결과들이 코펜하겐에서도 나왔는데, 영국의 수도에서는 아직

도 이 치료법을 거의 접할 수 없다니 기이해 보이는군요.〉[39]

서서히 하지만 확실하게 영국 외과의들도 그를 옹호하기 위해 나서기 시작했다. 난소 절제술의 선구자인 토머스 키스도 그중 한 명이었다. 배 속에서 난소의 종양을 잘라 내는 위험한 수술이었던 난소 절제술은 거의 19세기 내내 극도의 논란거리였다. 그런 침습적 수술을 감행하는 이들에게는 〈배를 찢는 자〉라는 별명까지 붙었다.[40] 환자의 배를 가로로 길게 째기 때문이었는데, 그로 인해 패혈증이 흔히 일어나곤 했다.

키스는 앞서 도널드 캠벨 블랙이 공격했을 때 리스터를 옹호했다. 블랙은 리스터의 치료법을 의학의 최신 장난감이라고 비하했을 뿐 아니라, 키스의 이름을 인용하면서 소독법을 비판했다. 키스는 『영국 의학회지』를 통해 블랙의 주장에 반박했다. 블랙은 키스가 자기편이라는 식으로 인용을 했는데, 정반대로 키스는 〈리스터 씨가 하는 것을 보고 그대로 따라 하여〉 상처를 감쌈으로써 대성공을 거두었다고 썼다.[41] 그는 같은 글래스고 외과의인 블랙이 자기 도시에 있는 의학교의 명성을 높이는 데 기여한 동료인 리스터를 공격한다는 사실에 혐오감을 드러냈다. 키스는 소독법이 의학의 미래라고 보았다. 〈리스터 씨의 소독법과 석탄산에 적신 창자실을 이용한 묶음술이 수술에 어떤 기여를 할지 나는 이제야 겨우 깨닫기 시작하고 있다.〉 리버풀 왕립 병원의 외과의 E. R. 비커스테스도 소독한 창자실 묶음술을 써서 효과를 본 사례들이 많았다고 발표했다. 그는 소독법이 〈외과 기술을 완성시킬 엄청난 도약〉이라고 보았다.[42]

이 시기에 리스터는 자신이 소독법을 도입한 뒤로도 글래스고 왕립 병원의 사망률이 떨어지지 않았다는 비판에 이미 반박한 상 태였다. 그는 1864~1866년과 석탄산을 사용하기 시작한 뒤인 1867~1868년의 자기 병동 사망자 수를 비교했다. 소독법을 도 입하기 전인 1864~1866년에는 절단 수술을 받은 환자 35명 중 16명이 사망한 반면, 그 뒤에는 40명 중 겨우 6명만 사망했다.

그 논문이 나오자 『랜싯』의 편집장은 즉시 런던의 병원들에 리 스터의 소독법을 다시 〈공정하고 엄격하게〉 검사할 것을 촉구했 다.[43] 그는 리스터의 제자들이 실험을 감독하도록 하자고 제안했 다. 편집자는 글래스고에서 해낸 일이라면 〈런던에서도 이루어 져야 한다〉라고 결론을 내렸다. 그리하여 1870년에 사람들의 시 선이 런던으로 집중되었다.

■

에든버러에서 존 러드 리슨은 외과의 자격을 막 땄을 때 리스 터의 집을 찾아갔다.[44] 그는 눈에 띄게 초조한 기색을 보였다. 리 슨은 넓은 계단을 걸어 올라서 현관으로 다가갈 때 그 집 자체가 〈리스터를 더욱 범접하기 어렵게 하는 해자처럼〉 느껴졌다. 그는 병원의 수술 조수 대기자 목록에 자기 이름을 올릴 수 있는지 묻 기 위해 그 저명한 교수를 찾아간 것이었다. 리슨은 리스터의 병 실 회진 때 따라다니긴 했지만, 몹시 존경하는 그 교수와 직접 이 야기를 나눈 적은 없었다.

〈곤봉 씨 Mr. Bludgeon〉라는 별명이 붙을 만치 근엄한 집사는 리슨을 서재로 안내했다. 리스터는 그곳에 앉아 있었고, 리슨의 뒤로 문이 닫혔다. 젊은 외과의는 북향으로 난 커다란 유리창을 제외하고 전면이 유리로 덮인 마호가니 책장들이 가득한 품격 있는 방에 와 있음을 알아차렸다. 리스터는 책상 뒤에서 일어나서 리슨을 맞이했다. 〈나는 고상한 목적의 화신 같은 (……) 사람과 함께 있음을 본능적으로 느꼈다.〉 그 나이 든 외과의는 〈환하고 매력적인 웃음〉으로 풋내기 의사를 편하게 해주었다. 짧게 대화를 나눈 뒤, 리스터는 책상 서랍에서 작은 장부를 하나 꺼내더니 그의 이름을 적었다. 그는 리슨에게 다음 겨울에 수술 조수 일을 시작할 수 있을 것이라고 말했다.

리슨은 떠나려고 돌아섰을 때, 창문 앞쪽 탁자에서 이상한 것을 보았다. 유리 차양 아래 다양한 액체로 반쯤 차 있고 솜으로 위를 막은 시험관들이 몇 줄로 놓여서 햇빛에 반짝이고 있었다. 리스터의 유리 정원이었다. 〈한 번도 본 적이 없는 신기한 것들이었다. 그것들이 무엇인지, 왜 솜으로 막아 놓았는지 전혀 짐작도 할 수 없었다. 그때까지 내가 본 시험관들은 다 열려 있었고 솜으로 막아 놓은 것은 한 번도 본 적이 없었다.〉

젊은 외과의의 얼굴에 갑자기 흥미가 동하는 것을 보자, 리스터는 재빨리 그의 옆으로 오더니 신이 나서 자신이 모은 별난 액체들을 보여 주기 시작했다. 그는 탁하고 곰팡이가 슨 것들과 맑은 상태로 있는 것들을 몇 개 가리켰다. 훗날 리슨은 이렇게 실토했다. 〈나는 지적인 관심을 드러내려고 애썼지만, 사실은 그것들이 대체 뭔지 전혀 감조차 잡지 못했다.〉 리스터가 부패의 원인에 관해 최근에 이런저런 실험을 하고 있다고 자랑하듯이 이야기하자, 리슨은 이 저명한 외과의가 시간을 내어서 그런 별 관련도 없는 별난 문제를 살펴보고 있다는 사실에 놀랐다.

가장 바람직하게 그 만남을 끝낼 수 있기를 바라는 마음에, 리슨은 자신이 일관성 있게 말할 수 있는 주제가 뭐가 있을지 계속 머리를 굴렸다. 그때 리스터의 책상에 놓여 있는 커다란 파월 앤드 릴런드 현미경이 눈에 보였다. 그는 자신에게 해부학을 가르친 런던 성 토머스 병원의 존경받는 80대 실험 강사가 비슷한 기구를 썼다고 말했다. 그러자 리스터의 눈동자가 반짝 빛났다. 그는 현미경이 〈자신을 현실로 다시 데려오는 듯하다〉라고 말했다. 그는 앞으로의 외과에 현미경이 대단히 중요한 역할을 할 것이라고 리슨에게 열변을 토했다.

리슨은 훗날 이렇게 시인했다. 〈나는 현미경이 솜으로 틀어막은 시험관과 무슨 관계가 있는지 전혀 짐작도 하지 못했다.〉 런던에서 가장 크고 가장 진취적인 병원 중 한 곳에서 2년 반을 보냈음에도, 이 새로 자격증을 딴 외과의는 〈미생물 같은 말을 단 한 번도 들어 본 적이 없었고 (……) 당연히 그런 것들이 의학이나 수술과 관련이 있다는 생각조차도 해본 적이 없었다〉. 과학적 지식과 방법론이 의료에 어떤 역할을 하는지가 — 외과가 집도 기술에서 진보적인 분야로 바뀌는 데 핵심적인 역할을 한다는 것이 — 아직 제대로 정립되지 않은 시대였다. 그러나 바야흐로 시대의 조류가 리스터 쪽으로 바뀌고 있었다.

11장
여왕의 고름집

그의 입술에서 나온 진리는 두 배로 설득력이 있었지만,

바보들은 코웃음을 치고는 계속 기도를 했지.[1]

— 올리버 골드스미스

1871년 9월 4일, 리스터가 탄 마차는 밸모럴성의 장엄한 입구를 지났다. 스코틀랜드 고지대에 있는 빅토리아 여왕의 널찍한 영지 한가운데에 위치한 성이었다. 바로 전날 그는 이 궁전으로 오라는 긴급 전보를 받았다. 여왕이 몹시 아프다는 것이었다. 겨드랑이에 생긴 고름집이 점점 커져서 오렌지만 해진 상태였다. 이미 지름이 15센티미터에 달했다. 사임이 사망했기에, 이제 리스터가 스코틀랜드에서 가장 저명한 외과의였다. 그래서 여왕의 건강 문제를 진지하게 논의하기 위해 그를 찾는 것은 당연한 일이었다.

여왕은 몇 주 전부터 앓기 시작했다. 처음에는 목이 아팠다. 그

직후에 오른팔이 부으면서 아프기 시작했다. 얼마 뒤에 쓴 일기에 여왕은 〈팔이 도무지 낫지 않고, 어떤 치료도 소용이 없을 것〉이라고 한탄했다. 〈모든 시도를 다 했건만.〉[2] 여왕의 주치의들은 외과의를 부르는 것을 허락해 달라고 요청했다. 상황이 얼마나 심각한지 몰랐기에 여왕은 반대했지만, 생각은 해보겠다고 약속했다. 며칠 뒤 통증이 도저히 참을 수 없는 지경에 이르자, 여왕은 결국 동의했다.

이 꼼꼼한 외과의는 수술하는 데 필요할 모든 도구들을 다 싣고 왔다. 자신의 최신 발명품인 석탄산 분무기도 있었다. 그는 몇 달 전에 그 장치를 구상했는데, 어느 정도는 영국 물리학자 존 틴들이 한 일련의 실험에서 착안한 것이기도 했다. 틴들은 공기에 빛줄기를 통과시킴으로써 공기에 엄청난 양의 먼지가 떠다닌다는 것을 보여 주었다. 먼지 알갱이들이 없는 공기에서는 통과하는 빛이 보이지 않았다. 틴들은 열을 이용하여 먼지가 없는 공기를 얻은 뒤, 부패할 수 있는 용액을 그 공기에 노출시켰을 때에는 썩지 않은 채로 있는 반면, 먼지가 들어 있는 공기에 노출시켰을 때에는 곧 세균과 곰팡이에 썩는다는 것을 보여 주었다. 그는 공기에 있는 많은 입자가 〈우리가 사는 매시간 매분 우리의 허파 안에서 (……) 소용돌이치고〉 있으며, 특히 수술 도구에 그것들이 어떤 영향을 미칠지 걱정스럽다고 놀라워했다.[3] 틴들의 실험은 의료 환경에서 공기에 든 균을 없앨 필요가 있다는 리스터의 생각을 더욱 강화했다. 그래서 수술하는 동안 그리고 나중에 붕대를 갈 때 환자 주변의 공기를 살균하기 위해 석탄산 분무기를 고안했다. 하지만 또 다른 목적도 있었다. 리스터는 분무기를 이용하면 석탄산을 상처에 직접 뿌릴 필요성이 줄어들 것이라고 보았다. 상처에 직접 뿌리면 피부가 손상되고 염증과 감염 위험이 증가할 때도 있기 때문이었다.

처음 만든 장치는 손에 들고 뿌리는 것이었지만, 리스터의 혁신들이 다 그렇듯이 그 장치도 그의 생애에 몇 차례 형태가 바뀌었다. 더 나중 형태 중 하나는 〈당나귀 엔진〉이라는 별명이 붙었는데, 높이 약 1미터의 삼각대에 놓인 구리로 만든 대형 분무기였다. 분무 방향을 정할 수 있는 길이 30센티미터의 손잡이가 달려 있었다. 장치 자체의 무게는 4.5킬로그램에 달했고, 운반하려면 조수들의 도움을 받아야 할 만치 거추장스러웠다. 수술실에서 장시간 수술이 이루어질 때면 조수들이 번갈아가면서 분무를 했다. 리스터의 예전 학생 중 한 명은 〈에든버러의 주민들은 그가 자신의 이 가공할 전쟁 무기와 함께 마차에 불편하게 앉은 모습으로 거리를 지나가는 광경에 점점 익숙해졌다〉라고 썼다.[4]

방식 자체는 우스꽝스러웠지만, 석탄산 분무기는 의학사에 중요한 이정표가 되었다. 그전까지 비판자들은 리스터의 치료법이 어떤 종류든 간에 소독제로 상처를 닦는 기존 방법을 연장한 것에 불과하다고 지적할 수 있었다. 그러나 분무기는 리스터가 균 이론, 특히 루이 파스퇴르의 균 이론에 전적으로 의존함을 알렸다. 당시에는 병원균과 무해한 세균을 구분하기는커녕, 세균들을 구별하는 방법에 관한 연구가 거의 이루어지지 않은 상태였다.

리스터가 석탄산 분무기를 포기한 것은 수십 년 뒤의 일이었다. 독일의 의사이자 미생물학자인 로베르트 코흐가 그의 조수인 율리우스 페트리의 이름을 딴 페트리 접시에 세균을 배양하고 염색하는 기법을 개발하면서였다. 이 기법으로 코흐는 특정한 병과 특정한 미생물을 짝지을 수 있었고, 그럼으로써 세균도 종이 있으며, 종마다 독특한 임상 증후군을 일으킨다는 이론이 나왔다. 코흐는 이 방법을 써서 공기 속의 병원균이 상처 감염의 주된 원흉이 아님을 보여 주었다. 즉 공기 자체를 살균할 필요가 없다는 뜻이었다.

그러나 리스터는 1871년에는 아직 그 기술에 몹시 의존하고 있었고, 그래서 여왕에게 불려 갔을 때 석탄산 분무기를 가져갔다. 리스터는 밸모럴성에 있는 여왕의 장엄한 침실로 들어갈 때, 자신의 소독법이 많은 생명을 구했다고 확신하고 있었다. 하지만 병원 환자들에게, 더 나아가 누이에게 석탄산을 쓰는 것과 여왕을 치료할 때 석탄산을 쓰는 것은 상황이 전혀 달랐다. 자신의 치료법이 여왕에게 후유증을 남긴다면, 자신의 평판이 엉망이 될 터였다. 리스터는 여왕을 진찰하고 상황이 매우 심각하다는 사실을 알아차렸을 때 몹시 걱정이 앞섰을 것이 분명하다. 고름집이 더 악화된다면, 여러 가지 패혈증 증상들이 나타날 것이고, 그러면 여왕은 목숨을 잃을 수 있었다.

여왕은 마지못해 수술을 하도록 허락했다. 여왕은 나중에 일기에 이렇게 털어놓았다. 〈너무나 극심한 고통을 참다 보니 극도로 겁이 났다. 클로로포름을 맡겠지만, 너무 많이는 아닐 것이다. 몸 상태가 몹시 안 좋으니까.)⁵ 사실 여왕은 수술 내내 반쯤은 깨어 있었다. 여왕의 건강이 매우 좋지 않다는 점을 생각해서 리스터는 마취제를 적게 투여하기로 결정했다.

리스터는 궁정 의사인 윌리엄 제너에게 도움을 요청했다. 그는 수술하는 동안 제너에게 석탄산 분무기를 조작하는 일을 맡겼다. 리스터가 수술 도구, 손, 여왕의 팔 아래 수술할 부위를 소독하기 시작하자, 제너는 공중에 석탄산을 분무했고, 독특하고 달콤한 타르 냄새가 방 안을 가득 채웠다. 소독제가 주변에 충분히 뿌려졌다는 판단이 들었을 때, 리스터는 여왕의 고름집을 깊이 절개했다. 피와 고름이 왈칵 쏟아졌다. 리스터가 상처를 닦아 내는 동안, 제너는 열심히 석탄산을 뿌렸다. 부식성 물질이 그들을 흰 구름처럼 뒤덮었다. 궁정 의사는 그 거추장스러운 장치를 다루다가 실수로 여왕의 얼굴에 석탄산을 한 차례 분사했다. 여왕이 투덜거리자, 제너는 자신은 그냥 풀무질을 하는 사람일 뿐이라고 반쯤 농담 삼아 말했다. 수술이 끝나자, 리스터는 상처를 꼼꼼히 붕대로 덮은 뒤, 지친 여왕이 푹 쉬도록 했다.

다음 날 여왕의 붕대를 갈던 리스터는 절개 부위를 덮었던 리넨 밑으로 고름이 생긴 것을 보았다. 감염이 자리를 잡지 않도록 서둘러 조치를 취해야 했다. 분무기를 흘깃 쳐다보는 순간, 머릿속에 반짝 착상이 떠올랐다. 그는 분무기의 고무관을 떼어 내어 밤새 석탄산에 푹 담갔다가 다음 날 아침 상처에 꽂아서 고름이 배출될 수 있도록 했다. 리스터의 조카는 그다음 날 삼촌이 〈한 방울쯤의 깨끗한 혈청 외에는 아무것도 배출되지 않은 것을 보고는 무척 기뻐했다〉라고 썼다.[6] 나중에 리스터는 그런 배수구를 마련한 것은 그때가 처음이었다고 주장했다.[7] 소독법과 함께 독창적인 즉석 발명이 여왕의 생명을 구한 것이 분명했다. 일주일 뒤, 리스터는 여왕이 회복되는 것에 흡족해하면서 밸모럴성을 떠나 에든버러로 돌아왔다.

강의 시간에 그는 학생들에게 이렇게 농담을 했다. 「여러분, 나는 여왕의 몸에 칼을 댄 유일한 사람이라오!」[8]

조지프 리스터가 여왕을 치료하는 데 성공했다는 소식이 곧 전국으로 퍼지면서, 그의 방법을 믿는 이들이 크게 늘어났다. 여왕은 리스터가 수술하도록 허락함으로써 리스터의 소독법에 왕가가 인정했다는 인장을 찍은 셈이었다. 게다가 제임스 Y. 심프슨이 심장병으로 사망했기에, 몇 년 동안 리스터의 치료법을 둘러싼 반목도 종식을 고한 상태였다.

리스터가 여왕을 만난 직후에 루이 파스퇴르는 런던을 방문했다. 얼마 전에 글래스고로 와서 리스터의 병동을 둘러본 적이 있던 존 틴들은 파스퇴르를 만났다. 그는 그 프랑스 과학자와 이야기를 나누다가 〈어느 저명한 영국 외과의〉가 파스퇴르의 연구를 지침으로 삼아서 부패와 감염병의 원인을 이해하는 쪽으로 중요한 공헌을 했다고 말했다. 파스퇴르가 리스터라는 이름을 들은 것은 이때가 처음이었다. 파스퇴르는 몹시 흥미가 동했다.

두 사람은 긴 서신을 주고받기 시작했다.[9] 그들은 편지를 통해서 자신들의 실험, 이론, 발견을 논의하고, 서로를 존중하고 존경하는 마음을 드러냈다. 리스터는 파스퇴르를 상처의 패혈증을 이해할 수 있는 수단을 제공한 인물이라고 여겼다. 파스퇴르는 그 주제를 발전시킨 리스터의 업적에 경외심을 드러냈다. 파스퇴르는 이렇게 썼다. 〈치료 과정을 그토록 꼼꼼하게 정립하고, 실험법을 완벽하게 이해하고 계시니, 정말 놀라움을 금치 못하겠습니다.〉[10] 그는 리스터가 환자를 돌보는 한편으로, 그렇게 복잡한 연구를 할 짬을 냈다는 데 경이로움을 느꼈다. 〈제게는 완벽한 수수께끼네요. 외과 업무에 그토록 헌신하면서 큰 병원의 외과장으로 일하고, 그토록 많은 시간과 끊임없는 노고를 요하는 연구까지 하실 수 있다니요. 이곳에서 선생님 같은 천재적인 인물을 과연 더 찾을 수 있을지 의심스럽습니다.〉 과학적 방법을 늘 깊이 신뢰하던 사람인 리스터에게는 더할 나위 없는 찬사였다. 게다가 파스퇴르 같은 존경받는 인물로부터 받은 찬사였으니 더욱 그러했다.

　명성이 퍼짐에 따라서, 리스터의 강의실은 학생들과 그가 활약하는 모습을 보기 위해 에든버러를 찾은 전 세계의 방문자들로 넘쳐 났다. 리스터는 전국을 순회하면서 의학도들을 대상으로 자기 소독법의 장점을 설명했다.[11] 그리고 마침내 런던에서도 고무적인 소식들이 들리기 시작했다. 검증하라는 『랜싯』의 요구에 응한 이들이 나타나기 시작했다. 런던의 병원들은 다시 소독법의 효과를 검증하기 시작했다. 이번에는 리스터가 자신의 소독법을 처음 발표했던 1860년대 말보다 더 고무적인 결과가 나왔다. 성 조지 병원은 직원들 사이에 리스터의 방법을 신뢰하는 이들이 늘어났다고 발표했다. 미들섹스 병원도 석탄산과 염화아연으로 소독하여 긍정적인 결과를 얻음으로써 비슷한 입장을 내놓았다. 가장 강력하게 지지하는 결과를 내놓은 쪽은 런던 병원이었다. 한 해에 걸쳐 수술한 약 50건 중, 외과의가 소독법을 쓰기 시작한 이후에 〈증상에 따른 신체적 장애가 적게 나타난다는 점이 뚜렷해졌다〉라고 했다.[12]

런던에서 리스터의 방법을 받아들이는 방향으로 눈에 띄게 견해가 바뀌고 있었지만, 소독법이 전면적으로 채택되기까지는 몇 년이 더 걸려야 했다. 주된 이유는 많은 외과의가 부패에 관한 파스퇴르의 균 이론을 인정하지 않으려 했기 때문이다. 런던의 한 외과의는 〈리스터 씨의 균을 차단하기〉 위해서 수술실 문을 쾅 닫음으로써 리스터와 그의 선구적인 연구를 조롱했다.[13] 『랜싯』에는 〈플라너Flaneur〉 즉 게으름뱅이라는 이름으로 독자 투고가 실렸는데, 런던에서 소독법의 채택이 느린 양상을 통찰력 있게 관찰하고 있다.

사실 이는 외과보다는 과학의 문제이며, 따라서 소독법 교리를 과학적인 독일인들은 열정적으로 받아들이고, 반쯤 과학적인 스코틀랜드인들은 좀 마지못해 받아들인 반면, 느려터지고 현실적인 영국 외과의들은 얼마간이라도 이해하거나 인정한 적이 결코 없었다. 환자들에게는 다행스럽게도, 영국 외과의는 청결한 영국인의 본능 덕분에 부분적인 소독 체계를 상당할 정도로 오래전부터 쓰고 있다. 자신도 모르게 산문을 이야기하는

귀부인과 비슷하다.[14]

리스터가 글래스고와 에든버러의 의사들에게 자기 소독법의 가치를 설득하기란 더 쉬웠다. 두 도시는 중앙에 병원과 대학교가 한 곳씩 있었기 때문이다. 반면에 런던의 의료계는 훨씬 더 쪼개져 있었고 덜 과학적인 태도를 보였다. 스코틀랜드에 비해 런던은 아직 임상 교육이 덜 흔했다. 리스터는 이렇게 비판했다. 〈런던으로 돌아가서 임상 외과 교육이 어떻게 이루어지고 있는지 묻는다면, 런던의 학생 때 내가 경험한 것이나 (……) 런던을 방문하고 온 이방인들의 한결같은 증언으로 판단할 때, 이곳의 우리 체계에 비해 겉만 그럴듯하게 꾸며 놓은 것에 불과하다는 사실이 드러날 것이다.〉[15] 그런 장애물들은 내부에서부터 체계를 개혁하지 않는 한, 넘을 수 없을 터였다.

하지만 리스터의 소독 치료를 결코 의심하지 않은 이들이 있었다. 바로 그의 치료 덕분에 목숨을 구한 환자들이었다. 리스터가 소독법을 도입하기 이전과 이후에 그 병원에 입원한 경험이 있는 한 노인은 어떤 차이점이 있었는지를 이야기했다. 〈내가 전에 여기 있었을 때보다 엄청나게 나아졌다오.〉[16] 리스터의 환자가 아니었던 사람들에게까지도 기적 같은 회복 소식이 널리 퍼지고 있었다. 애그니스 리스터는 시누이에게 보낸 편지에서, 동네 제분소에서 일하다가 심한 화상을 입은 뒤 석탄산 치료를 받고 목숨을 구한 한 소년의 이야기를 상세히 썼다. 리스터의 수련의로 있었던 패트릭 헤런 왓슨은 그 사고가 일어난 날 리스터 부부를 만났다. 그는 부부에게 〈제가 보기에는 소년이 회복되지 못할 것 같습니다〉라고 말했다.[17] 애그니스는 이렇게 썼다. 〈하지만 석탄산의 도움으로 소년은 회복되어 갔고, 그 소식에 몇몇 제분소들은 큰 관심을 가졌어요.〉 실제로 노동자 대표들이 소년을 보러 병원으로 왔다. 애그니스는 〈소년의 고용주들이 왓슨 의사에게 연봉 300파운드를 줄 테니 공장 전담 외과의로 일해 달라고 했대요〉라고 썼다. 리스터의 수련의로 일했던 또 한 사람은 훗날 이렇게 썼다. 〈동료들에게 인정을 받는 데에는 시간이 꽤 걸리고 있었지만, 기존 체계와 새로운 체계를 다 경험한 환자들은 그 차이를 금방 알아차렸다.〉

해외에서 리스터의 명성은 1875년에 정점에 달했다. 그가 엄청난 환대를 받으면서 아내와 함께 유럽을 순방하며 자기 치료법을 시연하면서였다. 그의 치료법을 고수한 병동들은 많은 이들에게 〈공기가 신선하고 건강하며 악취가 전혀 없다〉라고 알려졌다. 『랜싯』은 그의 방법이 특히 인기를 끄는 독일의 대학 도시들을 그가 의기양양하게 행군하면서 돌아다녔다고 썼다. 하지만 리스터 소독법의 가치를 아직 믿지 못하고 있는 나라가 한 곳 있었다. 바로 미국이었다.

사실 미국의 몇몇 병원들은 리스터의 소독법을 금지하고 있었다. 많은 의사는 그 치료법이 불필요하고 산만하며 지나치게 복잡하다고 여겼다. 그들은 아직 부패의 균 이론을 받아들이지 않았기 때문이다. 리스터의 이론과 기법이 미국 의학지에 실리고 있었음에도 1870년대 중반까지 미국은 상처의 치료와 감염을 이해하는 쪽으로 발전이라고는 거의 찾아볼 수 없는 상태였다. 의료계는 대체로 그의 소독법을 사기라고 판단하고서 거부했다. 대서양 건너편에서 회의적인 시각이 만연해 있음에도, 1876년 리스터는 필라델피아에서 열리는 국제 의학 대회에 초청을 받자 자신의 방법을 옹호하기 위해 미국에 가기로 결심했다. 그는 미국 의사들의 태도를 바꾸려면 개인적으로 찾아다니면서 자신의 방법을 설득할 필요가 있음을 알았다. 하지만 소독법의 장점을 미국인들에게 설득하는 일이 기대한 만큼 쉽지 않다는 것이 드러나게 된다.

여왕을 수술한 지 5년 뒤, 리스터는 미국의 비판자들과 대면할 준비를 했다. 1876년 7월, 그는 돛과 증기 기관을 다 갖춘 유명한 대서양 횡단 증기선들 중 마지막까지 남은 스키티아호를 타고서 리버풀에서 뉴욕으로 향했다. 보통은 10일이 걸리는 항해였지만, 도중에 험악한 스콜을 만나서 중간 돛의 돛대가 부서지는 바람에 며칠 지체되었다. 그 일을 시작으로 리스터는 미국 여행을 하는 동안 갖가지 장애물을 만나게 된다.

리스터는 뉴욕에서 기차를 타고 9월 3일에 필라델피아에 도착했다. 비록 허영을 부리는 사람이 아니었지만, 그 49세의 외과의는 당시에 유행하는 차림새를 하고 있었다. 물결치는 머리는 양쪽으로 갈라서 늘어뜨렸고 아래쪽이 넓도록 꼼꼼하게 다듬은 구레나룻을 길렀다. 수염은 어느덧 군데군데 회색을 띠고 있었다.

그리고 몸에 꼭 맞는 조끼에다가 빳빳하게 풀을 먹인 폭이 넓은 옷깃이 특징인 전형적인 옷차림을 하고 있었다. 그는 겉옷을 매만진 뒤 주위를 둘러보았다. 눈에 띄게 흥분에 휩싸인 분위기였다. 필라델피아 독립 100주년 기념 박람회를 보러 온 군중들이 가득했기 때문이다.

역에 내린 리스터는 행상인들과 마주쳤다. 그맘때면 이따금 몰아치곤 하는 뇌우와 뜨거운 태양을 피할 수 있도록 고안된 작은 우산을 파는 이들이었다. 우산은 신사의 중절모 위에 붙여서 어깨로 늘어뜨린 테이프로 조정할 수 있었다. 또 휴대용 선풍기, 기운을 북돋아 주는 〈북극〉 음료수, 얼음물을 파는 행상인도 있었다. 밑을 비스듬하게 재단한 조끼와 헐렁한 넥타이 차림의 소년들은 안내 책자를 5센트에 팔고 있었다. 곧 박람회의 경이로운 장관들을 둘러보면서 입을 쩍 벌리게 될 새로운 손님들을 위한 책자였다.

필라델피아에서 독립 선언문에 서명한 지 100년이 된 해였기에, 도시는 100주년을 기념하는 애국적인 분위기가 팽배했다. 100주년 박람회는 미국이 과학과 산업 분야에서 선두에 서 있음을 알릴 수 있도록 조성되었다. 때는 과학과 진보를 찬양하는 대규모 박람회가 열리던 시대였고, 필라델피아의 전시장은 리스터가 부친과 함께 구경했던 1851년의 런던 만국 박람회보다 더욱 장관이었다. 세계 37개국에서 출품된 3만 점의 전시물들이 무려약 2,000제곱킬로미터의 면적에 흩어져 있었다. 130킬로미터 길이의 아스팔트가 전시장에 구불구불 깔려 있었는데, 견딜 수 없을 정도의 열기 때문에 부글거리며 녹고 있었다. 원예 전시장과 농업 전시장 사이의 약 140미터 거리에는 세계 최초의 모노레일이 오가면서 관람객을 실어 날랐다. 관람객들은 몸길이 4.5미터의 바다코끼리, 북극곰, 상어 등 이국적인 동물들의 박제를 보면서 입을 다물지 못했다. 그 표본들 옆에는 사냥할 때 쓰인 무기들이 전시되어 있었다.

박람회의 중심은 기계 전시장이었다. 관람자들은 당대의 경이로운 공학적 산물들을 보면서 감탄했다. 1,400마력의 콜리스 증기 기관이 전등과 승강기에 전력을 공급했다. 무게가 650톤으로서, 당시의 가장 큰 발전기였다. 자동차, 소방차, 인쇄기, 채굴 장비, 환등기도 있었다. 타자기, 기계식 계산기, 알렉산더 그레이엄 벨의 전화기 같은 첨단 발명품들도 선보였다.

9월에 박람회의 하루 관람 인원은 평균 무려 10만 명이었다. 그러나 6,500킬로미터에 달하는 바다를 건너서 온 영국 외과의의 마음속에는 단 한 가지 생각뿐이었다. 자기 소독법의 가치를 증명하겠다는 것이었다. 군중을 헤치고 나아가며, 그는 국제 의학 대회에서 무엇이 기다리고 있을지를 생각하면서 마음을 다잡았다.

대회에서 강연을 해달라고 리스터를 초청한 사람은 대서양 건너편에서 가장 소리 높여 그를 비판한 인물 중 하나였다.[18] 새뮤얼 D. 그로스는 미국의 저명한 외과의 중 한 명이었고, 균의 존재를 믿지 않는 사람이기도 했다. 리스터의 소독법에 극도로 반감을 가진 그는 1년 전에 외과의 현상 유지를 찬미하는 그림을 의뢰하기도 했다. 원래 작품명이 「새뮤얼 D. 그로스의 초상」이었고, 나중에 「그로스 클리닉The Gross Clinic」으로 불리게 될 이 그림은 토머스 이킨스가 그렸다. 그는 어둡고 음침한 수술실을 묘사했다. 한가운데에서 그로스가 넙다리뼈에 골수염이 생긴 소년을 수술하고 있다. 외과의는 조수들에 에워싸여 있으며, 한 명은 피 묻은 손가락으로 상처를 만지고 있다. 앞쪽에는 마찬가지로 지저분한 손이 닿는 거리에 소독이 안 된 수술 기구들과 붕대가 놓여 있다. 리스터의 소독법이 쓰이고 있다는 징후는 전혀 없다.

리스터의 소독법을 채택한 미국 외과의도 있었지만 극소수에 불과했다. 예를 들어, 나중에 하버드 대학교 위생학 교수가 될 조지 더비는 리스터의 방법이 『랜싯』에 실린 직후에 그 논문을 읽었다. 몇 주 뒤, 허벅지 한가운데에 복합 골절이 일어난 9세 소년이 더비의 진료를 받으러 왔다. 더비는 뼈를 맞춘 뒤 석탄산을 적신 붕대로 상처를 감쌌다. 〈4주 뒤 석탄산을 적신 붕대를 떼어 내자, 지름 1.5센티미터의 둥그스름한 얕은 궤양이 보였고, 이틀 뒤에는 얇은 딱지가 덮였다. 이제 뼈는 단단히 이어져 있다.〉[19] 더비는 보스턴 의학 발전 협회 모임에서 그 결과를 이야기했고, 그해 10월 31일 『보스턴 내외과 회지』에 〈글래스고 외과의 리스터 씨〉가 영감을 준 원천이라고 하면서 논문을 실었다.[20]

매사추세츠 종합 병원의 조지 게이도 복합 골절 환자 3명을 석탄산으로 치료했다. 〈부상은 본질적으로 리스터 씨의 방법에 따라서 치료했다.〉[21] 게이는 자신이 조사한 다른 어떤 화합물에도 없는 소독 특성을 석탄산이 지닌다고 주장했다. 게이는 리스터의 방법을 전폭적으로 신뢰했고, 그 시기에 그 병원의 다른 두 외과 의도 적어도 5명을 석탄산으로 치료했다. 물론 역사의 경로를 바꾸는 이에게는 비방하는 사람들이 있게 마련이다. 1846년 매사추세츠 종합 병원에서 역사적인 에테르 수술을 한, 트집 잡기 좋아하는 교조적인 인물인 외과장 헨리 제이컵 비글로는 게이와 동료들이 석탄산을 쓰기 시작한 직후에 그것을 〈의학적 속임수〉라고 하면서 금지했다. 더 나아가 그는 자신의 명령을 무시하는 이들은 해고하겠다고 위협했다.

새뮤얼 D. 그로스가 의뢰한 그림에 묘사된 건조한 전통적인 수술 장면처럼, 리스터는 적대적인 세력권에 와 있음을 알아차렸다. 미국이 최근에 내전을 겪으면서 전투의 끔찍한 부상을 제대로 치료하지 못해서 수만 명이 목숨을 잃었음에도 그러했다. 전쟁이 벌어지는 동안 미국 외과 치료는 엉성했고, 감염은 이 상처 저 상처로 마구 퍼져 나갔다. 팔과 다리에 총을 맞은 북군 군인 3만 명 이상이 전쟁터에서 외과의의 수술로 팔다리가 잘렸다. 그 외과의 중에는 외상 환자를 치료한 경험이 거의 또는 전혀 없는 이들도 많았다. 칼과 톱은 더러운 넝마나 다름없는 헝겊에 쓱쓱 닦아 쓰거나 그냥 썼다. 외과의들은 손을 씻는 법이 없었고, 앞서 다른 환자를 수술할 때 묻은 피와 창자로 뒤덮인 손으로 새 환자를 수술했다. 리넨과 면이 없을 때면, 군의관들은 차갑고 축축한 흙을 상처에 덮었다. 그런 상처는 필연적으로 곪기 시작했고, 그러면 그들은 기특한 고름이 생겼다고 환영했다. 많은 외과의는 군대에 들어오기 전까지 총상을 치료한 적도, 큰 절단 수술 광경을 본 적도 없었기에, 자신이 치료하는 이들에게 그만큼 해를 끼쳤다.

 전쟁이 끔찍했던 만큼, 의사들은 전쟁터에서 무수한 사상자들을 치료하면서 엄청난 임상 경험 지식을 쌓았다. 그리하여 미국 의료계에서 외과의 분화가 촉진되었다. 가장 중요한 점은 구급대와 부상병 후송 열차 체계를 확보할 만큼 행정적 능력도 습득했다는 것이었다. 전쟁이 끝난 직후, 퇴역한 외과의들은 전국의 대규모 종합 병원을 구상하고 책임자가 되어 관리하기 시작했다. 그럼으로써 수술 절차를 논의할 때 더욱 단결된 모습을 보였고, 덕분에 리스터가 도착했을 때 새로운 수술법을 받아들일 여건도 조성된 상태였다.

 9월 4일 정오, 리스터는 국제 의학 대회의 다른 참석자들과 함께 펜실베이니아 대학교의 화려한 예배당으로 들어섰다. 이 대회 첫날, 리스터가 앞줄에 앉아 있는 동안 잇달아 연단에 선 강연자들은 그가 믿는 모든 것들을 비난하면서 그의 소독법을 대놓고 공격했다. 뉴욕의 한 의사는 균이 콜레라, 디프테리아, 단독 같은 병이나 다른 어떤 감염병과 반드시 연관되어 있다는 그 어떤 흡족한 증거도 없다고 말했다.[22] 캐나다의 한 의사도 경고했다. 「리스터 교수가 권하는 치료법이 다른 중요한 사항들로부터 외과의의 주의를 딴 데로 돌리는 경향이 있는 것 같아서 걱정되지 않습니까?」[23] 마지막 일격은 남북전쟁의 영웅인 프랭크 해밀턴이 가했다. 그는 리스터를 대놓고 비난했다. 그는 연단에서 영국 외과의를 내려다보면서 말했다. 「미국 외과의들은 대부분 당신의 방법을 받아들이지 않는 모양입니다. 신뢰할 수 없기 때문인지, 다른 이유 때문인지는 잘 모르겠지만요.」[24]

그를 비난하는 강연들이 마침내 끝나자, 이 논란의 당사자에게 시선이 쏠렸다. 그러나 리스터는 이튿날에야 반대파를 상대로 강연을 하도록 되어 있었다. 할당된 시간에, 그는 바로 그 순간 병원에서 죽어 가는 수만 명을 구할 수 있다고 확신한 소독법을 방어할 태세를 갖추고서 예배당 앞으로 향했다. 그는 청중들을 칭찬하는 말로 시작했다. 「미국 의사들은 창의적인 재능, 대담하고도 노련한 수술 실력으로 전 세계에 널리 알려져 있습니다.」[25] 마취제가 수술에 쓰이는 것은 그들의 덕분이었다. 리스터는 2시간 반동안, 불결함, 균, 고름, 상처 사이의 관계에 초점을 맞추어서 소독법의 장점을 설파했다. 그는 흥미진진한 사례들을 섞어 가면서 이야기했다. 그의 결론은 쉽게 알아들을 수 있을 만치 단순했다. 수술할 때 균을 없애고 수술한 뒤에 상처에 접근하지 못하게 막는다면, 어떤 고름도 형성되지 않는다는 것이다. 리스터는 청중을 향해 말했다. 「부패의 균 이론은 소독 체계 전체의 토대입니다. 그리고 이 이론이 사실이라면, 소독법이 부패를 일으키는 모든 생물을 제거한다는 것은 사실 중의 사실입니다.」

리스터가 열심히 논리적으로 자신의 소독법을 옹호하는 논증을 펼침으로써 미국 청중의 생각을 돌릴 수 있을 것이라는 희망을 품고 있었다면, 그는 몹시 실망했을 것이다. 한 참석자는 그가 정신적으로 혼란에 빠져 있고 〈머릿속에 메뚜기가 뛰어다닌다〉

라고 비난했다.[26] 다른 이들은 그가 말을 너무 오래 한다고 비판했다. 한 비판자는 투덜거렸다. 「시간이 꽤 지났군요. 균 이론에 반하는 (……) 사실을 몇 가지 지적하고 싶을 뿐입니다. 그것이 특정한 부류의 미세한 생물들이 (……) 병을 일으키는 과정에 핵심적이라고 주장하는 것이라면 말입니다.」[27] 마지막으로 한마디 하겠다고 나선 사람은 국제 의학 대회에서 강연해 달라고 리스터를 초청함으로써 그의 명예를 꺾고 싶어 한 새뮤얼 그로스였다. 「대서양 이쪽의 깨어 있거나 경험 많은 외과의 중에서 리스터 교수의 이른바 치료법이라는 것을 믿는 사람은 설령 있다고 해도 거의 없습니다.」[28]

리스터는 미국 의사들에게 자신의 소독법을 받아들이도록 하는 일을 쉽게 단념하지 않았다. 대회가 끝난 뒤, 그는 대륙 횡단 열차를 타고서 샌프란시스코까지 다녀오기로 했다. 도중에 몇 개 도시에 들러서 의대생들과 외과의들이 꽉 들어찬 강의실에서 소독법의 가치를 역설했다. 그들 중 상당수는 자신의 환자들을 대상으로 그의 방법이 효과가 있는지 시험했고, 긍정적인 결과를 얻었다.

시카고에서 리스터에게 숙소를 제공한 사람은 글래스고의 공장에서 다친 뒤에 리스터의 치료를 받았던 환자였다.[29] 그 여성은 잘 회복되었지만, 사고 이후에는 더 이상 수작업을 할 수가 없었다. 그녀의 장래가 걱정되어서 리스터는 고용주에게 그녀를 시험 삼아 설계 부서에서 일하게 해달라고 부탁했다. 그녀가 새로 맡은 일을 아주 잘하자, 회사는 그녀를 미국으로 파견했고, 그녀는 시카고에서 열리는 다른 박람회에 회사의 제품을 전시하는 일을 총괄했다. 리스터가 필라델피아로 오기 몇 년 전의 일이었다. 미국에 머무는 동안 그녀는 젊은 미국인 제조업자를 만나서 결혼했다. 리스터가 방문한다는 소식을 듣자, 그녀는 자신의 목숨을 구해 준 사람을 만난다는 생각에 매우 기뻐했고, 자신의 집을 숙소로 제공했다.

여행이 끝나 갈 무렵, 리스터는 뉴욕시의 블랙웰섬(지금의 루스벨트섬)에서 수술을 했다. 필라델피아에서 리스터의 강연을 들은 저명한 외과의 윌리엄 밴뷰런의 요청에 따른 것이었다. 강연할 때 남몰래 리스터를 지지하는 이들이 몇 명 있었던 것이다. 한 예로, 신경외과의 선구자인 윌리엄 W. 킨은 국제 의학 대회가 열린 지 한 달 뒤에 소독법을 채택했다. 나중에 그는 〈내가 볼 때 그 방법은 수술을 지옥에서 천국으로 바꿔 놓았다〉라고 말하면서, 리스터의 소독법을 결코 포기하지 않을 것이라고 덧붙였다.[30] 그 자리에 있었던 D. 헤이스 애그뉴도 리스터의 치료법을 받아들였다. 그 직후에 그는 『외과 지침과 진료 *The Principles and Practice of Surgery*』라는 책에서 그 치료법을 강조했다. 리스터의 강연에 깊은 인상을 받은 밴뷰런은 자신의 학생들을 위해 수술 시연을 해달라고 그를 초청했다. 약속한 날에 자선 병원의 대강당에 들어선 리스터는 100명이 넘는 학생들이 강당을 꽉 채우고 있는 것을 보고 놀랐다. 리스터는 군중에게 말했다. 「이렇게 많은 학생 앞에서 시연을 보일 것이라고는 생각도 못 했습니다. 가장 뜻밖의 선물이네요.」[31]

리스터는 매독 때문에 사타구니에 커다란 고름집이 생긴 젊은 이를 대상으로 소독법을 시연할 준비를 했다. 클로로포름으로 환자를 마취하는 동안, 그는 석탄산이 담긴 그릇에 수술 도구와 손을 담갔다. 준비를 하고 있을 때, 수술실에 너무 사람이 꽉 들어차 있어서 공기가 갑갑하자 누군가가 창문을 열었다. 갑자기 수술실이 침묵에 휩싸였다. 리스터는 한 자원봉사자에게 수술대 위에 석탄산을 뿜으라고 지시했다. 그가 절개를 하려는데, 미풍이 불면서 환자의 위쪽에 안개처럼 몰려 있던 석탄산 연무가 흩날렸다. 리스터는 창문을 돌아보며 닫아 달라고 요청하면서, 그 일을 계기로 삼아서 관중에게 소독법의 절차 하나하나가 다 지켜질 수 있도록 엄격하게 주의를 기울여야 한다고 주지시켰다. 그는 감염된 고름집을 세심하게 열어서 고름을 빼내고 석탄산으로 닦은 뒤 소독한 붕대로 사타구니와 허벅지를 감싸는 것으로 수술을 마쳤다. 군중 속의 한 학생은 리스터가 하는 말을 하나하나 꼼꼼히 적었다.[32] 시연이 끝나자, 청중은 환호성을 질렀다.

영국으로 떠나기 전에 리스터는 보스턴에 들렀다. 우연히 이루어진 그 방문은 행운이었음이 드러나게 된다. 그곳에서 그는 헨리 제이컵 비글로를 만났다. 매사추세츠 종합 병원에서 그의 소독법을 금지한 바로 그 사람이었다. 비글로는 필라델피아의 의학 대회에 참석하지 않았지만, 리스터의 강연 소식이 실린 기사들을 읽었다. 비글로는 아직 균이 존재한다고 확신하지 못했지만, 자신의 소독법을 헌신적으로 옹호하고 세심하게 주의를 기울여서 환자를 보살피는 리스터의 태도에 깊은 감명을 받았다. 비글로는 리스터에게 하버드 대학교에서 강연을 해달라고 요청했다. 도착하니 의학도들은 리스터를 따뜻하게 환영했다. 얼마 뒤 비글로는 한 강연에서 자신이 리스터의 소독법을 받아들였다고 고백하면서 〈그 새로운 교리〉에 찬사를 보냈다. 「나는 외과의의 의무가 (……) 실제 침입자[균]를 없애고, 밀려드는 균들을 효과적으로 막는 것임을 깨달았습니다.」[33]

비글로의 보증하에 매사추세츠 종합 병원은 미국에서 정식으로 석탄산을 수술 소독제로 받아들인 최초의 병원이 되었다. 오랫동안 리스터의 소독법을 금지하고 혹시라도 썼다가는 해고할 것이라고 위협까지 하던 병원의 놀라운 방침 변경이었다.

리스터는 여행을 마칠 무렵에 미국인들이 자신의 소독법에 더 긍정적인 반응을 보였다는 사실에 뿌듯해하면서 영국으로 돌아갔다. 다시 에든버러의 일상생활로 돌아간 지 얼마 지나지 않았을 때인 1877년 2월, 리스터는 저명한 윌리엄 퍼거슨 경이 사망했다는 소식을 들었다. 퍼거슨은 37년 동안 런던 킹스 칼리지 외과 교수로 재직했다. 얼마 뒤 그 대학에서 리스터에게 그의 자리에 오면 어떻겠느냐고 리스터의 의중을 탐색했다. 영국뿐 아니라 해외에까지 소독법이 점점 인정을 받으면서 높아진 그의 명성이 탐났기 때문이다. 그의 강의에는 유례없이 많은 학생이 몰렸다. 수천 킬로미터 떨어진 곳에서 유명한 인물들이 그의 병동을 방문하고 그의 수술을 지켜보기 위해 찾아왔다. 킹스 칼리지는 퍼거슨의 동료인 존 우드를 승진시킬 수도 있었지만, 평의원회는 좀 더 저명한 인물이 그 자리를 채우기를 바랐다. 그들은 조지프 리스터야말로 딱 맞는 인물이라고 생각했다.

리스터가 관심을 보인 것은 당연했다. 그는 에든버러에서 받았던 것과 같은 수준의 자유를 런던에서도 확보할 수 있을지가 우려되었기에, 대학 평의원회로부터 받은 비공식적 제안에 자신의 조건을 제시하는 것으로 응답했다. 그는 자신이 그 자리를 받아들인다면, 소독법을 도입하여 런던 전체로 확산시킨다는 목표를 추구할 것이라고 했다. 또 실질적인 시연과 실험에 중점을 두는 더 효율적인 임상 교육 방법을 마련해 주면 좋겠다고 했다.

협상이 진행되고 있으며 리스터가 떠날 수도 있다는 소식이 흘러나오자, 에든버러의 학생들은 망연자실했다. 한번은 그의 임상 강의가 끝나자, 700명이 넘는 학생들이 공동 서명한 공식 청원서를 그에게 내밀었다. 제자 중 한 명인 아이작 베일리 밸푸어가 청원서를 낭독했다. 「우리는 선생님의 임상 교육을 통해 이루 가치를 따질 수 없는 가르침을 받았다는 점을 깊이 감사하고 있습니다……. 지금까지 많은 학생이 가르침을 받았고, 앞으로도 많은 이들이 가르침을 받고 떠나서 선생님이 창시한 수술법을 씀으로써 선생님의 원리를 널리 퍼뜨릴 겁니다.」[34] 이 소감에 학생들은 박수갈채를 보냈다. 교실이 다시 조용해지자, 밸푸어는 낭독을 계속했다. 「우리 학교의 영광은 선생님이 계시는가 여부에 밀접한 관계가 있습니다. 우리는 선생님의 이름이 에든버러 의대의 이름과 단절되는 날이 결코 오지 않기를 진심으로 바라 마지않습니다.」 리스터는 학생들의 반응에 감동했다. 그리고 설령 런던에서 개인 진료 쪽으로 최고의 위치에 오른다고 할지라도, 현재 런던에서 이루어지고 있는 식으로 임상 외과 교육을 해야 한다면, 킹스 칼리지의 제안을 받아들이지 않을 것이라고 말함으로써 학생들을 기쁘게 했다.

학생들의 청원과 리스터의 반응은 곧 영국 전역의 신문들에 실렸다. 리스터가 런던의 주류 교육 방식을 대놓고 비판했다는 말이 킹스 칼리지까지 전해졌다. 당연히 분노가 터져 나왔다. 『랜싯』은 리스터가 〈결코 공식적으로 도달하지 않은 제안을 모욕적으로 거절할 만큼 예의범절과 품위〉를 잊은 모양이라고 논평했다.[35] 몇 주 뒤, 킹스 칼리지 평의원회는 존 우드를 공석이 된 퍼거슨의 자리에 임용했다.

런던에 있는 리스터의 친구들은 아직 그 싸움을 포기하지 않았다. 정식으로 제안이 온 적이 없었으므로, 정식으로 거절한 것도 아닌 셈이었다. 분쟁은 해소되었고, 4월에 평의원회는 새 임상 외과 교수직을 만들어서 〈학교에 큰 혜택이 될 것〉이라면서 리스터에게 그 자리를 제안하자고 했다.[36] 이번에는 더 차분한 분위기 속에서 의견 조율이 이루어졌다. 우드만이 몹시 기분이 좋지 않았다. 다른 외과의와 역할을 분담하라는 말이 좋게 들릴 리가 없었다. 5월에 리스터는 런던으로 가서 평의원회 사람들과 만나 13가지 조건을 제시했다. 그가 병동과 강의실의 관리를 전적으로 떠맡고, 자신과 우드 사이에 수수료를 공정하게 배분할 것을 원했기에 협상은 난항을 겪었다. 평의원회는 마지못해 그의 조건을 받아들였다. 그런 저명한 인사가 교수로 부임하면 대학의 명성이 높아질 것임을 잘 알았기 때문이다. 그 직후 리스터는 킹스 칼리지 임상 외과 교수로 임용되었다.

달콤하면서 씁쓸한 순간이었다. 거의 25년 동안, 리스터는 언젠가는 런던으로 돌아갈 것이라는 희망을 품고 있었는데, 50세인 지금 마침내 그 기회를 잡았다. 그러나 한창 전성기를 누리고 있는 시점에 에든버러를 떠나서 새롭게 시작한다는 것이 쉬운 일은 아닐 터였다. 수십 년 전에는 물질적 보상과 입신영달이 런던으로 돌아가려는 욕망을 불러일으켰다. 이번에는 자신의 소독법을 고집스럽게 불신하고 있는 런던 의학계를 타파하겠다는 의욕이 동기가 되었다. 글래스고와 에든버러, 이어서 미국 전역에서 그랬듯이, 불신자를 개종시키는 것이 그가 스스로 정한 사명이었다.

1877년 9월, 리스터는 위대한 스승 제임스 사임 아래에서 피 묻은 칼을 휘두르는 집도술과 처음 사랑에 빠졌던 바로 그 스코틀랜드 도시를 조용히 떠났다. 기차에 오르기 전, 그는 마지막으로 왕립 병원에서 자신이 받은 환자들을 꼼꼼히 살피면서 고별사를 했다. 마지막으로 병원 복도를 걸으면서 뚜렷이 변모한 병원의 구석구석을 돌아보았다. 그는 제자들의 손에 맡겨도 안전하리라는 것을 확신했다. 병원 전체에서 자신의 소독법을 수행하는 일을 믿고 맡길 수 있었다. 불결한 환경에서 쇠약해져 가는 환자들이 우글거리던 지저분한 병실은 사라지고 없었다. 피범벅이 된 앞치마와 체액이 딱딱하게 말라붙어 있는 수술대도 사라지고 없었다. 〈오래된 병원 냄새〉를 풍기는 수술실과 함께 닦지 않은 수술 도구들도 사라지고 없었다. 왕립 병원은 이제 밝고 깨끗하고 환기가 잘되는 곳이 되어 있었다. 이제는 죽음의 집이 아니라 치유의 집이었다.

어두컴컴한 커튼을 걷다

의학이 낡고 쇠퇴한 지 오랜 뒤에,

의학의 영광으로 기억될 분야는 외과다.[1]

— 리처드 셀저

 1892년 12월, 조지프 리스터는 루이 파스퇴르의 70세 생일을 축하하는 성대한 행사에 참석하기 위해 파리로 향했다. 그 과학자에게 경의를 표하고 그가 수행한 혁신적인 연구로부터 자국이 얻은 혜택에 감사를 표하기 위해서, 세계 각국에서 수백 명의 사절들이 소르본 대학교에 모였다. 리스터는 런던과 에든버러 왕립협회의 대표자로서만이 아니라, 파스퇴르의 친구이자 지적 동반자로서 참석했다.

 파리의 상쾌한 겨울날에 두 사람은 소르본 대학교로 들어왔다. 두 사람 모두 각자의 분야를 대변하는 저명인사였다. 외국의 고위 인사들뿐 아니라 수천 명의 대중이 그 행사를 지켜보기 위해 모였다. 환호 가득한 분위기였지만, 개인적으로는 안타까운 점도 있었다. 두 사람 다 나이를 꽤 먹었고, 삶이 이울어 가는 시기에 접어든 듯했다. 이제 65세인 리스터는 킹스 칼리지 교수직에서 은퇴해야 할 나이에 다다른 상태였다. 게다가 몇 개월 뒤에는 37년 동안 함께한 반려자인 아내가 세상을 떠나면서 결코 채워지지 않을 공허함을 남기게 된다. 파스퇴르는 얼마 전에 뇌졸중을 겪은 상태였다. 그가 생애에 겪을 세 번의 뇌졸중 가운데 두 번째였다. 한번은 런던에 있던 리스터에게 보낸 편지에서 자신의 고통을 털어놓기도 했다. 〈몸 왼쪽의 부분 마비가 영구적이 되면서, 언어 장애도 영구적이 되었답니다.〉[2] 생일잔치 때 그 지적 거인은 비틀거리면서 무대에 올랐다. 도움을 받지 않고서는 거의 움직일 수가 없는 상태였다.

리스터는 그 프랑스 과학자에게 헌사를 바쳤다. 전형적인 겸손한 태도로 그는 외과의 변모 과정에서 자신이 한 역할을 과소평가했다. 그 대신에 의학의 〈어두컴컴한 커튼을 걷은〉 사람이라는 영예를 파스퇴르에게 돌렸다. 「선생님은 외과를 변모시켰습니다…… 불운을 뽑는 추첨에서 안전하고 건강한 토대를 지닌 과학으로 바꾸었습니다. 선생님은 현대 과학적 외과의 세대의 지도자이며, 우리 분야에서, 특히 선생님만큼 스코틀랜드의 모든 현명하고 훌륭한 외과의에게 존경과 애정을 듬뿍 받는 사람은 거의 찾아보기 어렵습니다.」[3] 뇌졸중으로 말하는 능력이 심하게 손상되지 않았다면, 파스퇴르 역시 리스터에게 똑같은 말을 했을 것이다.

리스터가 헌사를 마치자, 강당에 우레 같은 박수 소리가 터져 나왔다. 파스퇴르는 수행인의 도움을 받아 자리에서 일어나 오랜 친구를 껴안았다. 공식 기록에 따르면, 〈인류에게 새긴 과학의 형제애의 살아 있는 그림 같았다〉.[4]

두 사람이 직접 만난 것은 이때가 마지막이었다.

■

리스터는 자신의 이론과 방법이 받아들여진 뒤로 수십 년을 더 살았으며, 이윽고 외과의 영웅으로 대접받았다. 그는 빅토리아 여왕의 상임 외과의로 임명되었다. 상임은 영구직임을 뜻했다. 그 수십 년 동안 그는 온갖 영예와 상을 받았다. 케임브리지와 옥스퍼드 대학교로부터 명예박사 학위도 받았다. 의학에 가장 큰 기여를 한 사람에게 주는 부데상Boudet Prize도 받았다. 그 직후에 그는 런던에서 열린 국제 의학 대회에 참석했다. 필라델피아에서 열린 첫 대회 때의 분위기와 정반대로, 영국의 수도에서 대회가 열릴 무렵 리스터의 평판과 방법은 정점에 달해 있었다. 그는 기사 작위를 받고 준남작이 되었다. 또 왕립 협회 회장으로도 선출되었다. 귀족이 되어 라임레지스의 리스터 경이라는 호칭이 붙었다. 나중에 자신의 이름이 붙게 될 리스터 예방 의학 연구소의 설립에도 기여했다. 세상을 떠나기 10년 전에는 여왕의 추밀 고문관이 되었고 공로 훈장을 받았다. 모두 과학과 의학 분야에서 이룬 업적을 통해서였다.

미생물의 존재를 의식하는 사람들이 점점 늘어나면서 빅토리아 시대 대중은 청결에 집착하게 되었고, 새로운 석탄산 세정제와 개인위생 제품들이 시장에 쏟아져 나왔다. 아마 그중 가장 유명한 것은 1879년 조지프 조슈아 로런스 의사가 개발한 〈리스테린〉일 것이다. 로런스는 필라델피아에서 리스터의 강연을 들었고, 거기에 영감을 얻어서 그 직후에 세인트루이스의 한 낡은 시가 공장 뒤편에서 나름의 소독액을 제조하기 시작했다. 로런스의 소독액에는 티몰(페놀에서 유래한)에다가 유칼립톨과 멘톨이 포함되어 있었다. 알코올도 27퍼센트나 들어 있었다.

1881년에 사업가 자질이 있는 약제사 조던 휘트 램버트가 로런스를 만나서 그 소독액의 가능성을 알아차리지 못했더라면, 오늘날의 리스테린도 없었을 것이다.[5] 램버트는 그 뛰어난 의사로부터 소독액과 제조법의 권리를 사서 비듬 치료제, 바닥 청소제, 심지어 임질 치료제 등 다양한 용도로 그 소독액을 판매하기 시작했다. 1895년 램버트는 리스테린을 치과 의사들에게 구강 소독약이라고 판매했고, 그 뒤로 리스테린은 구강 세정제로서 불멸의 명성을 얻는다.

소독제 열풍이 불면서 석탄산 비누, 석탄산 일반 살균제(그냥 정제한 페놀을 병에 담고 상품명을 붙인 것에 불과한 사례도 많았다), 석탄산 가루 치약 같은 제품들도 쏟아졌다. 캘버트 석탄산 치약은 가정의 애용품이 되었고, 빅토리아 여왕도 즐겨 썼다. 미국에서는 한 개업의가 치핵에 석탄산을 주사하는 치료법을 처음 시도했다. 효과가 의심스러운 치료법이었고, 주사를 맞은 사람은 몇 주 동안 걷지도 못할 때가 많았다. 석탄산carbolic acid의 경이로운 성질을 찬미하는 이들이 늘어나면서 노래까지 만들어졌다. 아이오와의 약제사인 클래런스 C. 와일리는 1901년 작곡하여 저작권 등록을 한 「카-발리크-애시드 래그」라는 음악으로 유명세를 탔다. 종이 악보와 자동 피아노용 롤 형태로 발표된 음악이었다.

잘못 알고서 소독법을 쓰는 바람에 해를 입는 사례들도 나타났다. 1888년 9월, 『애버딘 이브닝 익스프레스』는 한 사고로 한꺼번에 13명이 석탄산에 중독되었고, 그중 5명이 사망했다는 기사를 실었다. 그 뒤에 영국은 유독한 화학 물질을 순수한 형태로는 일반 대중에게 판매하지 못하게 하는 조치를 취했다. 또 석탄산은 1892년 기업을 상대로 한 소송의 중심에 서기도 했다. 1889~1890년 독감이 대유행하면서 100만 명 넘게 사망한 직후에, 런던에서 카볼릭 스모크 볼이라는 상품명으로 판매된 독감 예방약을 두고 벌어진 소송이었다. 이 제품은 석탄산을 채운 고무공에 빨대가 달린 형태였다. 빨대를 코에 넣은 뒤 공을 누르면 석탄산 증기가 뿜어졌다. 그러면 코가 달아올라서 콧물이 줄줄 흘렀고, 침입한 병균이 콧물에 실려서 빠져나온다고 보았다.

어떤 구매자도 광고 문구를 곧이곧대로 받아들이지 않을 것이라고 여기고서, 스모크볼 제조사는 효과를 보지 못한 구매자에게는 100파운드의 보상금을 지불하겠다고 광고했다. 당시로서는 엄청난 액수였다. 이 판단 착오에서 비롯된 소송을 맡은 판사는 〈단순한 과장〉이었다는 카볼릭 스모크 볼 회사의 주장을 받아들이지 않고, 그 광고가 소비자에게 명확히 약속한 것이라고 판결했다. 판사는 독감에 걸리는 바람에 스모크볼에 실망한 루이자 칼릴이라는 구매자에게 회사가 보상을 하라고 명령했다. 오늘날까지 이 판결은 법대생들에게 계약 의무의 기본 원칙을 밝힌 사례로 인용되곤 한다.

더 놀라운 사례는 오늘날 세계에 널리 알려진 기업 중 하나도 리스터의 연구에서 나왔다는 것이다. 리스테린의 발명자처럼 로버트 우드 존슨도 필라델피아의 국제 의학 대회에서 리스터의 강연을 듣고서 소독제를 처음으로 알게 되었다. 그날 들은 이야기에 영감을 얻어서, 존슨은 두 형제인 제임스 및 에드워드와 함께 리스터의 방법에 따라서 살균한 수술 붕대와 수술 실을 제조하는 회사를 설립했다. 그들은 회사 이름을 존슨 앤드 존슨이라고 했다.

그러나 리스터가 남긴 가장 유구한 유산은 널리 퍼뜨리는 데 성공한 자신의 개념 자체였다. 그 일은 소수이긴 하지만 헌신적인 그의 제자들, 즉 리스터주의자들 덕분이었다. 그들은 그의 소독법을 둘러싼 논쟁이 벌어지는 기나긴 세월 동안 리스터만큼 고집스럽게 그의 소독법을 지켰다. 말년에 리스터가 길을 갈 때면, 학생들이 엄숙하고도 공손하게 그의 뒤를 따르곤 했다. 맨 앞에 선 학생은 스승의 비범한 성취를 보여 주는 일종의 부적이라 할 신성한 석탄산 분무기를 높이 치켜들고 있었다. 그들은 위대한 외과의 밑에서 공부하기 위해 파리, 빈, 로마, 뉴욕 등 전 세계에서 왔다. 그들은 그의 개념, 방법, 세심하게 공들여서 개발한 방법을 올바로 적용한다면 외과가 언젠가는 훨씬 더 많은 생명을 구할 수 있을 것이라는 흔들림 없는 그의 확신을 간직한 채 고국으로 돌아갔다.

리스터의 소독법 채택은 의료계가 균 이론을 받아들였음을 보여 주는 가장 눈에 띄는 표지였다. 또 의학과 과학이 융합한 기념비적인 순간을 가리키기도 했다. 「그로스 클리닉」을 그린 화가 토머스 이킨스는 1889년에 다시 같은 소재를 화폭에 담았다. 이번 작품은 「애그뉴 클리닉The Agnew Clinic」이었다. 이 작품에는 피범벅이 된 채로 외과의들이 수술하는 음침한 수술실이 아니라, 인물들이 새하얀 수술복을 입고 있는 확연히 더 깨끗하고 밝은 수술실의 모습이 담겨 있다. 「애그뉴 클리닉」은 소독제와 위생이 구현된 수술실을 묘사한다. 리스터주의의 승리를 그리고 있다.

세월이 흐르면서, 치료 과정은 살균(균을 죽이는 것)에서 무균(균이 없는 상태를 만드는 것)으로 서서히 옮겨 갔다. 리스터 소독 체계의 토대를 이루는 그 이론 자체는 살균법을 무균법으로 대체하라고 요구하는 듯했다. 그러나 리스터는 이 변화에 반대했다. 그는 수술을 시작하기 전에 환자 주변에 있는 모든 것을 꼼꼼히 살균하라고 요구하는 무균법이 외과의가 병원이라는 통제된 환경 바깥에서도 계속 수술을 하고 있는 현실에서 적용하기가 어렵다고 느꼈기 때문이다. 그는 수술이 어느 집의 식탁에서 이루어지든 수술실에서 이루어지든 간에 안전하게 이루어져야 한다고 생각했고, 환자 자신의 집에서 수술을 할 때에는 살균법이 유일한 해결책이라고 보았다.

리스터는 병원의 중요성을 인정하긴 했지만, 가난한 이들의 치료와 돌봄이라는 측면에서만 그렇다고 여겼다. 그의 학생이었던 가이 시어도어 렌치는 스승의 연구가 없었더라면, 병원이란 것의 존재 자체가 사라졌을 수도 있다고 주장했다. 〈대형 병원들을 포기하고 오두막 병원들로 대체되고 있는 실정이었다. 리스터의 연구는 (……) 딱 맞는 시점에 나왔다. 그의 치료법은 환자뿐 아니라 병원도 구했다. 가난한 사람을 수술로 치료하는 방법을 전면적으로 복권시켰다.〉[6] 그러나 병원이 불가결하다고 해도, 리스터는 외과 전체가 병원을 토대로 할 것이라고 (또는 해야 한다고는) 생각하지 않았다. 그는 재산상의 여유가 있는 사람들은 계속 병원 담장 바깥에서, 가정이나 개인 진료소에서 치료를 받을 것이라고 믿었다.

말년이 가까워지자, 리스터는 자신의 일대기가 기록된다면, 과학적 업적만 다루었으면 좋겠다는 희망을 피력했다. 그는 81세 때인 1908년 6월 26일에 쓴 유언장에서 두 조카인 릭먼 존 고들리와 아서 리스터에게 〈과학 관련 원고들과 스케치들만 추리고, 영구적인 과학적 가치나 관심사와 무관한 것들은 다 없애거나 버리라〉고 했다.[7]

리스터는 자신의 개인사가 과학적 및 외과적 성취와 거의 별개라고 잘못 생각했다. 생각은 결코 진공 상태에서 만들어지는 것이 아니며, 리스터의 삶 자체도 그 진리를 잘 보여 준다. 부친의 현미경을 처음 들여다본 순간부터 빅토리아 여왕에게 기사 작위를 받는 순간에 이르기까지, 그의 삶은 주변의 환경과 사람들에게 영향을 받으면서 형성되고 변해 갔다. 우리 모두 그렇듯이, 그도 자신이 가장 우러러보던 사람들이 지닌 견해라는 프리즘을 통해 세상을 보았다. 늘 든든하게 지원하는 부친이자 능력 있는 현미경 학자인 조지프 잭슨, UCL에서 에든버러로 가라고 격려한 윌리엄 샤피 교수, 평생에 걸친 스승이자 장인인 제임스 사임, 19세기 의학의 큰 수수께끼 중 하나를 푸는 데 필요한 열쇠를 제공한 과학자 루이 파스퇴르의 눈을 통해서다.

리스터는 1912년 2월 어느 추운 겨울 아침에 평온하게 영면했다. 그의 침대 옆에는 곪음의 특성과 원인을 다룬 미완성 논문들이 놓여 있었다. 학생 때부터 줄곧 관심을 갖고 있던 주제였다. 말년에 시력과 청력이 심하게 약해진 상태에서도, 그는 주변 세계를 과학적으로 계속 연구했다. 사후에 모든 일은 그가 바라던 대로 진행되었다. 단 한 가지만 빼고서다. 조카는 그의 개인 서신과 가족 서신을 없애지 않고 보관했다. 그 덕분에 우리는 리스터의 내면세계를 직접적으로 얼핏 엿볼 수 있다.

조지프 잭슨은 아들에게 그가 살균법을 〈동료 인간들〉에게 도입하는 수단이 될 수 있었다는 것이 축복이라고 상기시킨 바 있었다. 자기희생과 고집으로 점철된 그의 삶은 지극히 정당했다는 것이 드러났다. 그의 선구적인 연구 덕분에 수술의 결과는 더 이상 우연에 맡겨지지 않게 되었다. 그리하여 무지보다 지식이, 태만보다 근면이 외과의 미래를 규정짓게 되었다.[8] 외과의는 수술 뒤 감염 사후에 대처하는 것이 아니라 미리 대처하게 되었다. 칼을 쥔 손을 얼마나 빨리 휘두르는가에 따라 찬사가 갈리는 대신에, 꼼꼼하고 체계적이고 정확한 손놀림이 존경을 받게 되었다.[9]

리스터의 방법은 외과를 집도 기술로부터 현대 과학으로 변모시켰다. 새롭게 시도되고 검증된 방법론이 판에 박힌 관습을 대체하는 분야가 되었다. 그의 방법은 살아 있는 몸을 더 깊이 열고 들어갈 수 있도록 함으로써 의학에 새로운 미개척 영역을 열었고, 그 과정에서 수많은 목숨을 구했다.

리스터의 제자이자 수술 조수였던 헥터 캐머런은 훗날 리스터를 이렇게 평했다. 〈우리는 천재를 대하고 있음을 알았다. 우리는 역사를 만드는 일을 돕고 있으며, 그리하여 모든 것이 새로워지고 있다고 느꼈다.〉[10] 예전에는 불가능했던 것을 이제는 할 수 있게 되었다. 예전에는 상상도 할 수 없는 일을 이제는 상상할 수 있게 되었다. 의학의 미래가 갑자기 무한히 펼쳐지는 듯했다.

주

프롤로그: 고통의 시대

1 Arthur C. Clarke, *Profiles of the Future* (London: Victor Gollancz Ltd, 1962), 25.

2 John Flint South, *Memorials of John Flint South: Twice President of the Royal College of Surgeons, and Surgeon to St. Thomas's Hospital,* collected by the Reverend Charles Lett Feltoe (London: John Murray, 1884), 27.

3 Ibid., 127, 128, 160.

4 Ibid., 127.

5 Paolo Mascagni, *Anatomia universa XLIV* (Pisa: Capurro, 1823), quoted in Andrew Cunningham, *The Anatomist Anatomis'd: An Experimental Discipline in Enlightenment Europe* (Farnham, U.K.: Ashgate, 2010), 25.

6 Jean-Jacques Rousseau, "Seventh Walk," in *Reveries of the Solitary Walker,* trans. Peter France (Harmondsworth, U.K.: Penguin, 1979), 114, quoted in Cunningham, *Anatomist Anatomis'd,* 25.

7 J. J. Rivlin, "Getting a Medical Qualification in England in the Nineteenth Century," http://www.evolve360.co.uk/data/10/docs/09/09rivlin.pdf, based on a paper delivered to a joint meeting of the Liverpool Medical History Society and the Liverpool Society for the History of Science and Technology, October 12, 1996.

8 Thomas Percival, *Medical Jurisprudence; or a Code of Ethics and Institutes, Adapted to the Professions of Physic and Surgery* (Manchester, 1794), 16.

9   Florence Nightingale, *Notes on Hospitals*, 3rd ed. (London: Longman, Green, Longman, Roberts, and Green, 1863), iii.

10 Quoted in Peter Vinten-Johansen et al., *Cholera, Chloroform, and the Science of Medicine: A Life of John Snow* (Oxford: Oxford University Press, 2003), 111. See also Richard Hollingham, *Blood and Guts: A History of Surgery* (London: BBC Books, 2008); Victor Robinson, *Victory over Pain: A History of Anesthesia* (London: Sigma Books, 1947), 141–150; Alison Winter, *Mesmerized: Powers of the Mind in Victorian Britain* (Chicago: University of Chicago Press, 1998), 180.

11 Quoted in Steve Parker, *Kill or Cure: An Illustrated History of Medicine* (London: DK, 2013), 174.

12 Henry Jacob Bigelow, "Insensibility During Surgical Operations Produced by Inhalation," *The Boston Medical and Surgical Journal*, November 18, 1846, 309.

13 Timothy J. Hatton, "How Have Europeans Grown So Tall?," *Oxford Economic Papers*, September 1, 2013.

14 D'A. Power, "Liston, Robert (1794–1847)," rev. Jean Loudon, *Oxford Dictionary of National Biography* (Oxford: Oxford University Press, 2004), www.oxforddnb.com.

15 John Pearson, *Principles of Surgery* (Boston: Stimpson & Clapp, 1832), vii.

16 Myrtle Simpson, *Simpson the Obstetrician* (London: Victor Gollancz Ltd., 1972), 41, in A. J. Youngson, *The Scientific Revolution in Victorian Medicine* (London: Croom Helm, 1979), 28.

17 F. W. Cock, "Anecdota Listoniensa," *University College Hospital Magazine* (1911): 55, quoted in Peter Stanley, *For Fear of Pain: British Surgery, 1790–1850* (New York: Rodopi, 2002), 313.

18 페이스는 리스턴의 사례집에도 언급되어 있다. Liston casebook, December 1845–February 1847, UCH/MR/1/61, University College London.

19 Quoted in Harold Ellis, *A History of Surgery* (London: Greenwich Medical Media, 2001), 85.

20 Quoted in Hollingham, *Blood and Guts*, 59–64.

21 F. W. Cock, "The First Operation Under Ether in Europe: The Story of Three Days," *University College Hospital Magazine* (1911): 127–144.

22 Charles Bell, *Illustrations of the Great Operations of Surgery* (London:

Longman, 1821), 62, quoted in Stanley, *For Fear of Pain*, 83.

23 Thomas Alcock, "An Essay on the Education and Duties of the General Practitioner in Medicine and Surgery," *Transactions of the Associated Apothecaries and Surgeon Apothecaries of England and Wales* (London: Society, 1823), 53, quoted in Stanley, *For Fear of Pain*, 83.

24 William Gibson, *Institutes and Practice of Surgery* (Philadelphia: James Kay, Jun. & Brother, 1841), 504, quoted in Stanley, *For Fear of Pain*, 83.

25 James Miller, *Surgical Experience of Chloroform* (Edinburgh: Sutherland & Knox, 1848), 7, quoted in Stanley, *For Fear of Pain*, 295.

26 "Etherization in Surgery," *Exeter Flying Post*, June 24, 1847, 4.

27 "The Good News from America," in John Saunders, ed., *People's Journal* (London: People's Journal Office, 1846 – [1849?]), January 9, 1847, 25.

28 T. G. Wilson, *Victorian Doctor, Being the Life of Sir William Wilde* (London: Methuen, 1942), 90, quoted in Stanley, *For Fear of Pain*, 174.

29 South, *Memorials of John Flint South*, 36.

30 Jerry L. Gaw, *"A Time to Heal": The Diffusion of Listerism in Victorian Britain* (Philadelphia: American Philosophical Society, 1999), 8.

1장: 렌즈를 통해서

1 Herbert Spencer, *Education: Intellectual, Moral, and Physical* (New York: D. Appleton, 1861), 81 – 82.

2 Quoted in Sir Rickman John Godlee, *Lord Lister*, 2nd ed. (London: Macmillan, 1918), 28.

3 Isabella Lister to Joseph Jackson Lister, October 21, 1827, MS 6963/6, Wellcome Library.

4 Richard B. Fisher, *Joseph Lister, 1827 – 1912* (London: MacDonald and Jane's, 1977), 23.

5 Fisher, *Joseph Lister*, 35.

6 Joseph Lister to Isabella Lister, February 21, 1841, MS 6967/17, Wellcome Library.

7 Quoted in Godlee, *Lord Lister*, 14.

8 Ibid.

9 Ibid., 12.

10 Ibid., 8.

11 John Ruskin, *The Crown of Wild Olive* (1866), 14, in Edward Tyas Cook and Alexander Wedderburn (eds.), *The Works of John Ruskin*, vol. 18 (Cambridge, U.K.: Cambridge University Press, 2010), 406.

12 무덤 묘사는 다음 문헌에서 인용. Edwin Chadwick, *Report on the Sanitary Conditions of the Labouring Population of Great Britain: A Supplementary Report on the Results of a Special Inquiry into the Practice of Interment in Towns* (London: Printed by Clowes for HMSO, 1843), 134.

13 Story from Ruth Richardson, *Death, Dissection, and the Destitute* (London: Routledge & Kegan Paul, 1987), 60.

14 클레멘트가의 상세한 묘사는 다음 문헌 참조. Sarah Wise, *The Italian Boy: Murder and Grave-Robbery in 1830s London* (London: Pimlico, 2005), 52.

15 더 상세한 내용은 다음 문헌 참조. Steven Johnson, *The Ghost Map: The Story of London's Most Terrifying Epidemic—and How It Changed Science, Cities, and the Modern World* (New York: Riverhead, 2006), 7 - 9.

16 더 상세한 내용은 다음 문헌 참조. Kellow Chesney, *The Victorian Underworld* (Newton Abbot: Readers Union Group, 1970), 15 - 19, 95 - 97.

17 Letter from Peter Mark Roget to his sister Annette, December 29, 1800. Quoted in D. L. Emblen, *Peter Mark Roget: The Word and the Man* (London: Longman, 1970), 54.

18 "The London College," *Times*, June 6, 1825.

19 *John Bull*, February 14, 1825.

20 Hatton, "How Have Europeans Grown So Tall?"

21 Hector Charles Cameron, *Joseph Lister: The Friend of Man* (London: William Heinemann Medical Books, 1948), 16.

22 Ibid., 16 - 18.

23 Thomas Hodgkin, Remembrance of Lister's Youth, April 5, 1911, MS 6985/12, Wellcome Library.

24 Ibid.

25 Cashbook, October - December 1846, MS 6981, Wellcome Library.

26 Louise Creighton, *Life and Letters of Thomas Hodgkin* (London: Longmans, Green, 1917), 12.

27 Ibid., 39.

28 John Stevenson Bushnan, *Address to the Medical Students of London: Session 1850–1* (London: J. Churchill, 1850), 11, 12.

29 William Augustus Guy, *On Medical Education* (London: Henry Renshaw, 1846), 23, quoted in Stanley, *For Fear of Pain*, 167.

30 "Medical Education in New York," *Harper's New Monthly Magazine*, September 1882, 672, quoted in Michael Sappol, *A Traffic of Dead Bodies: Anatomy and Embodied Social Identity in Nineteenth-Century America* (Princeton, N.J.: Princeton University Press, 2002), 83.

31 Stanley, *For Fear of Pain*, 166. Also described in "Horace Saltoun," *Cornhill Magazine* 3, no. 14 (February 1861): 246.

32 Advertisement, "Lancets," *Gazetteer and New Daily Advertiser*, January 12, 1778, quoted in Alun Withey, *Technology, Self-Fashioning, and Politeness in Eighteenth-Century Britain: Refined Bodies* (London: Palgrave Pivot, 2015), 121.

33 Stanley, *For Fear of Pain*, 81.

34 Forbes Winslow, *Physic and Physicians: A Medical Sketch Book* (London: Longman, Orme, Brown, 1839), 2: 362 – 363.

35 Quoted in Elisabeth Bennion, *Antique Medical Instruments* (Berkeley: University of California Press, 1979), 3.

36 Erwin H. Ackerknecht, *Medicine at the Paris Hospital, 1794–1848* (Baltimore: Johns Hopkins Press, 1967), 15.

37 Ibid., 51.

38 Information sourced from Ann F. La Berge, "Debate as Scientific Practice in Nineteenth-Century Paris: The Controversy over the Microscope," *Perspectives on Science* 12, no. 4 (2004): 425 – 427.

39 A. E. Conrady, "The Unpublished Papers of J. J. Lister," *Journal of the Royal Microscopical Society* 29 (1913): 28 – 39. 이 편지는 날짜가 1850년이라고 적혀 있지만, 잘못 적은 것이 아닐까 생각한다. 그는 〈포터 씨〉가 1847년에 사망했다고 말하고 있기 때문이다.

40 Joseph Lister, "Observations on the Muscular Tissue of the Skin," *Quarterly Journal of Microscopical Science* 1 (1853): 264.

41 Quoted in W. R. Merrington, *University College Hospital and Its Medical School: A History* (London: Heinemann, 1976), 44.

2장: 죽음의 집

1 D. Hayes Agnew, *Lecture Introductory to the One Hundred and Fifth Course*

of Instruction in the Medical Department of the University of Pennsylvania, Delivered Monday, October 10, 1870 (Philadelphia: R. P. King's Sons, 1870), 25, quoted in Sappol, *Traffic of Dead Bodies*, 75 – 76.

2 Dr. John Cheyne to Sir Edward Percival, December 2, 1818, quoted in "Bodies for Dissection in Dublin," *British Medical Journal*, January 16, 1943, 74, quoted in Richardson, *Death, Dissection, and the Destitute*, 97.

3 Quoted in Hale Bellot, *Notes on the History of University College, London with a Record of the Session 1886–7: Being the First Volume of the University College Gazette* (1887), 37.

4 J. Marion Sims, *The Story of My Life* (New York: D. Appleton, 1884), 128 – 129, quoted in Sappol, *Traffic of Dead Bodies*, 78 – 79.

5 Quoted in Peter Bloom, *The Life of Berlioz* (Cambridge, U.K.: Cambridge University Press, 1998), 14.

6 Robley Dunglison, *The Medical Student; or, Aids to the Study of Medicine . . .* (Philadelphia: Carey, Lea & Blanchard, 1837), 150.

7 W. W. Keen, *A Sketch of the Early History of Practical Anatomy: The Introductory Address to the Course of Lectures on Anatomy at the Philadelphia School of Anatomy . . .* (Philadelphia: J. B. Lippincott & Co., 1874), 3, quoted in Sappol, *Traffic of Bodies*, 77 – 78.

8 Sappol, *Traffic of Dead Bodies*, 76.

9 Charles Dickens, *The Posthumous Papers of the Pickwick Club*, Chapter XXX (London: Chapman and Hall, 1868), 253.

10 William Hunter, Introductory Lecture to Students (ca. 1780), MS 55.182, St. Thomas' Hospital.

11 Patrick Mitchell, Lecture Notes Taken in Paris Mainly from the Lectures of Joseph Guichard Duverney at the Jardin du Roi from 1697 – 8, MS 6.f.134, Wellcome Library, quoted in Lynda Payne, *With Words and Knives: Learning Medical Dispassion in Early Modern England* (Aldershot: Ashgate, 2007), 87.

12 "Editor's Table," *Harper's New Monthly Magazine*, April 1854, 692.

13 W. T. Gairdner, *Introductory Address at the Public Opening of the Medical Session 1866–67 in the University of Glasgow* (Glasgow: Maclehose, 1866), 22, quoted in M. Anne Crowther and Marguerite W. Dupree, *Medical Lives in the Age of Surgical Revolution* (Cambridge, U.K.: Cambridge University Press, 2007), 45.

14 Robert Woods, "Physician, Heal Thyself: The Health and Mortality of Victorian Doctors," *Social History of Medicine* 9 (1996): 1 – 30.

15 "Medical Education," *New York Medical Inquirer* 1 (1830): 130, cited in Sappol, *Traffic of Dead Bodies*, 80.

16 Thomas Pettigrew, *Biographical Memoirs of the Most Celebrated Physicians, Surgeons, etc., etc., Who Have Contributed to the Advancement of Medical Science* (London: Fisher, Son, 1839 – 40), 2: 4 – 5, quoted in Stanley, *For Fear of Pain*, 159. A contemporary claimed that Abernethy added, "What is to become of you?" Winslow, *Physic and Physicians*, 1: 119.

17 Thomas Babington Macaulay, *The History of England from the Accession of James II* (London: Longman, Green, Longman, Roberts, & Green, 1864), 73.

18 Fisher, *Joseph Lister*, 40 – 41.

19 Hodgkin, Remembrance of Lister's Youth.

20 John Rudd Leeson, *Lister as I Knew Him* (New York: William Wood, 1927), 58 – 60.

21 Janet Oppenheim, *Shattered Nerves: Doctors, Patients, and Depression in Victorian England* (Oxford: Oxford University Press, 1991), 110 – 111.

22 Quoted in Fisher, *Joseph Lister*, 42. Letter from Joseph Jackson Lister to Joseph Lister, July 1, 1848, MS 6965/7, Wellcome Library.

23 Cashbook, December 1, 1849, MS 6981, Wellcome Library.

24 Quoted in Fisher, *Joseph Lister*, 47. 이 무렵에 그의 정신 상태가 어떠했는지 직접적으로 언급되어 있지는 않지만, 그가 부친의 조언에 따라서 이 기회를 받아들였을 가능성은 충분하다. 부친은 그에게 2년 전의 정신 파탄 상태를 생각해서 공부를 적당히 하라고 말했다.

25 Adrian Teal, *The Gin Lane Gazette* (London: Unbound, 2014).

26 Elisabeth Bennion, *Antique Medical Instruments* (Berkeley: University of California Press, 1979), 13.

27 James Y. Simpson, "Our Existing System of Hospitalism and Its Effects," *Edinburgh Medical Journal*, March 1869, 818.

28 Youngson, *Scientific Revolution*, 23 – 24.

29 F. B. Smith, *The People's Health, 1830–1910* (London: Croom Helm, 1979), 262, cited in Stanley, *For Fear of Pain*, 139.

30 Youngson, *Scientific Revolution*, 24.

31 Statistic quoted ibid., 40.

32 Ibid., 65.

33 John Eric Erichsen, *On the Study of Surgery: An Address Introductory to the Course of Surgery, Delivered at University College, London, at the Opening of Session 1850–1851* (London: Taylor, Walton & Maberly, 1850), 8.

34 Quoted in Jacob Smith, *The Thrill Makers: Celebrity, Masculinity, and Stunt Performance* (Berkeley: University of California Press, 2012), 53.

35 바넘의 첫 〈이게 뭐지?〉 전시회는 실패로 끝났지만, 1860년에 시도한 후속 전시회는 미국에서 대성공을 거두었다. 모든 이들의 마음속에 〈잃어버린 고리〉라는 의문을 품게 한 찰스 다윈의 『종의 기원』이 출간된 직후였다. 바넘의 두 번째 〈이게 뭐지?〉는 윌리엄 헨리 존슨이라는 이름의 아프리카계 미국인이었다. 역사가 스티븐 애스마가 지적하듯이, 그 전시회의 인종 차별적인 성격이 노예제가 수십 년 전에 폐지된 영국에서보다 남북전쟁이 시작되던 시기의 미국 대중에게 더 와 닿았던 것이 아닐까 하는 생각이 들 수도 있다. Stephen T. Asma, *On Monsters: An Unnatural History of Our Worst Fears* (Oxford: Oxford University Press, 2009), 138.

36 "John Phillips Potter FRCS," *The Lancet*, May 29, 1847, 576.

37 "Obituary Notices," *South Australian Register*, July 28, 1847, 2.

38 "Death from Dissecting," *Daily News* (London), May 25, 1847, 3.

39 "John Phillips Potter FRCS," 576–577.

40 *Courier*, October 13, 1847, 4. See also "Dissection of the Man Monkey," *Stirling Observer*, April 29, 1847, 3.

41 "John Phillips Potter FRCS," 576.

42 Merrington, *University College Hospital*, 65.

43 Ibid., 49.

44 Godlee, *Lord Lister*, 20.

45 Quoted in Fisher, *Joseph Lister*, 50–51, 307.

46 Joseph Jackson Lister to Joseph Lister, October 9, 1838, MS 6965/1, Wellcome Library.

47 Leeson, *Lister as I Knew Him*, 48–49.

48 James Y. Simpson, *Hospitalism: Its Effects on the Results of Surgical Operations, etc. Part I* (Edinburgh: Oliver and Boyd, 1869), 4.

49 Royal Commission for Enquiring into the State of Large Towns and Populous Districts, *Parliamentary Papers* (1844), 17, quoted in Stephen Halliday, "Death and Miasma in Victorian London: An Obstinate Belief," *British Medical*

Journal, December 22, 2001, 1469 – 1471.

50 Michael Worboys, *Spreading Germs: Disease Theories and Medical Practice in Britain, 1865–1900* (Cambridge, U.K.: Cambridge University Press, 2000), 28.

51 John Eric Erichsen, *On Hospitalism and the Causes of Death After Operations* (London: Longmans, Green, 1874), 36.

52 James Y. Simpson, *Hospitalism: Its Effects on the Results of Surgical Operations, etc. Part II* (Edinburgh: Oliver and Boyd, 1869), 20 – 24.

53 UCH/MR/1/63, University College London Archives.

3장: 꿰맨 창자

1 Quoted in Bransby Blake Cooper, *The Life of Sir Astley Cooper* (London: J. W. Parker, 1843), 2: 207.

2 R. S. Pilcher, "Lister's Medical School," *British Journal of Surgery* 54 (1967): 422. See also blueprints of building found in Merrington, *University College Hospital*, 78 – 79.

3 Pilcher, "Lister's Medical School," 422.

4 이 장의 내용은 루스 리처드슨과 브라이언 로즈의 연구에 크게 기대고 있다. 그들은 리스터가 의사 생활 초기에 했던 이 잘 알려지지 않은 수술 자료를 처음으로 찾아냈다. Ruth Richardson and Bryan Rhodes, "Joseph Lister's First Operation," *Notes and Records of the Royal Society of London* 67, no. 4 (2013): 375 – 385.

5 C. Kenny, "Wife-Selling in England," *Law Quarterly Review* 45 (1929): 496.

6 "Letters Patent Have Passed the Great Seal of Ireland . . . ," *Times,* July 18, 1797, 3.

7 Lawrence Stone, *Road to Divorce: England, 1530–1987* (Oxford: Oxford University Press, 1992), 429.

8 "The Disproportion Between the Punishments," *Times,* August 24, 1846, 4.

9 Harriet Taylor Mill and John Stuart Mill [unheaded leader—Assault Law], *Morning Chronicle,* May 31, 1850, 4.

10 줄리아 설리번에게 일어난 일을 설명한 내용은 (따로 언급하지 않는 한) 다음 문헌을 토대로 한다. Proceedings of the Central Criminal Court, September 15, 1851, 27 – 32, available online at https://www.oldbaileyonline.org.

11 "Central Criminal Court, September 17," *Times,* September 18, 1851, 7.

12 Stanley, *For Fear of Pain*, 136.

13 Ibid.

14 T.W.H., "To the Editor of the Times," *Times*, July 11, 1835, 3.

15 이 수술의 상세한 내용은 주로 올드베일리 기록물에 실린 리스터의 증언과 존 에 릭 에릭슨의 다음 문헌을 토대로 했다. John Eric Erichsen, "University College Hospital: Wound of the Abdomen; Protrusion and Perforation of the Intestines and Mesentery; Recovery," *The Lancet*, November 1, 1851, 414 – 415.

16 "Mirror on the Practice of Medicine and Surgery in the Hospitals of London: University College Hospital," *The Lancet*, January 11, 1851, 41 – 42.

17 Benjamin Travers, "A Case of Wound with Protrusion of the Stomach," *Edinburgh Journal of Medical Science* 1 (1826): 81 – 84.

18 Erichsen, "University College Hospital: Wound of the Abdomen; Protrusion and Perforation of the Intestines and Mesentery; Recovery," 415. 2년 뒤, 에릭 슨은 『수술의 과학과 기술』이라는 교과서를 출간했다. 그 책에서 그는 설리번의 사례를 언급하긴 했지만, 리스터가 영웅적인 수술을 했다는 내용은 없다. 리스터 의 노력이 없었다면 줄리아 설리번은 그 다급한 밤에 사망했을 것이 확실하다. 불행히도 에릭슨의 여성 환자들을 기록한 사례집은 소실되었기에, 우리는 리스 터 자신이 줄리아 설리번의 수술에 관해 뭐라고 했는지 알지 못한다.

19 Charles Dickens, *Sketches by Boz: Illustrative of Every-Day Life and Every-Day People, with Forty Illustrations* (London: Chapman & Hall, 1839), 210.

4장: 과학의 제단

1 Alfred, Lord Tennyson, *In Memoriam A.H.H.* (London: Edward Moxon, 1850) I, lines 3 – 4.

2 John Eric Erichsen, *The Science and Art of Surgery: Being a Treatise on Surgical Injuries, Diseases, and Preparations* (London: Walton and Maberly, 1853), 698 – 699.

3 Stanley, *For Fear of Pain*, 73.

4 The Annual Report of the Committee of the Charing Cross Hospital, *Spectator* 10 (London, 1837), 58.

5 Accident Report for Martha Appleton, A Scavenger, August 1859, HO 45/6753, National Archives.

6 Notes of cases taken by Lister, student number 351, for the Fellowe's Clinical Medal at University College Hospital 1851, MS0021/4/4 (3), Royal College of Surgeons of England.

7 Quoted in Jack London, *People of the Abyss* (New York: Macmillan 1903), 258.

See also John Thomas Arlidge, *The Hygiene, Diseases, and Mortality of Occupations* (London: Percival, 1892).

8 18~19세기의 괴혈병 치료에 관한 더 상세한 내용은 다음 문헌 참조. Mark Harrison, "Scurvy on Sea and Land: Political Economy and Natural History, c.1780 – c.1850," *Journal for Maritime Research* 15, no. 1 (2013): 7 – 15. 생화학자 얼베르트 센트죄르지가 부신샘에서 몸이 탄수화물, 지방, 단백질을 효율적으로 분해할 수 있도록 하는 물질을 발견한 것은 1928년이 되어서였다. 그로부터 4년이 더 지난 뒤에야 찰스 글렌 킹은 실험실에서 비타민 C를 발견했고, 그 물질이 센트죄르지가 묘사한 물질과 동일하다고 결론지었다. 그리하여 괴혈병과 비타민 C 결핍증의 관계가 명확히 드러났다.

9 "Origin of the No Nose Club," *Star*, February 18, 1874, 3.

10 Notes of cases taken by Lister, student number 351, for the Fellowe's Clinical Medal at University College Hospital, 1851, MS0021/4/4 (3), Royal College of Surgeons of England.

11 Ibid.

12 Robert Ellis, *Official Descriptive and Illustrated Catalogue of the Great Exhibition of the Works of Industry of All Nations, 1851* (London: W. Clowes and Sons, 1851), 3: 1070.

13 Ibid., 1170.

14 Margaret Smith, ed., *The Letters of Charlotte Brontë, with a Selection of Letters by Family and Friends* (Oxford: Clarendon Press, 2000), 2: 630.

15 Quoted in Godlee, *Lord Lister*, 28.

16 Drawings of Lamprey, March 31, April 2, April 7, 1852, MS0021/4/4 (2/6), Royal College of Surgeons of England.

17 Quoted in Fisher, *Joseph Lister*, 48.

18 Joseph Lister, "The Huxley Lecture on Early Researches Leading Up to the Antiseptic System of Surgery," *The Lancet*, October 6, 1900, 985.

19 Jackie Rosenhek, "The Art of Artificial Insemination," *Doctor's Review*, October 2013, accessed May 14, 2015, http://www.doctorsreview.com/history/history-artificial-insemination/.

20 A. E. Best, "Reflections on Joseph Lister's Edinburgh Experiments on Vasomotor Control," *Medical History* 14, no. 1 (1970): 10 – 30. See also Edward R. Howard, "Joseph Lister: His Contributions to Early Experimental Physiology," *Notes and Records of the Royal Society of London* 67, no. 3

(2013): 191 – 198.

21 Joseph Lister, "Observations on the Contractile Tissue of the Iris," *Quarterly Journal of Microscopical Science* 1 (1853): 8 – 11.

22 John Bell, *The Principles of Surgery*, 2nd ed., abridged by J. Augustine Smith (New York: Collins, 1812), 26 – 27.

23 Reported in T. Trotter, *Medicina Nautica* (London: Longman, Hurst, Rees, and Orme, 1797 – 1803), cited in I. Loudon, "Necrotising Fasciitis, Hospital Gangrene, and Phagedena," *The Lancet*, November 19, 1994, 1416.

24 Quoted in Loudon, "Necrotising Fasciitis," 1416.

25 Bell, *Principles of Surgery*, 28.

26 James Syme, *The Principles of Surgery* (Edinburgh: MacLaughlan & Stewart, 1832), 69.

27 Worboys, *Spreading Germs*, 75.

28 Joseph Lister, "The Huxley Lecture by Lord Lister, F.R.C.S., President of the Royal Society," *British Medical Journal*, October 6, 1900, 969.

29 Ibid.

30 Ibid.

31 Godlee, *Lord Lister*, 28.

32 Ibid., 21.

33 Ibid., 22.

34 Lister to Godlee, reply to a letter dated November 28, 1852, MS 6970/1, Wellcome Library.

35 Notes of cases taken by Lister, student no. 351, for the Fellowe's Clinical Medal at University College Hospital 1851, MS0021/4/4 (3), Royal College of Surgeons of England.

5장: 외과의 나폴레옹

1 William Hunter, *Two Introductory Lectures, Delivered by Dr. William Hunter, to his Last Course of Anatomical Lectures, at his Theatre in Windmill-Street* (London: Printed by order of the trustees, for J. Johnson, 1784), 73.

2 Quoted in Alexander Peddie, "Dr. John Brown: His Life and Work; with Narrative Sketches of James Syme in the Old Minto House Hospital and Dispensary Days; Being the Harveian Society Oration, Delivered 11th April 1890," *Edinburgh Medical Journal* 35, pt. 2 (January – June 1890): 1058.

3 Alexander Miles, *The Edinburgh School of Surgery Before Lister* (London: A. & C. Black, 1918), 181 – 182.

4 A. J. K. Cairncross, ed., *Census of Scotland, 1861–1931* (Cambridge, U.K., 1954).

5 "Statistics of Crime in Edinburgh," *Caledonian Mercury* (Edinburgh), January 21, 1856.

6 James Begg, *Happy Homes for Working Men, and How to Get Them* (London: Cassell, Petter & Galpin, 1866), 159.

7 Ibid.

8 Quoted in Godlee, *Lord Lister*, 31.

9 Quoted in John D. Comrie, *History of Scottish Medicine*, 2nd ed., vol. 2 (London: Published for the Wellcome Historical Medical Museum by Baillière, Tindall & Cox, 1932), 596.

10 Ibid., 596 – 597.

11 현재 스코틀랜드 왕립 박물관이 그 병원 터에 들어서 있다.

12 Quoted in R. G. Williams Jr., "James Syme of Edinburgh," *Historical Bulletin: Notes and Abstracts Dealing with Medical History* 16, no. 2 (1951): 27.

13 Ibid., 28.

14 이 결투의 상세한 내용은 다음 문헌 참조. Stanley, *For Fear of Pain*, 37.

15 Bill Yule, *Matrons, Medics, and Maladies* (East Linton: Tuckwell Press, 1999), 3 – 5.

16 Quoted in Godlee, *Lord Lister*, 30.

17 Ibid., 34.

18 피셔의 책에 실려 있다. *Joseph Lister*, 60 – 61.

19 Godlee, *Lord Lister*, 35.

20 Ibid., 37.

21 Ibid., 37, 38.

22 Letter from George Buchanan to Joseph Lister, December 10 – 11, 1853, MS 6970/3, Wellcome Library.

23 G. T. Wrench, *Lord Lister: His Life and Work* (London: Unwin, 1913), 45.

24 Ibid., 46.

25 James Syme, *Observations in Clinical Surgery* (Edinburgh: Edmonston and Douglas, 1861), 160.

26 Wrench, *Lord Lister*, 47.

27 Hector Charles Cameron, *Joseph Lister: The Friend of Man* (London: William Heinemann Medical Books, 1948), 34.

28 Nightingale to R. G. Whitfield, November 8, 1856 (LMA) H1/ST/NC1/58/6, London Metropolitan Archives, quoted in Lynn McDonald, ed., *Florence Nightingale: Extending Nursing* (Waterloo, Ont.: Wilfrid Laurier University Press, 2009), 303.

29 Poem quoted in Cameron, *Joseph Lister*, 34 – 35.

30 Ibid., 35.

31 John Beddoe, *Memories of Eighty Years* (Bristol: J. W. Arrowsmith, 1910), 56.

32 Ibid.

33 Ibid.

34 Ibid., 56 – 57.

35 Ibid., 55.

6장: 개구리 다리

1 Quoted in William J. Sinclair, *Semmelweis: His Life and His Doctrine: A Chapter in the History of Medicine* (Manchester: University Press, 1909), 46.

2 "The Late Richard Mackenzie MD," *Association Medical Journal* (1854): 1023, 1024.

3 Ibid., 1024. 매킨지에 관한 더 상세한 내용은 다음 문헌 참조. *Medical Times & Gazette* 2 (1854): 446 – 447.

4 Matthew Smallman-Raynora and Andrew D. Cliff, "The Geographical Spread of Cholera in the Crimean War: Epidemic Transmission in the Camp Systems of the British Army of the East, 1854 – 55," *Journal of Historical Geography* 30 (2004): 33. See also Army Medical Department, *The Medical and Surgical History of the British Army Which Served in Turkey and the Crimea During the War Against Russia in the Years 1854–55–56*, vol. 1 (London: HMSO, 1858).

5 Quoted in Frieda Marsden Sandwith, *Surgeon Compassionate: The Story of Dr. William Marsden, Founder of the Royal Free and Royal Marsden Hospitals* (London: P. Davies, 1960), 70.

6 Letter from William Sharpey to James Syme, December 1, 1854, MS 6979/21, Wellcome Library.

7 Letter from Joseph Jackson Lister to Joseph Lister, December 5, 1854, MS 6965/11, Wellcome Library.

8 Ibid., 40.

9 Joseph Jackson Lister to Joseph Lister, April 16, 1855, MS 6965/13, Wellcome Library.

10 Godlee, *Lord Lister*, 43.

11 밀뱅크 하우스는 로버트 패터슨의 책에 묘사되어 있다. Robert Paterson, *Memorials of the Life of James Syme, Professor of Clinical Surgery in the University of Edinburgh, etc.* (Edinburgh: Edmonston & Douglas, 1874), 293 – 295. See also Wrench, *Lord Lister*, 42 – 44.

12 Joseph Lister to Rickman Godlee, August 4, 1855, MS 6969/4, Wellcome Library.

13 Joseph Jackson Lister to Joseph Lister, March 25, 1853, MS6965/8, Wellcome Library.

14 Quoted in Fisher, *Joseph Lister*, 63. Poem, " 'Tis of a winemerchant who in London did dwell," by John Beddoe, David Christison, and Patrick Heron Watson, May 15, 1854, MS6979/9, Wellcome Library.

15 Letter from Joseph Jackson Lister to Joseph Lister, July 24, 1855, MS6965/14, Wellcome Library.

16 Joseph Jackson Lister to Joseph Lister, October 18, 1855, MS6965/16, Wellcome Library.

17 Joseph Jackson Lister to Joseph Lister, February 23, 1856, MS6965/20, Wellcome Library.

18 Ibid.

19 조지프 잭슨과 제임스 사임은 결혼식에 관해 상의를 했다. 사임은 유가 증권 2천 파운드와 현금으로 2천 파운드를 주었고, 리스터의 부친도 신혼부부에게 증여를 했다. 더 상세한 내용은 다음 문헌 참조. Fisher, *Joseph Lister*, 80.

20 Ibid., letter from Joseph Lister to Isabella Lister, January ? – 6, 1856, MS6968/2, Wellcome Library.

21 Quoted in Fisher, *Joseph Lister*, 81.

22 Quoted in Sir Hector Clare Cameron, *Lord Lister 1827–1912: An Oration* (Glasgow: J. Maclehose, 1914), 9. 이 일이 피로연 때 일어났는지, 그다음 날에 일어났는지를 놓고 문헌마다 차이를 보인다.

23 Youngson, *Scientific Revolution*, 34 – 35.

24 Worboys, *Spreading Germs*, 76.

25 Quoted in Godlee, *Lord Lister*, 43.

26 Robert Liston, *Practical Surgery*, 3rd ed. (London: John Churchill, 1840), 31.

27 *Year-Book of Medicine, Surgery, and Their Allied Sciences for 1862* (London: Printed for the New Sydenham Society, 1863), 213, quoted in Youngson, *Scientific Revolution*, 38.

28 Fisher, *Joseph Lister*, 84.

29 훗날 리스터는 염증의 특성에 관한 자신의 연구가 살균 원리 개념을 구상하는 데 〈필수적인 예비 단계〉였다고 생각한다고 말하면서 이 초기의 발견들을 연구 회고집에 넣어야 한다고 주장했다. 1905년 78세 때 그는 이렇게 썼다. 〈내가 사망한 뒤 내 연구 논문집을 누가 읽는다면, 이 연구들을 가장 높이 살 것이다.〉 (Quoted ibid., 89)

30 Edward R. Howard, "Joseph Lister: His Contributions to Early Experimental Physiology," *Notes and Records of the Royal Society of London* 67, no. 3 (2013): 191 –198.

31 Quoted in Fisher, *Joseph Lister*, 87. Joseph Lister, "An Inquiry Regarding the Parts of the Nervous System Which Regulate the Contractions of the Arteries," *Philosophical Transactions of the Royal Society of London* 148 (1858): 612 – 613.

32 Ibid., 614.

33 Quoted in Godlee, *Lord Lister*, 61.

34 Joseph Lister, "On the Early Stages of Inflammation," *Philosophical Transactions of the Royal Society of London* 148 (1858): 700.

35 Howard, "Joseph Lister," 194.

36 Ibid.

37 Joseph Jackson Lister to Joseph Lister, January 31, 1857, MS6965/26, Wellcome Library.

7장: 청결과 찬물

1 Richard Volkmann, "Die moderne Chirurgie," *Sammlung klinischer Vortrage*, quoted in Sir Rickman John Godlee, *Lord Lister*, 2nd ed. (London: Macmillan and Co., 1918), 123.

2 Quoted in Godlee, *Lord Lister*, 77.

3 Ibid., 78.

4 Ibid., 78, 77.

5 Ibid., 82.

6 이 편지는 고들리의 문헌에 언급되어 있다. Godlee, *Lord Lister*, 80. 나는 편지의 저자를 찾을 수 없었으며, 퍼셔 같은 저자들의 문헌에도 전혀 나오지 않는다.

7 *Glasgow Herald*, January 18, 1860, 3.

8 Fisher, *Joseph Lister*, 97.

9 Quoted in Godlee, *Lord Lister*, 81.

10 Cameron, *Joseph Lister*, 46.

11 Quoted in Christopher Lawrence, "Incommunicable Knowledge: Science, Technology, and the Clinical Art in Britain, 1850 – 1914," *Journal of Contemporary History* 20, no. 4 (1985): 508.

12 Letter quoted in Godlee, *Lord Lister*, 88 – 89.

13 Based on an account told by Cameron, *Joseph Lister*, 47 – 49.

14 Fisher, *Joseph Lister*, 98; Crowther and Dupree, *Medical Lives in the Age of Surgical Revolution*, 61 – 62.

15 Godlee, *Lord Lister*, 92.

16 Crowther and Dupree, *Medical Lives in the Age of Surgical Revolution*, 63.

17 고들리도 강의실 개보수를 다루고 있다. Godlee, *Lord Lister*, 90.

18 Ibid., 91.

19 Ibid.

20 Ibid.

21 Ibid.

22 Ibid., 93.

23 Ibid., 92.

24 Sir Hector Clare Cameron, *Reminiscences of Lister and of His Work in the Wards of the Glasgow Royal Infirmary, 1860–1869* (Glasgow: Jackson, Wylie & Co., 1927), 9.

25 J. C. Symons, quoted in Friedrich Engels, *The Condition of the Working Class in England*, trans. and ed. W. O. Henderson and W. H. Chaloner, 2nd ed. (Oxford: Blackwell, 1971), 45.

26 "Accident," *Fife Herald*, January 12, 1865, 3.

27 "Uphall—Gunpowder Accident," *Scotsman*, April 3, 1865, 2.

28 Quoted in Godlee, *Lord Lister*, 92.

29 Quoted in John D. Comrie, *History of Scottish Medicine*, 2nd ed., vol. 2 (London: Published for the Wellcome Historical Medical Museum by Baillière, Tindall & Cox, 1932), 459.

30 Fisher, *Joseph Lister*, 107.

31 Cameron, *Reminiscences of Lister*, 11.

32 Cameron, *Joseph Lister*, 52.

33 Godlee, *Lord Lister*, 130, 129.

34 Ibid., 55.

35 Leeson, *Lister as I Knew Him*, 51, 103.

36 Ibid., 87.

37 Ibid., 111.

38 Ibid., 53.

39 Douglas Guthrie, *Lord Lister: His Life and Doctrine* (Edinburgh: E. & S. Livingstone, 1949), 63 – 64.

40 Leeson, *Lister as I Knew Him*, 19.

41 Quoted in Fisher, *Joseph Lister*, 111.

42 Joseph Lister, "The Croonian Lecture: On the Coagulation of the Blood," *Proceedings of the Royal Society of London* 12 (1862 – 63): 609.

43 Guthrie, *Lord Lister*, 45 – 46.

44 Joseph Lister, "On the Excision of the Wrist for Caries," *The Lancet*, March 25, 1865, 308 – 312.

45 Quoted in Fisher, *Joseph Lister*, 122.

46 Godlee, *Lord Lister*, 110.

47 Joseph Jackson Lister to Joseph Lister, November 30, 1864, MS6965/40, Wellcome Library.

48 Godlee, *Lord Lister*, 111.

49 Quoted ibid., 105.

50 Youngson, *Scientific Revolution*, 130.

51 Peter M. Dunn, "Dr. Alexander Gordon (1752 – 99) and Contagious Puerperal Fever," *Archives of Disease in Childhood: Fetal and Neonatal Edition* 78, no. 3 (1998): F232.

52 *Alexander Gordon, A Treatise on the Epidemic Puerperal Fever of Aberdeen* (London: Printed for G. G. and J. Robinson, 1795), 3, 63, 99.

53 Youngson, *Scientific Revolution*, 132.

54 Ibid.

55 Ignaz Semmelweis, *Etiology, Concept, and Prophylaxis of Childbed Fever* (1861), trans. K. Kodell Carter (Madison: University of Wisconsin Press, 1983),

131.

56 Youngson, *Scientific Revolution*, 134.

57 Quoted in Cameron, *Joseph Lister*, 57.

58 Cameron, *Reminiscences of Lister*, 11.

59 Cameron, *Joseph Lister*, 54.

60 Ibid., 54 – 55.

61 1865년이라고 나온 문헌도 있고, 1864년이라고 보는 문헌도 있다. 나는 다음 문헌에 실린 날짜를 택했다. Sir William Watson Cheyne, *Lister and His Achievement* (London: Longmans, Green, 1925), 8.

8장: 모두 다 죽다

1 George Henry Lewes, *The Physiology of Common Life*, vol. 2 (Edinburgh: W. Blackwood, 1859 – 60), 452.

2 "Letters, News, etc.," *The Lancet*, April 26, 1834, 176, quoted in Stanley, *For Fear of Pain*, 152. 이 이야기는 19세기 초부터 있었고, 1860년대까지 진실이라고 여겨졌다.

3 Margaret Pelling, *Cholera, Fever, and English Medicine, 1825–1865* (Oxford: Oxford University Press, 1978), 2.

4 Gaw, *"Time to Heal"*, 19.

5 Quoted in R. J. Morris, *Cholera, 1832: The Social Response to an Epidemic* (New York: Holmes & Meier, 1976), 207.

6 William Budd, "Investigations of Epidemic and Epizootic Diseases," *British Medical Journal*, September 24, 1864, 356, quoted in Gaw, *"Time to Heal"*, 24. 흥미로운 점은 버드가 콜레라 독소가 공기를 통해 전파될 수 있다고 생각하면서도, 호흡을 통해서가 아니라 공기를 통해 오염된 음식과 물을 먹음으로써 전파된다고 믿었다는 사실이다.

7 W. Budd, "Cholera: Its Cause and Prevention," *British Medical Journal*, March 2, 1855, 207.

8 M. Faraday, "The State of the Thames, Letter to the Editor," *Times*, July 9, 1855, 8.

9 *Times*, June 18, 1858, 9.

10 Quoted in Patrice Debré, *Louis Pasteur*, trans. Elborg Forster (Baltimore: Johns Hopkins University Press, 1998), 96.

11 Ibid., 87.

12 René Dubos, *Pasteur and Modern Science*, ed. Thomas D. Brock (Washington,

D.C.: ASM Press, 1998), 32.

13 René Vallery-Radot, *The Life of Pasteur*, trans. Mrs. R. L. Devonshire (Westminster: Archibald Constable & Co, 1902), 1:142, in Godlee, *Lord Lister*, 176.

14 Quoted in Sherwin B. Nuland, *Doctors: The Biography of Medicine* (New York: Vintage Books, 1989), 363.

15 Quoted in Vallery-Radot, *The Life of Pasteur*, vol. I, 129.

16 Debré, *Louis Pasteur*, 260.

17 Ibid., 110.

18 Ibid., 260.

19 Thomas Spencer Wells, "Some Causes of Excessive Mortality After Surgical Operations," *British Medical Journal*, October 1, 1864, 386.

20 Fisher, *Joseph Lister*, 134.

21 "Meeting of the International Medical Congress," *The Boston Medical and Surgical Journal* 95 (September 14, 1876): 328.

22 *The Lancet*, August 24, 1867, 234.

23 Fisher, *Joseph Lister*, 131.

24 Quoted ibid., 130.

25 John. K. Crellin, "The Disinfectant Studies by F. Crace Calvert and the Introduction of Phenol as a Germicide," *Vorträge der Hauptversammlung der internationalen Gesellschaft für Geschichte der Pharmazie; International Society for the History of Pharmacy, Meeting, 1965, London* 28 (1966): 3.

26 Joseph Lister, "On a New Method of Treating Compound Fracture, Abscess, etc., with Observations on the Conditions of Suppuration," *The Lancet*, March 16, 1867, 327.

27 Fisher, *Joseph Lister*, 134.

28 Lister, "On a New Method of Treating Compound Fracture," 328.

29 Joseph Lister, "On the Principles of Antiseptic Surgery," in *Internationale Beiträge zur wissenschaftlichen Medizin: Festschrift, Rudolf Virchow gewidmet zur Vollendung seines 70. Lebensjahres* (Berlin: August Hirschwald, 1891), 3: 262.

30 켈리가 비슷한 유형의 골절로 앓고 있었지만, 리스터는 그 사례가 석탄산 자체 때문이 아니라 〈부적절한 관리〉 때문에 실패했다고 생각했다.

31 David Masson, *Memories of London in the Forties* (Edinburgh: William

Blackwood & Sons, 1908), 21.

32 Lister, "On a New Method of Treating Compound Fracture," 329.

33 Ibid., 357 – 359.

34 Ibid., 389.

35 Fisher, *Joseph Lister*, 145.

36 Ibid., 142 – 143.

37 Quoted in Godlee, *Lord Lister*, 189.

38 Ibid.

39 Ibid., 196 – 197.

40 Ibid., 198.

41 Lister, "On a New Method of Treating Compound Fracture," 327.

42 Michael Worboys, "Joseph Lister and the Performance of Antiseptic Surgery," *Notes and Records of the Royal Society of London* 67, no. 3 (2013), 199 – 209.

43 Joseph Lister, "Illustrations of the Antiseptic System of Treatment in Surgery," *The Lancet*, November 30, 1867, 668.

9장: 폭풍

1 Jean-Baptiste Bouillaud, *Essai sur la philosophie médicale et sur les généralités de la clinique médicale* (Paris: Rouvier et le Bouvier, 1836), 215; translation quoted in Ann F. La Berge, "Debate as Scientific Practice in Nineteenth-Century Paris: The Controversy over the Microscope," *Perspectives on Science* 12, no. 4 (2004): 424.

2 Sir James Paget, "The Morton Lecture on Cancer and Cancerous Diseases," *British Medical Journal*, November 19, 1887, 1094.

3 Lucy G. Thurston, *Life and Times of Mrs. G. Thurston* (Ann Arbor, Mich.: Andrews, 1882), 168 – 172, quoted in William S. Middleton, "Early Medical Experiences in Hawaii," *Bulletin of the History of Medicine* 45, no. 5 (1971): 458.

4 Quoted in Godlee, *Lord Lister*, 213.

5 Ibid.

6 Ibid.

7 Ibid.

8 Ibid.

9 Joseph Lister, "On Recent Improvements in the Details of Antiseptic Surgery,"

The Lancet, March 13, 1875, 366. 이 문헌은 이사벨라의 수술이 아니라, 리스터가 한 다른 수술을 묘사한 것이다. 여기서 리스터가 동생을 수술할 때에도 비슷한 수술 절차를 따랐을 것이라고 가정해도 무리가 없을 것이다.

10 Cameron, *Reminiscences of Lister*, 32.

11 Quoted in Godlee, *Lord Lister*, 213.

12 Joseph Lister, "On the Antiseptic Principle in the Practice of Surgery," *British Medical Journal*, September 21, 1867, 246 – 248.

13 James Syme, "On the Treatment of Incised Wounds with a View to Union by the First Intention," *The Lancet*, July 6, 1867, 5 – 6.

14 James G. Wakley, "The Surgical Use of Carbolic Acid," *The Lancet*, August 24, 1867, 234.

15 Quoted in Godlee, *Lord Lister*, 201 – 202.

16 James G. Wakley, "Carbolic Acid," *The Lancet*, September 28, 1867, 410.

17 Quoted in Fisher, *Joseph Lister*, 152.

18 Ibid., 151.

19 Joseph Lister, "On the Use of Carbolic Acid," *The Lancet*, October 5, 1867, 444.

20 Fisher, *Joseph Lister*, 151.

21 Quoted in Godlee, *Lord Lister*, 206.

22 Joseph Lister, "Carbolic Acid," *The Lancet*, October 19, 1867, 502.

23 Ibid.

24 James Y. Simpson, "Carbolic Acid and Its Compounds in Surgery," *The Lancet*, November 2, 1867, 548 – 549.

25 Joseph Lister, "Carbolic Acid," *The Lancet*, November 9, 1867, 595.

26 William Pirrie, "On the Use of Carbolic Acid in Burns," *The Lancet*, November 9, 1867, 575.

27 Quoted in Godlee, *Lord Lister*, 205.

28 Frederick W. Ricketts, "On the Use of Carbolic Acid," *The Lancet*, November 16, 1867, 614.

29 James Morton, "Carbolic Acid: Its Therapeutic Position, with Special Reference to Its Use in Severe Surgical Cases," *The Lancet*, February 5, 1870, 188.

30 James Morton, "Carbolic Acid: Its Therapeutic Position, with Special Reference to Its Use in Severe Surgical Cases," *The Lancet*, January 29, 1870, 155.

31 Joseph Lister, "An Address on the Antiseptic System of Treatment in Surgery, Delivered Before the Medico–Chirurgical Society of Glasgow," *British Medical*

Journal (1868): 53 – 56, 101 – 102, 461 – 463, 515 – 517; Joseph Lister, "Remarks on the Antiseptic System of Treatment in Surgery," *British Medical Journal*, April 3, 1869, 301 – 304.

32 Morton, "Carbolic Acid, 155.

33 James G. Wakley, "Antiseptic Surgery," *The Lancet*, October 29, 1870, 613.

34 "The Use of Carbolic Acid," *The Lancet*, November 14, 1868: 634.

35 *The Lancet*, December 5, 1868, 728.

36 "Carbolic Acid Treatment of Suppurating and Sloughing Wounds and Sores," *The Lancet*, December 12, 1868, 762.

37 Gaw, *"Time to Heal"*, 38 – 39.

38 James Paget, "Clinical Lecture on the Treatment of Fractures of the Leg," *The Lancet*, March 6, 1869, 317.

39 "Compound Comminuted Fracture of the Femur Without a Trace of Suppuration," *The Lancet*, September 5, 1868, 324.

10장: 유리 정원

1 John Locke, *Essay Concerning Human Understanding* (1690), ed. and intro. Peter H. Nidditch (Oxford, U.K.: Clarendon Press, 1975), Epistle Dedicatory, 4.

2 The account by Annandale is reported in Robert Paterson, *Memorials of the Life of James Syme* (Edinburgh: Edmonston and Douglas, 1874), 304 – 305.

3 "Professor Syme," *The Lancet*, April 10, 1869, 506.

4 "Professor Syme," *The Lancet*, April 17, 1869, 541.

5 Fisher, *Joseph Lister*, 167; Godlee, *Lord Lister*, 241.

6 Quoted in Godlee, *Lord Lister*, 242.

7 Ibid.

8 T*he Lancet*, August 21, 1869, 277.

9 Gaw, *"Time to Heal"*, 42.

10 Fisher, *Joseph Lister*, 165.

11 Donald Campbell Black, "Mr. Nunneley and the Antiseptic Treatment (Carbolic Acid)," *British Medical Journal*, September 4, 1869, 281, quoted in Gaw, *"Time to Heal"*, 46.

12 Donald Campbell Black, "Antiseptic Treatment," *The Lancet*, October 9, 1869, 524 – 525.

13 Joseph Lister, "Glasgow Infirmary and the Antiseptic Treatment," *The Lancet*,

February 5, 1870, 211.

14 Joseph Lister, "On the Effects of the Antiseptic System of Treatment upon the Salubrity of a Surgical Hospital," *The Lancet*, January 1, 1870, 4.

15 Lister, "Glasgow Infirmary," 211.

16 Henry Lamond, "Professor Lister and the Glasgow Infirmary," *The Lancet*, January 29, 1870, 175.

17 Thomas Nunneley, "Address in Surgery," *British Medical Journal*, August 7, 1869, 152, 155 – 156.

18 Joseph Lister, "Mr. Nunneley and the Antiseptic Treatment," *British Medical Journal*, August 28, 1869, 256 – 257.

19 Joseph Jackson Lister to Joseph Lister, June 6, 1869, MS 6965/67, Wellcome Library.

20 Arthur Lister to Joseph Lister, October 19, 1869, MS 6966/33, Wellcome Library.

21 Quoted in Godlee, *Lord Lister*, 244.

22 Joseph Lister, *Introductory Lecture Delivered in the University of Edinburgh*, November 8, 1869 (Edinburgh: Edmonston and Douglas, 1869), 4.

23 "[Mr Syme]," *The Lancet*, July 2, 1870, 22.

24 "James Syme, F.R.S.E., D.C.L., Etc.," *British Medical Journal*, July 2, 1870, 25.

25 Cameron, *Joseph Lister*, 100.

26 F. Le M. Grasett, "Reminiscences of 'the Chief,' " in *Joseph, Baron Lister: Centenary Volume, 1827–1927*, ed. A. Logan Turner (Edinburgh: Oliver and Boyd, 1927), 109.

27 Cheyne, *Lister and His Achievement*, 24.

28 Ibid.

29 Quoted in Crowther and Dupree, *Medical Lives in the Age of Surgical Revolution*, 102.

30 Martin Goldman, *Lister Ward* (Bristol: Adam Hilger, 1987), 61, 62.

31 Ibid., 70.

32 Worboys, "Joseph Lister and the Performance of Antiseptic Surgery," 206.

33 Joseph Lister, "Observations on Ligature of Arteries on the Antiseptic System," *The Lancet*, April 3, 1869, 451 – 55. See also T. Gibson, "Evolution of Catgut Ligatures: The Endeavours and Success of Joseph Lister and William Macewen," *British Journal of Surgery* 77 (1990): 824 – 825.

34 Godlee, *Lord Lister*, 231.

35 "Professor Lister's Latest Observations," *The Lancet*, April 10, 1869, 503.

36 Lister's Commonplace Books, MS0021/4/4 (9), Royal College of Surgeons of England.

37 Erichsen, *On Hospitalism and the Causes of Death After Operations*, 98.

38 Joseph Lister, "A Method of Antiseptic Treatment Applicable to Wounded Soldiers in the Present War," *British Medical Journal*, September 3, 1870, 243 – 244.

39 Lister, "Further Evidence Regarding the Effects of the Antiseptic System of Treatment upon the Salubrity of a Surgical Hospital," 287 – 288.

40 Stanley, *For Fear of Pain*, 89.

41 Thomas Keith, "Antiseptic Treatment," *The Lancet*, October 9, 1869, 336.

42 E. R. Bickersteth, "Remarks on the Antiseptic Treatment of Wounds," *The Lancet*, May 29, 1869, 743.

43 James G. Wakley, "Hospitalism and the Antiseptic System," *The Lancet*, January 15, 1870, 91.

44 Account taken from Leeson, *Lister as I Knew Him*, 21 – 24.

11장: 여왕의 고름집

1 Oliver Goldsmith, *The Deserted Village, A Poem*, 2nd ed. (London: W. Griffin, 1770), 10 (ll. 179 – 180).

2 "Journal Entry: Tuesday 29th August 1871," *Queen Victoria's Journals* 60: 221, http://www.queenvictoriasjournals.org/home.do.

3 Jonathan Hutchinson, "Dust and Disease," *British Medical Journal*, January 29, 1879, 118 – 119.

4 Cameron, *Joseph Lister*, 88.

5 "Journal Entry: Monday 4th September 1871," *Queen Victoria's Journals* 60: 224, http://www.queenvictoriasjournals.org/home.do.

6 Quoted in Godlee, *Lord Lister*, 305.

7 훗날 리스터는 고무 배출관을 빅토리아 여왕에게 처음 썼다고 주장했다. 그러나 리스터와 부친 사이에 오간 편지에, 그가 여왕을 수술하기 2년 전인 1869년에도 고무관을 썼다는 증거가 있다. 리스터가 고름집에 고무 배출관을 처음으로 썼다 는 의미로 말한 것일 수도 있다. Joseph Jackson Lister to Joseph Lister, January 27, 1869, MS 6965/63, Wellcome Library. See also Lord Lister, "Remarks on

Some Points in the History of Antiseptic Surgery," *The Lancet*, June 27, 1908, 1815.

8 Quoted in Fisher, *Joseph Lister*, 194.

9 F. N. L. Pointer, "The Contemporary Scientific Background of Lister's Achievement," *British Journal of Surgery* 54 (1967): 412.

10 Quoted in Cameron, *Joseph Lister*, 105.

11 한 예로, 리스터는 1871년 플리머스의 영국 의사 협회에서 강연을 했다.

12 James G. Wakley, "A Mirror of the Practice of Medicine and Surgery in the Hospitals in London," *The Lancet*, January 14, 1871, 47 – 48.

13 Cameron, *Joseph Lister*, 99.

14 Flaneur, "Antiseptic Surgery," *The Lancet*, January 5, 1878, 36.

15 Cameron, *Joseph Lister*, 110 – 111.

16 Quoted in Fisher, *Joseph Lister*, 159.

17 Quoted ibid.

18 리스터의 미국 여행에 관한 자료는 거의 없다. 나는 주로 다음 문헌을 토대로 재구성했다. Ira Rutkow's article "Joseph Lister and His 1876 Tour of America," *Annals of Surgery* 257, no. 6 (2013): 1181 – 1187. 이 절에서 인용한 1차 자료 중 상당수는 그의 탁월한 논문에 실려 있는 것들이다.

19 George Derby, "Carbolic Acid in Surgery," *The Boston Medical and Surgical Journal*, October 31, 1867, 273.

20 Ibid., 272. 더비가 왜 리스터의 이름 철자를 〈Lyster〉로 잘못 적었는지는 불분명하다.

21 R. Lincoln, "Cases of Compound Fracture at the Massachusetts General Hospital Service of G. H. Gay, M.D.," *The Boston Medical and Surgical Journal*, n.s., 1, no. 10 (1868): 146.

22 Quoted in John Ashhurst, ed., *Transactions of the International Medical Congress of Philadelphia, 1876* (Philadelphia: Printed for the Congress, 1877), 1028.

23 Ibid., 532.

24 Ibid.

25 Ibid., 517, 538.

26 G. Shrady, "The New York Hospital," *Medical Record* 13 (1878): 113.

27 Quoted in Ashhurst, *Transactions*, 42.

28 E. H. Clarke et al., *A Century of American Medicine, 1776–1876* (Philadelphia:

Henry C. Lea, 1876), 213.

29 Fisher, *Joseph Lister*, 223.

30 Quoted in James M. Edmonson, *American Surgical Instruments: The History of Their Manufacture and a Directory of Instrument Makers to 1900* (San Francisco: Norman, 1997), 71.

31 Joseph Lister, "The Antiseptic Method of Dressing Open Wounds," *Medical Record* 11 (1876): 695 – 696.

32 일부 역사가들은 리스터의 강의 내용이 축음기를 통해 녹음되었다고 말한다. 하지만 축음기는 그다음 해에야 발명되었다.

33 Henry Jacob Bigelow, "Two Lectures on the Modern Art of Promoting the Repair of Tissue," *The Boston Medical and Surgical Journal*, June 5, 1879: 769 – 770.

34 Wrench, *Lord Lister*, 267 – 270.

35 James G. Wakley, "Professor Lister," *The Lancet*, March 10, 1877, 361.

36 Quoted in Fisher, *Joseph Lister*, 230.

에필로그: 어두컴컴한 커튼을 걷다

1 Richard Selzer, *Letters to a Young Doctor* (New York: Simon & Schuster, 1982), 51.

2 Pasteur to Lister, January 3, 1889, MS 6970/13 (in French), Wellcome Library.

3 Nuland, *Doctors*, 380.

4 Quoted in Fisher, *Joseph Lister*, 294.

5 Leon Morgenstern, "Gargling with Lister," *Journal of the American College of Surgeons* 204 (2007): 495 – 497.

6 Wrench, *Lord Lister*, 137.

7 유언장과 보충서가 보관된 곳. MS 6979/18/1-2, Wellcome Library, found in Richard K. Aspin, "Illustrations from the Wellcome Institute Library, Seeking Lister in the Wellcome Collections," *Medical History* 41 (1997): 86 – 93.

8 Thomas Schlich, "Farmer to Industrialist: Lister's Antisepsis and the Making of Modern Surgery in Germany," *Notes and Records of the Royal Society* 67 (2013): 245.

9 Worboys, *Spreading Germs*, 24.

10 R. H. Murray, *Science and Scientists in the Nineteenth Century* (London: Sheldon Press, 1925), 262.

감사의 말

힘든 길은 때로 아름다운 목적지로 이어지곤 한다. 이 책의 기본 착상은 내 삶이 가장 비참한 시기에 빠져 있을 때 떠올랐다. 내가 포기하고 싶다고 느꼈을 때에도 견디라고 격려하는 멋진 사람들이 없었다면, 이 책은 결코 빛을 보지 못했을 가능성이 높다.

첫째로 우리 가족에게 진심으로 고맙다는 말을 하고 싶다. 부친인 마이클 피츠해리스는 나 자신조차 내가 작가임을 믿지 않을 때에도 늘 내가 작가라고 믿어 주셨다. 그리고 모친인 데비 클레베는 내가 오늘날 이 자리까지 올 수 있도록 내 유년기 내내 무수히 희생을 하셨다. 또 오빠인 크리스 피츠해리스와 새신부인 조이 몬텔로, 계부모님인 수전 피츠해리스와 그렉 클레베, 그리고 내 멋진 친척들인 그레이엄과 샌드라 틸에게도 감사한다.

또 자매 같은 사촌들인 로런 퍼스, 에이미 마텔, 엘리자베스 윌뱅크스에게도 고맙다는 말을 전한다. 기억해, 너희는 내 거야!

작가가 아무리 재능이 있다고 해도, 자신의 일을 도와줄 사람이 없다면 아무것도 하지 못한다. 로스윤 에이전시의 내 저작권 에이전트인 애나 스프롤래티머에게 특히 감사한다. 그녀는 내가 언젠가는 책을 쓸 것이라는 희망을 결코 포기한 적이 없다. 첫 번째 책을 기다렸던 것만큼 두 번째 책을 오래 기다리게 하지는 않겠다고 약속하련다. 또 놀라운 재능을 지닌 저작권 에이전트이자 내 멋진 친구이기도 한 힐러리 나이트에게도 고맙다는 말을 전한다.

FSG 출판사의 내 담당 편집자 어맨다 문에게도 특히 감사하고 싶다. 빅토리아 시대의 한 외과의를 다룬 짧은 글을 역사를 바꾼 한 순간에 관한 장대한 이야기로 전환하는 데 도움을 주었다. 최고의 통찰력과 예리함을 갖춘 사람이다. 또 자료 조사를 맡은 내 명석한 조수 캐롤라인 오버리에게도 고맙다는 말을 전한다. 런던 전역의 기록 보관소를 지치지 않고 돌아다니면서 리스터의 이야기에 살을 붙일 자료를 찾아 주었다. 그리고 이 책을 쓰는 내내 역사적 혜안으로 이루 가치를 따질 수 없는 평을 계속 해준 마이클 워보이스 교수에게도 감사를 드린다.

감사의 말에 자신의 이혼 소송을 맡은 변호사를 언급할 작가는 많지 않겠지만, 나로서는 특별히 감사의 말을 드리고 싶다. 파하나 샤자디는 내 권리를 위해 열정적으로 싸워 주었다. 나 자신이 가치 있는 사람임을 다시금 가르쳐 준 데 진심으로 감사한다.

또 나는 좋은 죽음회Order of the Good Death라는 놀라운 단체로부터 지원을 받는 행운을 누렸다. 작가로서뿐 아니라 인간으로서의 내게 영감을 불어넣어 준 우리의 두려움을 모르는 지도자 케이틀린 도티에게 감사한다. 그리고 우정을 통해 내 영혼에 양식을 제공한 메건 로젠 블룸과 새라 차베스 트룹에게도 감사한다. 밤늦게 전화해도 다 받아 주고 내 미래가 더 나아질 것이라고 믿어 준 제프 조겐슨에게도 고맙다는 말을 전한다.

내 인생의 결정적인 순간마다 늘 현명하게 나를 인도한 폴 쿠두나리스에게도 인사하련다. 당신이 있을 때 내 세계는 더 나은 (그리고 더 낯선) 곳이 된다.

내 삶에 들어와서 삶의 궤적을 더 나은 방향으로 바꾼 사람들도 있다. 앨릭스 앤스테이는 여러 해 전에 내 인생에 불쑥 끼어들었다. 그의 창의적인 열정이 없었더라면, 블로그 〈외과의의 견습생The Chirurgeon's Apprentice〉은 시작도 하지 못했을 것이다. 내게 끝없는 놀라운 영감의 원천이 되어 준 데 감사한다.

친구이자 동료 학자인 빌 매클러호스 박사에게도 진심으로 감사를 드리고 싶다. 나는 그를 만난 날부터 그에게 탄복했다. 앞으로도 함께 많은 〈별난 음료〉와 흥미로운 대화를 나눌 수 있기를 바란다.

시련에 굴복하지 말라고 계속 상기시켜 준 친구들에게도 감사하고 싶다. 새넌 마리 하면: 너는 내 타코 속을 감싸 주는 단단한 껍데기야. 에리카 릴리: 간단한 점심을 먹으면서 기운을 차리고 싶을 때면 늘 네게 가면 돼. 여러모로 나와 비슷한 삶을 살고 있는 제이 버디도 있지. 포기하는 것이 결코 대안이 아님을 상기시켜 주어서 고마워. 내가 작가임을 믿으라고 격려한 에릭 마이클 존슨에게도 감사해야지. 또 질리언 드루존에게도. 네가 없었다면

이 책을 훨씬 더 일찍 끝낼 수 있었을 거야. 너무 많이 마셔 대면서 너무 늦게까지 수다를 떨지 않았다면 말이지.

내 전담 미국인 응원단인 에린 레시크, 줄리 컬렌, 크리스틴 슐츠, 블레어 타운센드여, 고맙다. 기회를 잡고 모험을 택할 때 꿈이 실현된다고 말한 셸리 에스테스에게도! 그리고 늘 기운이 넘치는 캐럴라인 브레이트와 세드릭 더무어에게도. 힘겨워질 때면 늘 너희들에게 의지할 수 있지.

낙관주의와 동정심으로 매일같이 영감을 불어넣어 준 로리 콘지벨에게도 너무나 고맙다는 말을 하고 싶다. 몸은 대양 건너편에 있지만, 결코 멀리 떨어져 있지 않은 내 영적인 자매여. 그리고 뛰어난 작가이자 놀라운 친구이기도 한 에드워드 브룩히칭, 레베카 리딜, 조앤 폴 박사도 고마워. 늘 의지할 수 있는 샘 스미스에게도. 네가 나를 줄곧 믿어 주었기에 지금의 내가 있다고 할 수 있지.

런던 탑의 레이븐 마스터인 크리스 스카이프와 아름다운 아내 재스민, 딸 미카일라에게도 진심으로 감사를 드린다. 여러분의 사랑과 격려가 내게 얼마나 힘이 되었는지 짐작도 하지 못할 것이다. 크리스, 너도 마찬가지야!

오랜 우정이 깨질 위험에 처한 순간에도 늘 내 곁을 지킨 사람들도 있다. 순금으로 이루어진 심장을 지닌 크레이그 힐이여, 나는 언제나 네 진정한 친구로 남아 있을 거야. 그렉 워커와 토머스 웨이트 너희도. 내가 인생의 가장 어두운 나날을 헤쳐 나올 수 있었던 것은 너희의 친절과 따뜻한 마음 덕분이었어. 절대로 잊지 못할 거야.

사람들은 오고 가지만, 처음부터 줄곧 자리를 지키는 이들도 있다. 내가 당혹스러운 〈흡혈귀 단계〉에 들어가 있을 때에도 줄곧 곁에 있어 준 죽마고우들, 고마워! 말라 지넥스, 알리샤 보이트만, 킴 말리노프스키여, 늘 웃음과 사랑을 주어서 고마워. 우리 삶이 어떻게 될지 모르겠지만, 언제나 함께하리라는 것을 잘 알아.

지금까지 살아오는 동안 내게 용기와 영감을 준 많은 스승의 이름을 언급하지 않는다면 부주의한 사람이 될 것이다. 5학년 때 담임인 제프 골로브 선생님과 고등학교 영어 선생님 밥 프리즐께 특히 감사드린다. 또 끊임없이 지식과 조언을 주신 옥스퍼드 대학교의 박사 학위 지도교수인 마거릿 펠링께도 감사드린다. 오래전 일리노이 웨슬리언 대학교의 대학생일 때 과학과 의학의 역사를 접하게 해준 마이클 영 박사님께도 감사를 드리고자 한다. 상급반 수업을 듣던 내가 신입생임을 박사님께서 알아차렸다면, 내 삶은 달라졌을지도 모르겠다! 늘 우애와 지원을 해주신 데 감사드린다.

마지막으로, 하지만 결코 이 인사가 끝이 아닐, 내 멋진 남편 에이드리언 틸에게도 고맙다는 말을 하고 싶다. 당신이 없었다면, 과연 내가 나아갈 길을 제대로 찾을 수나 있었을까. 당신과 함께 있는 하루하루가 내게는 축복이야. 늘 당신 곁에서 기쁨과 행복을 만끽하고 싶어. 사랑해.

옮긴이의 말

18~19세기에 과학의 다른 모든 분야들이 발전하고 있을 때, 의학은 오히려 거꾸로 가고 있었다. 시대의 흐름과 격리되어 있었던 것이다. 그랬기에 뇌를 얼음송곳으로 휘저어 엉망으로 만드는 것이 최신 정신 질환 치료법이라고 유행하기도 했고, 나쁜 피를 빼내면 건강해진다고 여겨서 가벼운 병에 걸린 사람을 죽음으로 내몰기도 했다.

바로 그 시대에 조지프 리스터는 의학 중에서도 가장 낙후된 분야인 외과 수술에 혁신을 일으켰다. 그는 루이 파스퇴르가 내놓은 최신 이론인 세균 이론을 의학에 접목함으로써, 의료계의 난제이자 고질병이었던 감염 문제를 해결한 선구자였다.

그에 앞서 혁신적인 개념을 제시한 의사들이 있긴 했다. 그중에 오늘날 가장 잘 알려진 비운의 인물은 헝가리 의사 이그나즈 제멜바이스였다. 제멜바이스는 병원에서 아기를 낳고 죽어 가는 산모들을 유심히 관찰한 끝에 의사 자신이 사망의 주된 원인임을 알아차렸다. 의사가 막 시신을 해부한 손으로 그대로 와서 아기를 받음으로써 산모와 아기를 감염시켰기 때문이다. 그는 의사가 아기를 받기 전에 손을 씻으면 사망률이 줄어들 것이라고 예측했고, 그의 예측은 맞아떨어졌다. 그러나 옷에 덕지덕지 붙은 시신 찌꺼기와 피, 그리고 온몸에서 풍기는 썩은 악취야말로 의사의 자랑스러운 상징이라고 여겼던 당시 사람들은 그의 견해를 받아들이지 않았다. 제멜바이스는 조롱과 비난의 대상이 되었고, 결국 정신 병원에 갇혔다가 생을 마감했다. 그리고 그의 이론은 누구에게도 영향을 끼치지 못한 채 그대로 묻히고 말았다.

조지프 리스터도 같은 길을 걸을 가능성이 높았다. 리스터가 시도한 소독 방식도 본질적으로 보면 제멜바이스의 것과 같았다. 하지만 당시 의료계가 쓸모없는 장난감이라고 여기던 현미경을 붙들고 세심히 관찰을 하고 다른 과학 분야의 흐름에도 관심을 가진 덕분에, 리스터는 자신의 소독법을 뒷받침할 근거를 갖출 수 있었다. 바로 파스퇴르의 세균 이론이었다.

파스퇴르의 이론은 사실 유럽 대륙에서와 달리 영국에서는 거의 무시되고 있었다. 그래서 그의 이론을 의학에 접목한 리스터는 이중으로 난관을 극복해야 하는 처지에 몰렸다. 세균 이론이 옳다고 옹호하는 한편으로, 그 이론을 토대로 한 자신의 소독법이 생명을 구한다는 것까지도 입증해야 하는 상황에 놓였다.

이 책은 당시로서는 혁신적이었던 개념과 수술법을 내놓기까지 리스터가 어떤 고심을 했고, 어떤 난관을 극복했는지를 다루고 있다. 그리하여 경이로운 실력으로 칼을 휘두르는 칼잡이들의 세계였던 외과라는 분야를, 과학에 토대를 둔 진정한 의학 분야로 변모시키는 데 그가 어떤 역할을 했는지 자세히 살펴본다.

좀 의아한 일인데, 조지프 리스터는 이렇게 외과 수술에 혁신을 일으킨 인물임에도 사실상 대중에게 거의 알려지지 않았다. 이 책은 그의 삶과 활동을 꼼꼼하게 살펴봄으로써, 그를 대중에게 제대로 알리는 역할을 한다.

2020년 10월

이한음

찾아보기

옮긴이 이한음

서울대학교에서 생물학을 공부했고, 전문적인 과학 지식과 인문적 사유가 조화된 번역으로 우리나라를 대표하는 과학 전문 번역가로 인정받고 있다. 케빈 켈리, 리처드 도킨스, 에드워드 윌슨, 리처드 포티, 제임스 왓슨 등 저명한 과학자의 대표작이 그의 손을 거쳐 갔다. 과학의 현재적 흐름을 발 빠르게 전달하기 위해 과학 전문 저술가로도 활동하고 있다. 저서로는『바스커빌가의 개와 추리 좀 하는 친구들』, 『청소년을 위한 지구 온난화 논쟁』 등이 있으며, 옮긴 책으로는『인에비터블, 미래의 정체』,『제2의 기계 시대』,『인간 본성에 대하여』,『우리는 왜 잠을 자야 할까』, 『늦깎이 천재들의 비밀』 등이 있다.『만들어진 신』으로 한국출판문화상 번역 부문을 수상했다.

수술의 탄생

지은이 린지 피츠해리스 **옮긴이** 이한음 **발행인** 홍예빈·홍유진
발행처 사람의집(열린책들) **주소** 경기도 파주시 문발로 253 파주출판도시
대표전화 031-955-4000 **팩스** 031-955-4004
홈페이지 www.openbooks.co.kr **email** webmaster@openbooks.co.kr
Copyright (C) 주식회사 열린책들, 2020, *Printed in Korea.*
ISBN 978-89-329-2044-3 03920 **발행일** 2020년 10월 25일 초판 1쇄 2024년 8월 10일 초판 6쇄

사람의집은 독자 여러분의 투고를 기다리고 있습니다. 좋은 기획안이나 원고가 있다면 사람의집 이메일 home@openbooks.co.kr로 보내 주십시오.

사람의집은 열린책들의 브랜드입니다.
시대의 가치는 변해도 사람의 가치는 변하지 않습니다.
사람의집은 우리가 집중해야 할 사람의 가치를 담습니다.